KB210348

임제록(臨濟錄)

임제록(臨濟錄)

석지현 역주 · 해설

민족사

【 일러두기 】

1. 『임제록』 저본(底本; 대정신수대장경 제47)의 오탈자(誤脫字) 및 연자(衍字, 불필요하게 들어간 글자)는 이리야 요시타카(入失義高) 역주본(岩波書店, 1989)과 야나기다 세이잔(柳田聖山) 역주본(大藏出版, 佛典講座, 30)을 기준으로 모두 바로잡았다.

2. 『임제록』 본문의 구두점(句讀點)은 이리야 요시타카본을 기준으로 했다.

3. 야나기다 세이잔본과 이리야 요시타카본의 체제를 따라서 『임제록』 본문을 '1-1'에서 '59-2'까지 단락을 나누고 일련번호를 붙였다.

4. 번역이 좀 난처한 용어는 한글 음만 달았다. 그 대신 주(註)에 자세하게 설명했으므로 뜻을 파악하는 데는 지장이 없도록 했다.
   예) 독비구(禿比丘=승을 얕잡아 부르는 호칭. 중, 중들)

머리말

　『임제록』은 선어록(禪語錄) 가운데 대표적인 책이다. 그래서 예로부터 '선어록의 백미'라고 불렸다. 게다가 그 문장이 직설적이며 명료하기 때문에 선(禪)을 알고자 하는 사람이나 전문 선 수행자에게 더없는 필독서이다.

　우리 삶에서는 때로 믿을 수 없는 일들이 일어나는 경우가 있다. 나는 이 『임제록』을 '반역(反逆)의 서(書)'라고 부르고 싶다. 거침없이 '살불살조(殺佛殺祖)'를 외치고 있기 때문이다. '부처도 죽이고 조사도 죽여야 한다'는 말은 충격적이다. 이런 책이 지금까지 폐기 처분되지 않고 전해 오고 있다는 것이 도무지 믿기지 않는다.

　일본의 유명한 철학자인 니시다 기타로(西田幾多郎, 1870~1945)는 제2차 세계대전이 한창일 때 "귀중한 책들이 모두 불타 버릴 것 같다."고 제자들이 걱정하자 다음과 같이 말했다. "모든 책이 불타도 이 『임제록』만 있으면 만족한다."(서옹연의, 『임제록』, p.21, 불기 2534, 1990년, 백운암 임제선원 재간본).

『임제록』 전체를 관통하고 있는 정신은 무엇인가.

그것은 첫째, 개념과 언어로부터의 해방[不立文字], 둘째, 주체적인 삶[隨處作主 立處皆眞]이다. 개념의 집착으로부터 해방과 주체적인 삶은 자신의 견해가 확립되었을 때 가능하다. 그래서 임제는 진정한 견해, 즉 진정견해(眞正見解)를 갖추라고 강조한다. 이 두 가지를 강조하기 위해서 임제는 일만삼천삼백팔십 자(『임제록』 전체의 글자 수)를 사용하고 있다.

그리고 임제가 인용하고 있는 책은 『장자(莊子)』를 비롯하여 경전과 선어록 등 무려 50여 종이나 된다(뒷부분 인용 목록 참조).

우리는 지금 너무 많은 개념(언어)에 오염되어 가고 있다. 이것은 환경오염 못지않게 심각한 일이다. 왜냐하면 사람들이 만들어 낸 개념에 갇혀 도저히 나 자신의 색깔로 살아갈 수 없기 때문이다. 그러나 『임제록』에서는 이 모든 개념과 언어는 '옷[衣]'에 불과하다(13-30)고 했다. 옷은 계절이 바뀌면 수시로 갈아입는다.

『임제록』에서 말하는 주체적인 삶은 무엇인가? "어느 상황에 처하든 주체적이 되라[隨處作主]. 그러면 상황은 절대로 그대를 잡아 흔들지 못할 것이다[立處皆眞]"(12-1).

이 책의 편집 체제는 [번역], [해설], [원문], [주(註)] 순으로 배열했다. 원문(漢文)이 부담스러운 사람은 우선 [번역]과 [해설]만 보기 바란다. 이것만으로도 『임제록』의 요점은 충분히 파악될 것이다.

번역과 원문 현토 과정에서 민족사 윤창화 사장님의 조언이 있었다. 그리고 몇 번을 뜯어고치는 바람에 사기순 주간님과 윤영 씨가 너무 수고했다. 지금 생각하면 『임제록』을 얕잡아보고 겁 없이 덤벼들었던 것이 부끄럽기만 하다. 선어록(禪語錄)을 번역하고 해설하는 작업이 어찌된 것인지 갈수록 힘들어지고 있으니, 이제야 겨우 철이 드는가 보다.

2019년 10월 1일 밤
나도산 아래 반산와(半山窩)에서
석지현

〈목 차〉

- 일러두기 ··· 004
- 머리말 ··· 005

1_ 임제는 누구인가 ··· 011

1. 시대적 배경 ··· 011
2. 생애 ··· 012
3. 사상 ··· 014
4. 후세에 끼친 영향 ··· 019
5. 『임제록』의 문체(文體) ··· 021

2_ 서문[序] ··· 022

3_ 법문[上堂] ·· 028

4_ 가르침[示衆] ⋯⋯⋯⋯⋯⋯⋯⋯⋯⋯⋯⋯ 063

5_ 선문답[勘辨] ⋯⋯⋯⋯⋯⋯⋯⋯⋯⋯⋯⋯ 238

6_ 수행록[行錄] ⋯⋯⋯⋯⋯⋯⋯⋯⋯⋯⋯⋯ 293

7_ 탑기(塔記) ⋯⋯⋯⋯⋯⋯⋯⋯⋯⋯⋯⋯ 356

• 『임제록』에서 인용하고 있는 경전과 어록,
  언구(言句) 목록 ⋯⋯⋯⋯⋯⋯⋯⋯⋯⋯ 362

• 참고문헌 ⋯⋯⋯⋯⋯⋯⋯⋯⋯⋯⋯⋯ 370

• 찾아보기 ⋯⋯⋯⋯⋯⋯⋯⋯⋯⋯⋯⋯ 371

임제는 누구인가

1. 시대적 배경

임제가 태어난 시대는 당(唐) 왕조의 운명이 급속도로 기울던 시기였다. 환관(내시)에 의한 정권 찬탈, 관료간의 파벌 항쟁에 의해서 내정(內政)은 극도로 황폐해졌고, 조정의 위령(威令)은 지방에까지 미치지 못했다. 각지에서는 '번진(藩鎭)'이라 부르는 군벌(軍閥)의 독재 정권이 탄생하여 서로 패권을 다투었으며 정권 내부에서도 하극상의 실권 찬탈이 반복됐다. 그리고 농민과 병사의 반란이 매년 일어났는데 이 가운데서도 안록산(安祿山: A.D. 755년), 사사명(史思明: A.D. 759년)의 난이 제일 컸다.

임제가 활동하던 하북(河北) 지방은 중당(中唐) 이래 이른바 하삭삼진(河朔三鎭) 가운데 하나인 항기(恒冀) 절도사가 거느린 성덕군(成德軍)의 소재지였다. 그리고 당의 중앙정부에 반기를 들었던 인물들이 모여든 혁신파들의 집결지였다. 게다가 신당서(新唐書)와 구당서(舊唐書)의 역적전(逆賊傳)에 수록된 인물 대부분이 이 지역 출신들이었다.

임제의 출생연대는 정확하지 않지만 대략 원화년간(元和年間: 806~820)으로 보고 있는데, 잇달아 회창(會昌)의 법난(法難: 唐武宗

會昌 2년, 842년에 시행된 대대적인 破佛사건)이 일어났다. 이때 없어진 절[癈寺]이 4만 4천 600개, 강제로 환속시킨 승려가 26만 5천 명이나 되었고 절 소유의 토지가 대부분 몰수되었다. 임제가 입적(867년)하고 8년 후에는 황소(黃巢)의 농민 난(亂)이 일어나(875년) 수많은 사람들이 황소의 반군에게 목숨을 잃었다. 그리고 그로부터 32년 뒤(907년)에는 황소 휘하의 장군 주전충(朱全忠)에 의해서 마침내 당이 멸망하고 말았다. 임제는 이처럼 중국 역사상 가장 격동적인 시기에 태어났다. 그래서 그의 언어가 그토록 격렬하기 이를 데 없었는가.

2. 생애

임제의 법명(法名, 僧名)은 의현(義玄), 속성(俗姓)은 형(邢) 씨, 조주(曹州) 남화(南華)에서 태어났다. 젊은 날에 출가해서 폭넓게 전통적인 불교경전을 공부했다. 하지만 그의 출가 당시의 나이와 스승이 누구였는지는 알 수 없다. 임제의 고향인 조주 남화는 지금의 산동성 연주부(兗州府)로서 황하 하류의 남쪽 지방이다. 이곳은 임제와 동시대에 활약했던 선승 조주종심(趙州從諗)의 고향과도 가까웠다. 그는 특히 법화(法華), 화엄(華嚴), 유마(維摩), 능가(楞伽), 능엄(楞嚴) 등의 경전과 유가(瑜伽), 유식(唯識), 화엄합론(華嚴合論), 대승성업론(大乘成業論), 법원의림장(法苑義林章) 등의 불교학에 조예가 깊었다.

그의 출가와 득도(得度: 具足戒를 받고 정식 승려가 됨)를 통례에 따라 20세 무렵으로 친다면 827년에서 835년(원화 연간)에 해당하는데, 이때 청량징관(淸凉澄觀: 738~838)과 규봉종밀(圭峰宗密: 780~841)의 화엄학(華嚴學)이 전성기를 이루고 있었다. 그러나 그는 이 모든 학문이 단지 약 처방전이며 일종의 선전 문구에 불과하다는 것을 간파하였다. 이후 책을 덮어 버리고 구도행각을 시작하여 황벽(黃檗: ?~850)을 찾아갔다. 하남에서 태어난 임제가 무슨 이유로 머나먼 강남으로 황벽을 찾아갔는지는 알 수 없다. 그당시 황벽은 홍주자사(洪州刺史)인 배휴(裴休: 797~870)의 후원으로 홍주 고안현(高安縣)에 황벽선원을 열고 많은 수행자들을 지도하고 있었다. 이때가 회창년(841~846)에서 대중연초(大中年初: 847)에 해당하는데, 당시 임제는 황벽 밑에서 오로지 수행정진에만 몰두하고 있었다. 그러던 어느 날 목주도명(睦州道明: 당시 황벽선원의 수좌)의 권유에 따라 황벽의 방장실 문을 두드렸다. "불법의 핵심이 무엇입니까?"를 세 번 묻고 세 번 얻어맞은 다음 대우에게 가서 크게 깨달았다. 이때의 극적인 순간의 기록은 수행록[行錄 38-1·2·3·4]에 자세히 실려 있다.

임제가 깨달은 시기는 회창의 법난이 한창 단행되고 있을 때였다. 임제는 당의 중앙정부와 대치상태에 있던 하북 진주지방으로 올라가 교화를 펴기 시작했다. 당시 이 지역의 실권자였던 부주(府主) 왕상시(王常侍)의 적극적인 후원이 있었는데, 이 왕상시는 『임제록』 처음(上堂 1-1)에 등장하는 인물이다. 하북의 진주 임제원에서 교화를 펼치는 장면은 모두 수행록[行錄 39-1에서 57-2까지]에 자세히 기록되어 있다. 이때 임제의 교화를 도왔던 인물 가운데 중요한 사람은 반산(盤山)에서 온 광승(狂僧) 보화(普化)였다. 반산은 진주(鎭州) 북부지방으로서 도교(道敎)의 영장(靈場)이었는데, 보화의 자유분방한 역할에서 우리는 무위자연적인 삶을 추구하던 신선도자(神仙道者)의 이미지를 느낄 수 있다. 보화의 이러한 초인적인 행동은 기성불교의 권위에 맞서는 자유로운 인간상으로서 임제가 제창한 신불교(新佛敎)의 전형이라고도 볼 수 있다. 임제의 법을 이은 제자는 삼성혜연(三聖慧然)을 위시해서 21명 또는 24명이 있었다고 한다. 임제는 당(唐) 함통(咸通) 8년(867년) 정월 1일에 입적했는데 수행록[行錄 58]에는 그때의 장면이 생생하게 기록되어 있다. 간화선(看話禪)을 제창했던 대혜종고(大慧宗杲)는 임제를 평하여 이렇게 말했다.

"만일 승이 되지 않았더라면 틀림없이 도둑의 괴수가 되었을 것이다."(杲老 謂臨濟 若不爲僧 必作一渠魁)

– 『주자어류(朱子語類)』 권126

3. 사상

『인천안목(人天眼目)』과 『오가종지찬(五家宗旨纂)』이라는 책에서는 임제의 사상, 즉 종풍(宗風: 근본적인 가르침)을 다음의 여섯 가지로 간추리고 있다. 첫째 사할(四喝), 둘째 사료간(四料揀, 四料簡),

셋째 사빈주(四賓主), 넷째 사조용(四照用), 다섯째 3구(三句), 여섯째 3현3요(三玄三要).

그러나 이 여섯 가지는 종풍(사상)이라기보다는 수행자들의 수행 정도를 식별하고 지도하던 일종의 임제식 교육방법으로 보아야 한다. 그래서 필자는 초보자도 이해하기 쉽도록 다음의 네 가지로 임제의 사상을 간추려 보았다.

첫째, 진정견해(眞正見解), 둘째, 자기 확신, 셋째, 개념 부정, 넷째, 살불살조(殺佛殺祖).

첫째, 진정견해(眞正見解: 올바른 견해)

올바른 견해란 무엇인가? 나와 부처는 다르지 않다는 사실을 자각하는 것이요, 만물은 그 실체가 없다(상호의존적이다)는 것을 자각하는 것이요, 부처까지 포함해서 이 모든 현상은 '파도침 현상(일시적인 현상)'이라는 것을 간파하는 것이다. 여기 영원히 존재하는 것은 아무것도 없다. 있다면 여기 '영원히 존재하는 것은 아무 것도 없다'는 이 사실을 알고 있는 '나 자신'이 있을 뿐이다. "여기 오직 내 설법을 듣고 있는 무의도인(無依(衣)道人, 그대 자신)이 있을 뿐이니 이는 제불(諸佛)의 어머니[母: 발원지]다. 그러므로 부처는 무의(無依, 無衣)에서 태어났다. 이 무의(철저하게 독립적임)를 깨달으면 부처 또한 존재하지 않나니 만일 이렇게 깨달아 안다면 이것이 바로 올바른 견해다."(12-7)

둘째, 자기 확신

임제가 말하고 있는 '자기 확신'이란 무엇보다도 자기 자신에 대한 믿음을 확고하게 갖는 것을 뜻한다. 이 경우 '자기'란 '지금 여기 있는 이대로의 나 자신'을 말한다. 도덕적으로나 인격적으로 완성된 미래지향적인 나 자신이 아니라 생명의 역동 현상으로서의 나 자신을 말한다. 그러나 우리는 '지금 여기' 있는 나 자신에 대하여 확신을 갖지 않고 있다. 그것은 무엇인가 부족하다는 생각 때문이다. '완벽한 인간이 되어야 한다'는 강박관념에 사로잡혀 있기 때문이다.

우리가 겪는 고뇌의 많은 부분은 바로 이 완벽을 향한 강박관념에서 비롯되었다고 할 수 있다. 살아 있는 한 우리는 저 이상주의자들이 말하는 완벽에 이를 수 없다. 왜냐하면 생명은 끊임없이 역동적으로 움직이고 있기 때문이다. 꿈틀거리는 이 생명을 박제화하여 완벽에 이르려 하면 거기 위선과 형식만 남는다.

"지금의 수행자들이 깨닫지 못하는 것은 그 병폐가 어디 있는가. 병폐는 스스로를 확신하지 못하는 데 있다."(10-3)

"불도[佛敎]를 배우는 사람들은 무엇보다도 먼저 자기 자신을 믿지 않으면 안 된다. 자기 밖에서 부처를 찾아서는 안 된다."(13-1)

이 자기 확신을 좀 더 밀고 나가면 주체적인 인간이 된다. 언제 어디에 있든 그곳이 바로 나 자신의 활동무대가 되는 능동적인 인간이 된다. 임제는 이를 이렇게 표현하고 있다.

"어느 상황에 처하든 그 처한 상황에서 주체적이 되라. 그러

임제록

면 상황은 절대로 그대를 잡아 흔들지 못할 것이다(隨處作主 立
處皆眞)."(12-1)

이 말은 원래 승조(僧肇)의 『부진공론(不眞空論)』에 나오는데 임
제가 다시 사용하면서 그대로 임제의 트레이드마크가 되었다.

셋째, 개념 부정

임제의 사상 가운데 가장 돋보이는 대목이다. 불(佛), 해탈(解
脫), 열반(涅槃) 등은 불교의 궁극적인 목표이며 수행의 종착지이
다. 그러나 임제는 이런 말들을 단지 개념으로 파악하여 마침내
는 버려야 할 것으로 보고 있다. 임제는 언어 속에 포함된 개념 일
체를 거부하고 있다. 임제는 이 '개념'을 '옷(衣)'이라는 말로 바꿔
쓰고 있다. '옷'이란 무엇인가? 수시로 갈아입는 임시적인 것(가변
적인) 것이다. 그러므로 불은 부처라는 옷[佛衣], 해탈은 해탈이라
는 옷[解脫衣], 열반은 열반이라는 옷[涅槃衣], 깨달음은 깨달음이
라는 옷[覺衣]이 되는 셈이다. 여기까지 오면 경전의 아무리 위대
한 문구라도 결국은 '옷 개념'에 불과하게 된다. 임제는 이처럼 '옷'
이라는 단 한 개의 글자로 언어의 모든 개념을 뛰어넘고 있다. 이
렇게 멋진 비유는 임제 이후의 어떤 선어록이나 책에서도 좀처럼
찾아볼 수가 없다.

"이 모든 것은 번갈아 옷을 갈아입듯 변하는 경계일 뿐이
다."(13-9)

"옷에는 어떤 것이 있는가? 청정이라는 옷, 보리라는 옷, 열반이라는 옷, 부처라는 옷 등이 있다. 이 모든 말과 언어 문자는 대상에 따라 수시로 바꿔 입는 옷, 가변적이며 비실제적인 것이다."(13-30)

"이 모든 경전은 더러운 것(똥을 닦는 휴지 조각)일 뿐이다."(13-9)

넷째, 살불살조(殺佛殺祖)

이 말은 『임제록』에 나오는 가장 극렬한 단어다. 임제는 직설적으로 "부처를 죽이고 조사를 죽인다[殺佛殺祖]."고 말하고 있다. 그러나 이 경우의 '죽인다[殺]'는 말은 '~의 손아귀에서 벗어나다', '제압하다'의 뜻이다. 그러므로 이 말을 좀 더 부드럽게 옮기면 '부처의 손아귀에서 벗어나고 조사의 손아귀에서 벗어난다.'고 할 수 있다.

자기 자신에 대한 확신에 차 있고 일체의 개념에서 벗어난 수행자[無依(衣)道人]는 누구인가. 그는 부처의 손아귀(영향권)에서 벗어났고 조사의 손아귀에서마저 벗어났다. 왜냐하면 그에게는 부처도 조사도 법(法)도 불교도 수행도 깨달음마저도 더 이상 필요하지 않기 때문이다.

"부처도 없고 법도 없으며 수행도 없고 증득해야 할 것도 없다."(13-18)

"부처를 만나면 부처를 죽이고 조사를 만나면 조사를 죽인다."(13-17)

"진정한 수행자는 부처도 인정하지 않는다."(13-12)

"부처를 궁극적인 것으로 생각지 말라. 내가 보기엔 똥통과 같나니."(13-41)

'살불살조'라는 말은 임제 이후에는 별로 사용되지 않았다. 임제 종 계통의 과격파 선승들 사이에서 간혹 이 말이 사용되긴 했지 만, 그러나 그들은 하나같이 임제의 아류를 벗어나지 못하고 있다.

4. 후세에 끼친 영향

『임제록』은 선어록이라기보다는 차라리 인류가 남긴 가장 극렬 한 반역의 서(書)라고 해야 한다. 왜냐하면 임제는 그의 가르침[示 衆 13-5]에서 성불(成佛)도 부정하고 좌선도 부정하고 여타의 수 행 일체를 거부하고 있기 때문이다. 게다가 한 걸음 더 나아가 '불 경(佛經)은 똥을 닦는 휴지 조각'(13-9)이요, '부처는 똥통'(13-41)이 라고 외치고 있다. 역대의 선승들 가운데 이처럼 저항적이고 처절 했던 사람은 임제 앞에도 없었고, 임제 뒤에도 없었다. 임제가 살 았던 당말(唐末)은 정치적으로나 사상적으로나 문화적으로 매우 극심한 격동기였다. 이 격동의 한 가운데서 그것도 혁명가들의 집 결지였던 하북 지방에서 임제가 부르짖었던 '반역의 외침'은 후대 의 선승들에게 실로 엄청난 충격을 주었다. 임제가 입적하자 임제 자신은 원치 않았지만 그의 추종자들에 의해서 임제의 가르침은 임제종(臨濟宗)이라는 선풍(禪風)으로 정비되었다. 이보다 조금 앞서는 위산영우(潙山靈祐: 771~853)와 앙산혜적(仰山慧寂: 807~883)에 의해서 위앙종(潙仰宗)이 확립되었다. 또한 임제의 선풍이 정비되던 것과 거의 동시대에는 동산양개(洞山良价: 807~869)와 조산본적(曹山本寂: 840~901)에 의해서 조동종(曹洞宗)이 확립되었다.

당이 멸망하고 오대(五代)가 되자 운문문언(雲門文偃: 846~949)에 의해서 운문종(雲門宗)이, 그리고 잇달아 법안문익(法眼文益: 885~958)에 의해서 법안종(法眼宗)이 확립되었다. 이렇게 확립된 다섯 개의 선풍[五宗家風]은 송대(宋代)로 들어서면서 난숙기를 맞이했고 중국문화 전반에까지 침투해 들어갔다. 그러나 시대가 지남에 따라 이 다섯 개의 선풍은 임제종과 조동종으로 흡수되고 통합되었다. 맨 처음 위앙종이 소멸했고, 두 번째로 법안종이 소멸되었다. 그리고 마지막으로 운문종이 임제종에 흡수되어 버리고 말았다. 남송(南宋) 말(末)에는 남은 두 개의 종파에서 각각 한 사람씩 거장이 나왔다. 조동종에서는 천동정각(天童正覺: 1091~1157)이 출현하여 묵조선(默照禪: 좌선 수행을 강조하는 선 수행방식)을 대성시켰고, 임제종 양기파(楊岐派)에서는 대혜종고(大慧宗杲: 1089~1163)가 나와서 간화선(看話禪: 깨달음을 강조하는 선 수행방식) 운동을 전개했다. 남송 이후[元·明·淸]에는 임제종과 조동종, 이 두 개의 흐름만이 남아서 지금까지 이어지고 있다. 우리나라는 특히 임제의 선풍(임제종) 가운데 대혜종고가 주장한 간화선의 태풍 영향권에서 조금도 벗어나지 못하고 있는 실정이다.

5. 『임제록』의 문체(文體)

『임제록』은 문어체(文語體, 문장체)가 아닌 구어체(口語體, 대화체)로 쓰여졌다. 문어체는 개념화되고 훈고학적인 서술에 적합하다. 그래서 기존의 불서(佛書)들은 대부분 문어체로 기록되었다. 반면 구어체는 대화가 주류를 이루는 살아 있는 인간의 언어요, 개념화되지 않은 저잣거리의 언어이기 때문에 선어록은 모두 구어체로 기술되었다. 구어체에는 특히 옛 시대의 속어(俗語)가 많이 나온다. 속어란 그 당시 일반 서민들이 생활 속에서 사용하던 말(대화체)이다. 그러나 그 시대가 지나가면 그 시대에 사용하던 속어는 그대로 사장(死藏)되어 후대 사람들은 그 의미를 전혀 알 수가 없다. 그 당시에는 누구나 아는 말이었지만 지금은 사전에조차 없는 말들이 대부분이다. 『임제록』에 유독 옛 시대의 난해한 속어들이 많이 나오는 것은 『임제록』이 구어체로 쓰여졌기 때문이다.

서문[序]

진주임제혜조선사어록서
(鎭州臨濟慧照禪師語錄序)

[번역]

연강전 학사요, 금자광록대부이며, 진정부로 안무사요, 마보군 도총관이며, 성덕군부사인 마방(馬防)이 찬함.

황벽산에서 일찍이 주장자에 얻어맞고 대우의 옆구리를 주먹으로 쥐어박을 줄 알았네. 말 많은 노인(대우)은 오줌싸개 녀석이라 꾸짖었으며 이 미친 녀석이 또다시 범의 수염을 잡는다고 황벽은 말했네. 깊은 산중에 소나무를 심는 것은 후대에 본보기를 보이고자 함이요, 괭이로 땅을 내리쳤으니 몇 사람이나 산 채로 묻었는가. 이 풋내기(임제)를 인정해 주고는 황벽은 자신의 입을 쥐어박았네. 이별할 때 경상[机案]을 불태운다고 해서 천하 사람들의 말을 제압했으며 하남이 아니면 하북으로 간다고 말했네. 임제원은 옛 나루터 옆에 있어 오가는 사람들을 건네줬으니 중요한 나루를 장악하여 그 가풍은 만길 절벽과도 같았네. 사람과 경계를 빼앗아 뛰어난 제자들을 지도했으며 3요(三要)와 3현(三玄)으로 수행자들을 단련시켰네. 언제나 집에 있으면서 길을 떠나지 않았으니 무위진인(無位眞人)이 면문(面門)으로 출입했네. 동서 양당에서 일제히 할을 하니 빈주(賓主)가 역력했고, 조용(照用)이 동시니 본래부터 전후가 없네. 옛 거울에 모습이 비치니 빈 골짜기에 메아리 울림이요, 묘응(妙應)은 처소가 없으니 흔적조차 남기지 않았네. 옷자락을 나부끼며 남쪽으로 가서 대명부에 머무니 흥화(興化)가 스승으로 받들어 동당(東堂)에서 모셨네. 구리물병과 무쇠그릇만으로 문 닫아걸고 침묵 속에 들었으며 노송과 구름을 벗삼아 유유자적했네. 면벽한 지 오래지 않아 법을 전하고 입적하려 하니 이 정법안장을 뉘에게 전할까. 눈먼 당나귀에게서 당신의 법이 소멸한다고 했네. 원각노연(圓覺老演)이 지금 임제록을 다시 유통하려 하니 면밀히 검토해 본 결과 여기 잘못됨이 전혀 없네. 그러나 오직 이 일할만은 좀 더 깊이 탐구해 봐야 하나니 눈 밝은 수행자는 이를 잘못 알지 말라.

선화경자(宣和庚子, 1120) 중추일(仲秋日)에 삼가 서문을 쓰다.

[해설]

이 마방(馬防)의 서문은『임제록』내용 전체를 압축한 일종의 개요문 성격을 띠고 있다. 그러므로 읽는 이는 이 점을 염두에 두고 일단 서문은 대충 읽고 그냥 건너뛰기 바란다.『임제록』을 모두 읽은 다음 다시 서문을 보면 비로소『임제록』전체의 윤곽이 잡히기 때문이다. 그러나 처음부터 꼼꼼하게 서문을 읽으려면 너무 복잡하여 도무지 갈피를 잡을 수가 없을 것이다. 이 서문의 내용은 대략 다음의 넷으로 묶을 수 있다.

·첫째 묶음: 하남(河南) 황벽산에서 임제의 수행과 오도에 관련된 중요 사건에 대한 이야기.
·둘째 묶음: 하북(河北) 임제원에 머물면서 임제가 제자들을 가르치며 독자적인 임제가풍(臨濟禪風)을 수립한 전후 사정에 관한 이야기.
·셋째 묶음: 전법과 만년에 관한 언급.
·넷째 묶음: 원각종연(圓覺宗演)의『임제록』간행과 유포에 관한 언급.

[원문]

序

延康殿學士 金紫光祿大夫 眞定府路 安撫使 兼 馬步軍 都總管
兼 知成德軍府事 馬防 撰

黃檗山頭에 曾遭痛棒이요 大愚肋下에 方解築拳이라 饒舌老婆는
尿床鬼子라하며 這風顚漢이 再捋虎鬚라하니라 巖谷栽松은 後人標
榜이요 钁頭劚地하니 幾被活埋오 肯箇後生이라하고 驀口自摑이라
辭焚机案하야 坐斷舌頭요 不是河南이면 便歸河北이라 院臨古渡하
야 運濟往來하며 把定要津하야 壁立萬仞이라 奪人奪境하야 陶鑄仙
陀며 三要三玄하야 鈐鎚衲子라 常在家舍나 不離途中이니 無位眞人

이 面門出入이라 兩堂齊喝하니 賓主歷然하며 照用同時니 本無前後라 菱花對像하니 虛谷傳聲이요 妙應無方하니 不留朕跡이라 拂衣南邁하야 戾止大名하니 興化師承하야 東堂迎侍라 銅瓶鐵鉢로 掩室杜詞하며 松老雲閑에 曠然自適이라 面壁未幾에 密付將終하니 正法誰傳고 瞎驢邊滅이라하니라 圓覺老演은 今爲流通하니 點撿將來에 故無差舛이라 唯餘一喝은 尚要商量이라 具眼禪流는 冀無賺舉하라 宣和庚子中秋日에 謹序하노라.

[주(註)]

○ 진주(鎭州): 현재의 하북성 석가장시(石家莊市) 부근에 있던 지역.

○ 임제(臨濟): 임제원(~院). 임제의현이 머물던 암자.

○ 혜조선사(慧照禪師): 당(唐)의 제17대 황제인 의종(懿宗)이 임제의현에게 내린 시호(諡號).

○ 어록(語錄): 선승의 언행록(言行錄).

○ 연강전학사(延康殿學士): 관명(官名), 문서검열관.

○ 금자광록대부(金紫光祿大夫): 궁중고문관.

○ 진정부로(眞定府路): 진주(鎭州), 로(路)는 지방행정구역의 이름.

○ 안무사(安撫使): 중앙정부에서 파견된 지방순찰관.

○ 마보군도총관(馬步軍都總管): 마군(馬軍, 기병부대)과 보군(步軍, 보병부대)을 총괄하는 사령관.

○ 성덕군부사(成德軍府事): 진주에 주재하는 문무(文武) 겸임의 지방장관.

○ 마방(馬防): 북송 말(北宋末)의 사람인 듯. 사서(史書)에 기록이 없으므로 어떤 인물이었는지는 알 수 없다.

○ 황벽산두~방해축권(黃檗山頭~方解築拳): 임제의 깨달은 이야기. 수행록[行錄] 38-1을 보라.

○ 요설노파~재장호수(饒舌老婆~再捋虎鬚): 수행록[行錄] 38-3을 보라.

○ 암곡재송 후인표방(巖谷栽松 後人標榜): 수행록 39를 보라.

○ 곽두착지 기피활매(钁頭劚地 幾被活埋): 수행록 41을 보라.

○ 긍개후생 맥구자국(肯箇後生 驀口自摑): 수행록 42를 보라.

○ 사분궤안 변귀하북(辭焚机案 便歸河北): 수행록 47을 보라.

○ 원림고도~벽립만인(院臨古渡~壁立萬仞): 수행록 59-1을 보라.

○ 탈인탈경 도주선타(奪人奪境 陶鑄仙陀): 가르침[示衆] 10-1을 보라. '도
주선타'는 수행자를 지도하는 것.

○ 3요3현 검추납자(三要三玄 鈐鎚衲子): 법문[上堂] 9-2를 보라. '검추납
자'는 수행자를 단련시키는 것.

○ 상재가사 불리도중(常在家舍 不離途中): 법문 8을 보라.

○ 무위진인 면문출입(無位眞人 面門出入): 법문 3을 보라.

○ 양당제할 빈주역연(兩堂齊喝 賓主歷然): 법문 4-2를 보라.

○ 조용동시 본무전후(照用同時 本無前後): 가르침 10-9를 보라.

○ 릉화(菱花): 릉화경(菱花鏡), 거울, 육각형으로 된 고대의 거울[銅鏡].
뒷면에 마름꽃[菱花, 淩花] 문양이 있는 데서 이 명칭이 유래됨.

○ 불의남매 려지대명(拂衣南邁 戾止大名): 수행록 59-2를 보라.

○ 홍화(興化): 홍화존장(興化存奬), 임제의 제자.

○ 동병철발(銅瓶鐵鉢): 구리로 만든 물병과 쇠 밥그릇, 수행자의 생활도
구.

○ 엄실두사(掩室杜詞): 문을 닫아걸고 침묵을 지키며 오직 좌선수행에
만 몰두하는 것.

○ 밀부장종~할려변멸(密付將終~瞎驢邊滅): 수행록 58을 보라.

○ 원각노연(圓覺老演): 원각종연(圓覺宗演). 북송말기의 고승으로서 선
화(宣和) 2년(1120)에 『임제록』의 체제를 재정비하여 간행했다. 이때
가 임제 입적 후 254년째 되는 해인데, 이후『임제록』의 텍스트는 이
종연본(宗演本)으로 기준을 삼았다.

○ 차천(差舛): 잘못되다.

○ 상량(商量): 어떤 문제를 토론하다. 그러나 여기서는 '참구(參究, 탐구)'의 뜻에 가깝다.

○ 잠거(賺擧): 잘못 거론하다. 잘못 읽다.

○ 선화(宣和): 북송 말 휘종(徽宗)의 연호.

○ 경자(庚子): 선화 2년 경자년(1120). 임제 입멸 후 254년에 해당한다.

법문[上堂]

【 1-1 】

[번역]

부주 왕상시(府主 王常侍)와 관원들이 스승(師, 임제)을 법상에 오르도록 간청했다. 스승은 법상에 올라가 말했다. "산승은 오늘 부득이 여러분의 청을 거절할 수 없어 이 법상에 올라왔다. 그러나 만일 조종문(祖宗門, 禪門)의 입장에서 대사(大事, 一大事)를 거론한다면 그 즉시 입을 열 수도 없으며 그대들이 발붙일 곳조차 없다. 그러나 산승은 오늘 왕상시가 간청하니 어찌 강종(綱宗)을 감추겠는가. 지금 즉시 진(陳)을 치고 깃발을 휘날릴 수 있는 장수와도 같은 수행자가 있는가? 있다면 대중 앞에서 증명해 보라."

[해설]

임제는 왕상시의 청으로 법당의 법상[說法座]에 올라가 기염을 토하고 있다. 그 당시는 당말(唐末)이라 임제원이 있던 하북 지방은 당 조정에 반기를 들던 때였다. 그래서 늘 전시(戰時) 상황을 유지하고 있었다. 이런 분위기에 호흡을 맞추려는 듯 임제는 청중들에게 이렇게 말하고 있다.

"자, 나와 맞설 자가 있는가. 있다면 전쟁터의 장수처럼 진을 치고 깃발을 휘날리며 나와 보라."

[원문]

府主 王常侍와 與諸官이 請師升座라 師上堂云호되 山僧今日에 事
不獲已하야 曲順人情하야 方登此座라 若約祖宗門下 稱揚大事댄
直是開口不得이며 無爾措足處라 山僧此日에 以常侍堅請하니 那隱
綱宗이리요 還有作家戰將 直下展陣開旗麼아 對衆證據看하라

[주(註)]

○ 상당(上堂): 설법을 하기 위하여 선사가 설법당에 올라가거나 법상에
오르는 것. '승좌(陞座)'라고도 함.
○ 부주(府主): 임제가 머물던 하북부(河北府)의 지방장관.
○ 왕상시(王常侍): 왕씨 성을 가진 常侍. 常侍는 관직 이름.
○ 승좌(陞座): 도가 높은 스승을 초청, 법상에 모시고 설법을 청하는
것.
○ 산승(山僧): 선승(禪僧)이 스스로를 부르는 이름.
○ 사불획이(事不獲已): 부득이, 어쩔 수 없이.
○ 곡순인정(曲順人情): 인정상 부득이해서.
○ 약조종문하(約祖宗門下): 선문(禪門)의 입장에서 본다면.
○ 대사(大事): 일대사(一~), 참선수행. 깨닫는 일.
○ 칭양(稱揚): 찬양하다.
○ 직시(直是): 바로 지금. 그대로.
○ 무이조족처(無爾措足處): 그대들[爾]이 발 디딜 곳조차 없다.
○ 나은(那隱): 어찌 ~를 감추겠는가?

○ 강종(綱宗): 요지(要旨). 선의 핵심.

○ 작가전장(作家戰將): 참된 선 수행자. 참된 선 수행자는 작가(一家를 이룬 사람)와도 같고 전투에 임하는 장군(戰將)과도 같다.

○ 직하(直下): 즉시.

○ 전진개기(展陣開旗): 선 수행자가 선사와 한판 법전(法戰)을 벌이는 것. 그것은 마치 두 장수가 진을 펼치고[展陣] 깃발을 휘둘러[開旗] 군사들을 호령하는 것과도 같다.

○ 증거간(證據看): 잘 점검해 보라. 자세히 살펴보라. '증거'는 분명, 확인의 뜻.

【 1-2 】

[번역]

승(僧)이 물었다. "어떤 것이 불교의 핵심[佛法大意]입니까?"

스승이 할(喝)을 하자 승이 절을 했다.

스승이 말했다.

"이 스님은 제법 말 상대가 되는군."

[해설]

그러자 어떤 승이 임제에게 도전장을 냈다. 임제는 할로 이 승의 공격을 막아 버렸고, 이 승은 자신이 한 수 아래인 것을 알고 즉시 임제에게 절을 했다. 그런 승에게 임제는 이렇게 말했다.

"대단한 적은 아니지만 제법 말 상대는 되는군."

僧問호대 如何是佛法大意닛고 師便喝하니 僧禮拜라 師云호대 這箇
師僧이 却堪持論이라

[주(註)]

○ 여하시(如何是): 어떤 것이 ~인가, ~이란 무엇인가?
○ 불법대의(佛法大意): 불교의 핵심.
○ 할(喝): 고함을 지르는 것. 기합 소리. 임제가 곧잘 이 방법을 사용했
   다.
○ 저개(這箇): 자개(者~), 차개(遮~, 此~), 이것.
○ 각감지론(却堪持論): 말 상대로 삼을 만하다.

【 1-3 】

[번역]

　어떤 승이 물었다.

　"스님은 누구의 곡조로 노래하며 종풍(宗風)은 누구를 이었습니
까?"

　스승은 말했다.

　"나는 황벽문하에 있을 때 세 번 물었다가 세 번 얻어맞았다."

　승이 머뭇거리자 스승은 할을 하고 연이어 이 승을 때리며 말
했다.

　"허공에 말뚝을 박는 것은 옳지 않다."

이번에는 또 다른 승이 본격적인 공격을 시도했다. 그러나 두 세 번의 공격 끝에 이 승은 더 이상의 화력(火力)이 없어 주춤거렸다. 그 순간 임제의 할과 방망이가 날아갔다.

"괜히 쓸데없는 짓을 하지 말라"는 불호령이 떨어졌다. 왜냐하면 일체의 권위와 전통마저 거부하는 임제에게 이 승은 지금 "스님은 누구의 곡조로 노래하며 누구의 종풍(宗風, 法)을 이었느냐"고 묻고 있기 때문이다.

[원문]

問師唱誰家曲하며 宗風嗣阿誰닛고 師云호대 我在黃蘗處에 三度發問하고 三度被打라 僧擬議하니 師便喝하고 隨後打云호대 不可向虛空裏釘橛去也라

[주(註)]

○ 수가, 아수(誰家, 阿誰): 누구의.
○ 곡, 종풍(曲, 宗風): 스승의 가르침.
○ 황벽(黃蘗): 황벽희운(黃蘗希運), 임제의 스승.
○ 삼도발문(三度發問): 세 번 묻다.
○ 피타(被打): 얻어맞다.
○ 의의(擬議): 무슨 말인가를 하려고 머뭇거리다[欲言未言].
○ 갈(喝): 여기에서는 '할'로 발음된다. 고함소리, 꾸짖는 소리.
○ 수후타(隨後打): 이어서 곧바로[隨後] 때리다.
○ 불가향~거야(不可向~去也): ~하는 것은 옳지 않다. 向-문장체의 '於

(~에, ~에서)'에 해당한다.

○ 허공리정궐(虛空裏釘橛): 허공에 말뚝[橛]을 박다[釘]. 쓸데없는 짓을 하다.

【 1-4 】

[번역]

어떤 강사승이 물었다.

"삼승십이분교(三乘十二分敎)는 어찌 불성의 뜻을 밝힌 것이 아니겠습니까?"

스승이 말했다.

"자네는 잡초를 뽑는 일도 없단 말인가."

강사승: "부처님이 어찌 사람을 속이겠습니까?"

스승: "부처님은 지금 어느 곳에 있는가?"

강사승은 말이 없었다.

스승이 말했다.

"왕상시 앞에서 노승을 속이려 하지 말고 어서 빨리 물러가라. 다른 사람의 물음에 방해가 된다."

[해설]

세 번째는 선 수행자가 아닌 학승(學僧)이 임제에게 도전장을 냈다. "삼승(三乘)과 십이분교(十二分敎, 경전)는 번뇌 망상을 제거하고 불성(佛性, 本性)을 밝히는 것이 아니겠느냐?"고 반문하고 있다. 임제는 느닷없이 "자네는 잡초를 뽑은 일도 없단 말인가?" 하고 호통을 쳤다. 여기서의 잡초[荒草]는 번뇌 망상을 말한다.

지금 이 승(강사승)은 번뇌와 불성이 둘이라는 이원론적인 개념의 입장(잡초)에 머물러 있다. 그래서 임제는 "자네는 개념에서 벗어날 의도가 전혀 없단 말인가(잡초를 뽑는 일도 없단 말인가)"라고 이 승을 꾸짖고 있는 것이다.

그러나 강사승은 임제의 말을 도무지 이해할 수 없었다. 그래서 "부처님이 어찌 사람을 속였겠느냐(불성을 밝히라는 부처님의 말씀이 어찌 거짓말이겠느냐)?"고 반박하고 있다. 그러자 임제는 대뜸 "부처님은 지금 어디 있는가?"라고 다그쳤다. 그런데 강사승은 여기서 그만 화력이 다하고 말았다. 더 이상 임제의 공격을 막아낼 힘이 없었다. 꿀 먹은 벙어리가 되어 버린 그런 학승에게 임제는 이렇게 호통을 쳤다. "어서 물러가게. 다음 사람의 질문에 방해가 되네."

[원문]

有座主問호대 三乘十二分教는 豈不是明佛性이닛고 師云호대 荒草不曾鋤라 主云호대 佛豈賺人也아 師云호대 佛在什麼處오 主無語라 師云호대 對常侍前에 擬瞞老僧하고 速退速退하라 妨他別人請問이라

[주(註)]

○ 좌주(座主): 경전만을 가르치는 학승(學僧). 강사승.
○ 삼승(三乘): 불교수행자를 세 갈래로 나눈 것. *첫째 성문승(聲聞乘):

주로 듣는 수행을 추구하는 사람들. *둘째 연각승(緣覺乘): 인연의 이치를 관찰하여 깨달음으로 가는 사람들. *셋째 보살승(菩薩乘): 자신의 수행과 동시에 다른 사람을 깨달음으로 이끄는 사람들.

○ 십이분교(十二分敎): 부처님의 가르침을 그 내용과 형식에 따라 편의상 열 두 갈래로 나눈 것. 자세한 것은 『불교사전』을 보기 바람.

○ 황초(荒草): 잡풀, 잡초.

○ 부증서(不曾鋤): (잡초를) 뽑은 일이 없다. 서(鋤)는 호미, 풀을 뽑다.

○ 잠(賺): 속이다. 기만하다.

○ 속퇴속퇴(速退速退): 어서 빨리 물러가라.

○ 방타별인청문(妨他別人請問): 다른 사람의 물음에 방해[妨他]가 되다. 여기서의 '타(他)'는 '방(妨)'의 뒤에 붙는 조사다. '별인(別人)'은 다른 사람의 뜻임.

【 1-5 】

[번역]

스승은 다시 말했다.

"오늘 법회는 일대사(一大事) 때문이니 질문할 사람이 있는가. 속히 물어보라. 그러나 그대들이 입을 여는 순간 이미 어긋나 버린다. 어째서 이러한가. 부처님께서 다음과 같이 말한 것을 듣지도 못했는가. '법[佛法]은 문자를 떠났으니 인(因)에도 속하지 않고 연(緣)에도 있지 않기 때문이다.' 그러나 그대의 신념이 확고하지 못하기 때문에 오늘 내 말이 있는 것이다. 왕상시와 관원들을 번거롭게 해서 그들이 불성(佛性)을 깨닫지 못할까 염려되니 그만 물러가는 것이 좋겠다."

스승은 할을 하고 또 할을 한 다음 말했다.

"신념이 약한 사람은 영영 깨달을 날이 없을 것이다. 오래 서 있어 피곤할 테니 그만들 물러가라."

[해설]

더 이상 자신을 상대할 수행자가 없음을 알아차린 임제는 이렇게 마무리를 하고 있다. "무엇인가를 묻기 위하여 입을 벌리는 순간 이미 빗나가 버린다. 왜냐하면 여기 흔적이 찍히기 때문이다. 불법(佛法)은 언어와 사고, 그 이전이기 때문이다." 그러나 자신이 말의 덫에 걸린 것을 알아차린 임제는 즉시 할로 이 흔적을 지워 버렸다. 그러나 그 순간 할을 내지른 흔적이 찍히자 임제는 또다시 할을 함으로써 그 할의 흔적마저 지워 버렸다. 그런 다음 급히 설법상을 내려가 버렸다. 그러나 여기 설법상을 내려가 버린 그 흔적은 어떻게 지워 버릴 수 있단 말인가.

[원문]

復云호대 此日法筵은 爲一大事故니 更有問話者麽아 速致問來하라 爾纔開口면 早勿交涉也라 何以如此오 不見釋尊云호대 法離文字니 不屬因 不在緣故라 爲爾信不及하야 所以今日葛藤이라 恐滯常侍 與諸官員하야 昧他佛性이니 不如且退하라 喝一喝云호대 少信根人은 終無了日이라 久立珍重하라

[주(註)]

○ 일대사(一大事): 불법(불교)의 근본 뜻을 깨닫는 것.

○ 법연(法筵): 설법을 듣기 위하여 사람들이 모임. 법회.

○ 이재개구(爾纔開口): 그대(爾, 你)가 (무슨 말인가를 하려고) 입을 여는 그 순간.

○ 속치문래(速致問來): 빨리 물어보라.

○ 물교섭(勿交涉): 몰교섭(沒交涉), 아무 연관이 없다.

○ 불견(不見): 보지 못했는가. 듣지 못했는가.

○ 석존(釋尊): 석가세존(~迦世~), 부처.

○ 신불급(信不及): 신념이 확고하지 못하다.

○ 갈등(葛藤): 문자 언어.

○ 체(滯): 번거롭다. 번거롭게 하다.

○ 매타불성(昧他佛性): 불성을 깨닫지 못하다[昧他]. '타(他)'는 '매(昧)'의 뒤에 붙는 조사, 여기서는 '타인(他人)'의 뜻이 아님.

○ 불여차퇴(不如且退): 그만 물러가는 것이 좋겠다.

○ 소신근인(少信根人): 신념이 확고하지 못한 사람.

○ 구립진중(久立珍重): 헤어질 때의 인사말. '(법문 듣느라고) 오래 서 있어 피곤할 테니 그만들 물러가라.'

【2】

[번역]

스승은 어느 날 하부(河府, 河北府)에 이르렀다. 부주(府主) 왕상시가 스승을 법상에 오르도록 청했다. 그때 마곡이 대중에서 나와 물었다.

"대비천수안(大悲千手眼) 가운데 어느 것이 정안(正眼)입니까?"

스승이 말했다.

"대비천수안 가운데 어느 것이 정안인가 어서 말해 보라."

마곡은 스승을 법상에서 끌어내린 다음 그 자리에 앉았다. 스승이 마곡에게 다가가서 말했다.

"안녕하신가?"

마곡이 머뭇거리자 스승 또한 마곡을 법상에서 끌어내린 다음 그 자리에 앉았다. 마곡이 나가자 스승도 즉시 법상을 내려왔다.

[해설]

여기서부터 본격적인 선문답이 시작된다. 상대는 마곡(麻谷)이라는 제1급의 선승이다. 이 마곡의 물음은 다음과 같은 뜻을 머금고 있다.

"관음(관세음)보살은 모성(母性)을 극대화한 보살성자인데 그 자비심이 한없이 깊어 이 세상의 모든 존재들을 감싸 안는다. 그래서 무수한 손(千手, 자비)과 무수한 눈(千眼, 지혜)이 필요하다. 그런데 이 많은 손과 눈 가운데 어느 것이 올바른 손과 눈인가."

마곡의 이 물음에 임제는 마곡의 물음 그대로를 반문으로 사용하고 있다. 그 순간 마곡은 임제의 작전을 간파, 임제를 설법상에서 끌어내린 다음 자신이 그 자리에 앉았다. 말하자면 자신을 향해 날아온 임제의 창을 빼앗아 그 창으로 임제를 찌른 것이다. 그런데 임제는 마곡에게 다가가서 "안녕하신가?"라고 문안 인사를 했다. 이 기상천외한 변장술에 마곡은 잠시 어리둥절했다.

　그러자 임제는 즉시 마곡을 끌어내린 다음 자신의 진지를 재탈환했다. 판이 이렇게 되자 마곡은 재빨리 퇴각해 버렸다. 마곡이 퇴각을 하자 임제 역시 전군을 철수시켜 버렸다. 이렇게 하여 두 거장의 기막힌 한판 승부가 끝났다.

[원문]

師因一日到河府하니 府主王常侍가 請師升座라 時麻谷出問호대 大悲千手眼의 那箇是正眼고 師云호대 大悲千手眼의 那箇是正眼고 速道速道하라 麻谷拽師下座하고 麻谷却坐라 師近前云호대 不審이라하니 麻谷擬議라 師亦拽麻谷下座하고 師却坐라 麻谷便出去에 師便下座하다

[주(註)]

○ 인일일(因一日): 어느 날.
○ 마곡(麻谷): 마곡산의 선승. 마곡보철(麻谷寶徹)과는 다른 사람임.
○ 대비천수안(大悲千手眼): 천개의 손(무수한 손)과 천 개의 눈(무수한 눈) 을 가진 관세음보살.
○ 나개(那箇): 어떤 것. 어느 것.
○ 속도속도(速道速道): 어서 빨리 말해 보라.
○ 예~ 하좌(拽~下座): ~를 자리 밑으로 끌어내리다.
○ 불심(不審): 인사말. '안녕하신가?'

【 3 】

스승이 법당에 올라가 말했다.

"이 육체에 한 무위진인(無位眞人)이 있어서 언제나 그대들의 면문(面門)으로 출입하나니 이를 확인하지 못한 자는 잘 보라."

그때 어떤 승이 나와서 물었다.

"어떤 것이 무위진인입니까?"

스승은 선상(禪床)에서 내려와 이 승의 멱살을 잡고 말했다.

"자, 말해 보라."

이 승이 머뭇거리자 스승이 그를 떠밀면서 말했다.

"무위진인이여, 이 무슨 간시궐(乾屎橛)이란 말인가."

스승은 즉시 방장실로 돌아갔다.

그 유명한 무위진인(無位眞人) 공안이다. "무위진인이란 누구냐?"라는 승의 물음에 임제는 왜 이 승의 멱살을 잡고 "무위진인이란 누구인가 어서 말해 보라."고 몰아붙이고 있는가. 느닷없는 임제의 행동에 이 승이 머뭇거리자 임제는 왜 이 승의 멱살을 놓으며 이렇게 말했는가. "무위진인이여, 이 무슨 간시궐(乾屎橛)이란 말이냐."

임제가 이 승의 멱살을 잡은 곳에, "무위진인이란 누구인가? 어서 말해 보라."고 이 승을 몰아붙이고 있는 곳에 아아, 아무것도 걸치지 않는 무위진인의 전체가 드러나 버렸다. 그렇다면 무위진인이 드러난 그곳은 과연 어디인가.

벗이여, 이번 생에는 반드시 꿰뚫고 지나가야만 하는 관문이 여기 있다. 멀리 가지 말라. 답은 바로 '지금 여기'에 있다.

할(喝)! (석선생, 멋지게 임제 흉내를 내고 있군.)

[원문]

上堂云호대 赤肉團上에 有一無位眞人하야 常從汝等諸人面門出入하니 未證據者는 看看하라 時有僧出問호대 如何是無位眞人이닛고 師下禪床하야 把住云호대 道道하라 其僧擬議하니 師托開云호대 無位眞人이 是什麼乾屎橛인고하고 便歸方丈이라

[주(註)]

○ 적육단(赤肉團): 육체, 육신.

○ 무위진인(無位眞人): 모든 속박에서 풀려나 절대자유를 얻은 사람. '진인'은 원래 『장자』 대종사편(大宗師篇)에 나오는 말로서 '도의 경지에 이른 사람'을 말한다. 그러나 여기서 임제는 '본래 자기'를 지칭하는 말로 사용하고 있다.

○ 면문(面門): 얼굴. 얼굴에 있는 네 개의 감각기관(눈·귀·코·입).

○ 증거(證據): 확인하다.

○ 간간(看看): 잘 살펴보라.

○ 선상(禪床): 좌선용의 평상.

○ 파주(把住): 여기에서는 '꽉 붙잡다'는 뜻.

○ 도도(道道): 어서 말해 보라.

○ 탁개(托開): 떠밀어 버리다.
○ 간시궐(乾屎橛): ①마른 똥[乾屎]이 나무 막대기처럼[如橛者] 된 것. 무
  용지물의 뜻. ②마른(乾) 측간(厠竿: 똥을 닦는 대나무 조각. 옛날 중국에
  서 화장지대용으로 썼다). 여기서는 ①의 뜻으로 보아야 하지만 ②의 뜻
  으로 보아도 된다.
○ 방장(方丈): 방장실(方丈室), 선사가 거주하는 곳.

【 4-1 】

[번역]

스승이 법당에 올라갔다. 어떤 승이 나와서 절을 하자 스승이
즉시 할을 했다.
승이 말했다.
"노스님께서는 저를 탐색하지 마십시오."
스승이 말했다.
"자네가 말해 보게. 어느 곳이 핵심인가."
승이 즉시 할을 했다.

또 어떤 승이 물었다.
"어떤 것이 불법(佛法)의 핵심[大意]입니까?"
스승이 할을 하자 승이 절을 했다.
스승이 말했다.
"자네가 말해 보게. 내 할이 과연 좋은 할인가?"

임제록

승이 말했다.

"도적이 대패(大敗)했습니다."

스승이 말했다.

"잘못이 어디에 있는가?"

승이 말했다.

"두 번 실수는 용서할 수 없습니다."

스승이 즉시 할을 했다.

[해설]

여기 두 명의 승이 등장한다.

첫 번째 승과 임제는 막상막하, 불꽃 튀는 진검승부가 가히 볼 만하다. 두 번째 승은 "불법의 핵심은 무엇인가"라는 물음으로 임제를 선제공격하고 있다. 임제는 할로 이 승의 선제공격을 박살내 버렸고 이 승은 무조건 백기를 들었다. 그러자 임제는 한 발 뒤로 물러서서 이 승의 칼 솜씨를 점검했다. 과연 이 승에게는 아직 내보이지 않은 비술(秘術)이 있었던 것이다. 임제가 밀리는 시늉을 하자 이 승은 정말로 검을 휘두르며 임제에게 달려들었다. 그러자 임제는 이때를 놓칠세라 단 한 방의 할로 이 승을 제압해 버렸다.

[원문]

上堂. 有僧出禮拜하니 師便喝이라 僧云호대 老和尙 莫探頭好하소서 師云호대 爾道하라 落在什麼處오 僧便喝이라 又有僧問호대 如何是佛法大意닛고 師便喝하니 僧禮拜라 師云호대 爾道하라 好喝也無

아 僧云호대 草賊大敗니다 師云호대 過在什麼處오 僧云호대 再犯不

容이니다 師便喝이라

[주(註)]

○ 막~호(莫~好): ~하지 말라.

○ 탐두(探頭): (상대방의 경지를) 탐색하다. '두(頭)'는 어조사.

○ 이도(爾道): 이도(你道), 자네가 (한번) 말해 보라.

○ 낙재십마처(落在什麼處): 어느 곳(什麼處)이 핵심인가. '낙재(落在)'의
   '재(在)'는 어조사.

○ 호할야무(好喝也無): (과연) 좋은 할[好喝]인가[也無]?

○ 도~야무(道~也無): (과연) ~인가?

○ 초적(草賊): 당말(唐末)에 각처에서 일어났던 농민 반군. 그러나 뒤에
   가서는 '좀도둑'이라는 뜻으로 전락하였다.

○ 재범불용(再犯不容): 같은 실수를 두 번은 용서할 수 없다.

【 4-2 】

[번역]

어느 날 양당(兩堂)의 수좌가 서로 만나서 동시에 할을 했다.

어떤 승이 스승에게 물었다.

"여기 빈주(賓主)가 있습니까?"

스승이 말했다.

"빈주가 분명하다."

스승이 또 이렇게 말했다.

"대중들은 (나) 임제의 빈주구(賓主句)를 알고자 하는가. 저 당중(堂中)의 두 분 수좌에게 물어보라."

스승은 즉시 법상에서 내려갔다.

[해설]

편의상 여기서의 빈(賓: 나그네, 선승)을 '방어하는 자'로 보고 주(主: 주인, 선사)를 '공격하는 자'로 보자. 여기 두 사람의 검객이 동시에 칼을 뽑았다. 검은 불꽃을 튀기며 X자로 맞부딪쳤다. 자, 그렇다면 공격한 자[主]는 누구이고 또 방어한 자[賓]는 누구인가. 우리로서는 도저히 알 수가 없다. 그러나 당사자들은 알고 있다. 누가 공격한 자이고 또 누가 방어한 자인가를. 그래서 임제는 이렇게 말했던 것이다. "임제의 빈주구(賓主句: 방어와 공격)를 알고자 하는가? 동시에 할을 내지른 저 당중(堂中)의 두 분 수좌에게 물어보라."

[원문]

是日에 兩堂首座相見하야 同時下喝이라 僧問師호대 還有賓主也無아 師云호대 賓主歷然이니라 師云호대 大衆要會 臨濟賓主句아 問取堂中二首座하라 便下座하다

[주(註)]

○ 시일(是日): 어느 날.

○ 양당(兩堂): 선원의 전당(前堂)과 후당(後堂).

○ 수좌(首座): 선원의 리더급 선승.

○ 상견(相見): 서로 만나다.

○ 하할(下喝): 할(喝)을 하다.

○ 환유~야무(還有~也無): 도대체 ~이 있습니까?

○ 빈주(賓主): 객[賓, 선승]과 주인[主, 선사].

○ 역연(歷然): 분명하다.

○ 대중(大衆): 참선 수행자들.

○ 빈주구(賓主句): 빈(객, 선승)과 주(주인, 선사)가 분명하다는 말.

○ 문취(問取): 질문하다. 묻다. '취(取)'는 어조사.

【 5-1 】

[번역]

스승이 법당에 올라갔다.

승이 물었다.

"어떤 것이 불법의 핵심입니까?"

스승이 불자(拂子)를 세웠다. 승이 할을 하자 스승이 승을 때렸다.

또 어떤 승이 물었다.

"어떤 것이 불법의 핵심입니까?"

스승은 또 불자를 세웠다. 승이 할을 하자 스승도 또한 할을 했다. 승이 머뭇거리자 스승이 그 승을 때렸다.

여기 두 명의 승이 등장, 임제와 진검승부를 겨루고 있다. 첫 번째 승과 임제는 제법 박자가 잘 맞는다. 마무리도 깔끔하다. 그러나 두 번째 승의 경우, 전반에서는 임제와 막상막하, 후반에 가선 체력이 다하여 임제의 반격에 맥을 못 추고 있다.

[원문]

上堂. 僧問호대 如何是佛法大意닛고 師竪起拂子하니 僧便喝에 師便打라 又僧問호대 如何是佛法大意닛고 師亦竪起拂子하니 僧便喝에 師亦喝이라 僧擬議하니 師便打라

[주(註)]

○ 수기불자(竪起拂子): 불자(拂子)를 세우다. '불자'는 원래 인도에서는 모기나 파리를 쫓는 도구였다. 그러나 중국에 와서는 선승들의 권위를 상징하는 법구(法具)로 곧잘 사용되었다.

【 5-2 】

[번역]

스승이 말했다.

"대중 여러분, 불법을 수행하는 자는 목숨 잃는 것을 피하지 말아야 한다. 나는 20년(전) 황벽 선사(先師, 스승) 문하에 있을 때

세 번 불법의 핵심을 물었다가 세 번 주장자로 얻어맞았는데 다북쑥 줄기로 내 등을 쓰다듬어 주는 것 같았다. 지금 다시 한 방망 얻어맞을 것을 생각하노니 누가 나를 때려 주겠는가?"

그때 어떤 승이 대중에서 나와 말했다.

"제가 때려 드리지요."

스승이 방망이(주장자)를 그에게 건네주자 그 승이 이를 잡으려 했다. 그 순간, 스승이 그를 때렸다.

[해설]

깨닫기 전 황벽에게 세 번 얻어맞은 일을 회상하면서 임제는 지금 변장술을 구사하고 있다. 몽둥이를 뒤로 숨기고 개를 부르고 있다. 아니나 다를까, 한 승이 덜컥 임제의 작전에 걸려들었다. 임제는 이 승을 유인하여 극적인 순간에 기습 공격을 하고 있다.

[원문]

師乃云호대 大衆 夫爲法者는 不避喪身失命이라 我二十年 在黃蘗 先師處에 三度問佛法的的大意하고 三度蒙他賜杖이니 如蒿枝拂 著相似라 如今更思得 一頓棒喫하노니 誰人爲我行得고 時有僧出 衆云호대 某甲行得이니다 師拈棒與他하니 其僧擬接에 師便打라

[주(註)]

○ 위법자(爲法者): 불법(佛法)을 수행하는 자.
○ 상신실명(喪身失命): 몸을 다치고 목숨을 잃다.

○ 이십 년(二十年): 20년 전(야나기다 세이잔본, p.58).

○ 선사(先師): 스승.

○ 삼도(三度): 세 번.

○ 불법적적대의(佛法的的大意): 불법의 핵심적인 뜻.

○ 몽타사장(蒙他賜杖): 그(他, 황벽)의 주장자로 얻어맞다.

○ 여~상사(如~相似): ~와 같다.

○ 고지(蒿枝): 다북쑥 줄기.

○ 불착(拂著): (먼지를) 털다. (재앙을) 물리치다. (등을) 쓰다듬다. 옛날 중국에서는 쑥 줄기를 묶어 어린아이의 등을 쓰다듬어 주는 풍습이 있었다. 이것은 '어린아이에게 오는 재앙을 털어 버리는 뜻'이라고 한다.

○ 사득(思得): ~을 생각하다. '득(得)'은 어조사.

○ 일돈봉끽(一頓棒喫): 한 방망이(一頓) 얻어맞다.

○ 행득(行得): (주장자로) 때리다. '득'은 어조사.

○ 모갑(某甲): 아무개. 제가.

○ 의접(擬接): 욕접(欲接). 주장자를 막 잡으려고 하다.

【 6-1 】

[번역]

스승이 법당에 올라갔다.

승이 물었다.

"어떤 것이 칼날 위의 일[劍刀上事]입니까?"

스승이 말했다.

"위험한 일이다. 위험한 일이다."

승이 머뭇거리자 스승은 그를 때렸다.

[해설]

일체의 분별심이 끊어진 경지[劍刃上事]를 묻는 승에게 임제가 "위험하다, 위험하다."라고 외치며 손을 내젓고 있다. 승이 영문을 몰라 어리둥절해 하자 임제가 이 승을 잽싸게 한 방 먹였다. 자, 그렇다면 임제는 왜 "위험하다, 위험하다."라는 말을 반복하고 있는가? 그리고 왜 이 승을 한 방 먹이고 있는가? 벗이여, '분별심이 끊어진 경지'는 "위험하다, 위험하다."라는 말을 통하여 모두 드러나 버리고 말았다. 그러나 승이 이를 간파하지 못하자 임제가 이 승을 정신 차리라고 한 방 먹인 것이다.

[원문]

上堂. 僧問호대 如何是劍刃上事닛고 師云호대 禍事禍事라 僧擬議하니 師便打라

[주(註)]

○ 검인상사(劍刃上事): 모든 분별심이 끊어진 경지.
○ 화사(禍事): 위험에 처했을 때 생각 없이 나오는 소리. 큰일이다. 위험한 일이다. 위험하다.

【 6-2 】

[번역]

어떤 승이 물었다.

"그런데 석실행자가 디딜방아를 찧으면서 발 옮겨 딛는 것을 잊어버렸을 땐 어느 곳으로 갔습니까?"

스승이 말했다.

"깊은 우물에 빠져 버렸다."

[해설]

무아지경에 들어간 석실행자를 평하여 임제는 "깊은 샘[深泉, 無心三昧]에 빠져 버렸다."라고 하였다. 또한 "전혀 활력이 없는 무기공(無記空, 일종의 영적인 혼수상태, 무사안일)에 빠졌다."라고 말하였다. 무아지경은 선 수행자들이 원하는 입도(入道)의 경지이다. 문제는 이 무아지경의 법열감에 빠져 여기에서 나오려 하지 않는 것이다. 이를 '깨달음 병 환자(向上死漢)'라고 한다. 그러므로 진정한 수행자라면 이 무아지경의 법열감을 박차고 나와야 한다. 박차고 나와 다시 이 삶의 파도타기를 해야 한다. 그래야만 살아 굽이치는 진짜 깨달음이 되는 것이다.

[원문]

問. 祇如石室行者가 踏碓忘却移脚하야 向什麼處去오 師云호대 沒溺深泉이니라

○ 지여(秪如): 지여(秪如, 只如). ①예를 들면, ②그건 그렇고, ③그런데.
   여기에선 ③의 뜻.

○ 석실행자 답대망각리각(石室行者 踏碓忘却移脚): 석실선도(石室善道)
   화상의 고사. 석실선도 화상은 회창의 법난(會昌法難, 불교수난)을 만
   나 환속, 다시 입산했다. 그러나 그 후로는 승복을 입지 않고 행자(行
   者, 예비승려)로 살면서 늘 디딜방아[碓]를 찧어 대중들의 식량을 조달
   했다고 한다. 그는 디딜방아를 찧을 적에 삼매에 들어 종종 발을 옮
   겨 딛는 것을 잊어버렸다고 한다.

○ 향십마처거(向什麼處去): 어디로 갔는가?

○ 몰익심천(沒溺深泉): 깊은 우물에 빠지다. 무심삼매(無心三昧)에 들다.
   이 무심삼매는 철저한 무심지경(無心之境)이긴 하나 역동적인 지혜의
   작용이 없기 때문에 진정한 선(禪)의 경지라고 볼 수가 없다.

【 6-3 】

[번역]

스승이 말했다.

"여기 오는 모든 자를 간과하지 않나니 나는 그의 온 곳을 모두
알고 있다. 만일 이렇게 온다면 낭패를 볼 것이요, 이렇지 않게 오
더라도 줄이 없는데 스스로를 얽어맨 것이다. 그러므로 언제나 함
부로 짐작하지 말라. 앎[會]과 알지 못함[不會]이 모두가 잘못된 것
이다. 나는 분명히 이렇게 말하노니 사람들의 비난에 내맡긴다. 오

래 서 있어 피곤할 테니 그만 돌아가거라."

[해설]

수행자의 길은 어떤 것인가? 그것은 긍정의 길도 아니요, 부정의 길도 아니다. 지레 짐작의 길도 아니요, 앎(知)과 알지 못함(不知)의 길도 아니다. 그리고 사람들의 비판에 놀아나는 그런 꼭두각시의 놀이도 아니다.

그러므로 벗이여, 혼자가 되라.
철저히 혼자가 되라.
외로운 검객이 되어
바람처럼 물처럼 그렇게 살아가라.

그러나 이것은 결코 말처럼 그리 쉬운 일이 아니다.

[원문]

師乃云호대 但有來者는 不虧欠伊니 總識伊來處라 若與麽來면 恰似失却이요 不與麽來하면 無繩自縛이라 一切時中에 莫亂斟酌하라 會與不會가 都來是錯이라 分明 與麽道하노니 一任天下人貶剝이라 久立珍重이니라

[주(註)]

○ 단유(但有): 모든. 당대(唐代)의 속어임. '다만 있다'는 뜻이 아님.

○ 불휴흠이(不虧欠伊): 그냥 간과하지 않다. 모른 체하지 않다.

○ 식이래처(識伊來處): 온 곳(상대방의 경지)을 모두 알다.

○ 여마(與麼): 임마(恁麼). 이렇게(긍정적인 입장).

○ 불여마(不與麼): 불임마(不~). 이렇지 않게(부정적인 입장).

○ 실각(失却): 실패하다. 낭패를 보다.

○ 무승자박(無繩自縛): 줄도 없는데 스스로 얽어매다.

○ 일체시중(一切時中): 언제나. 늘. 항상.

○ 짐작(斟酌): 미루어 지레 짐작하다.

○ 도래(都來): 전부. 이 모두가.

○ 일임(一任): ~을 모두 맡기다.

○ 폄박(貶剝): 비난하다.

○ 구립진중(久立珍重): 헤어질 때의 인사말. '오래 서서 법문 듣느라 수고했으니 자, 이제 그만 돌아가시게.'

【 7 】

[번역]

스승이 법당에 올라가 말했다.

"한 사람은 고봉정상에 있으나 출신(出身)의 길이 없고 또 한 사람은 네거리에 있으나 앞과 뒤가 없다. 자, 누가 앞이며 누가 뒤인가? 유마힐(유마거사)도 아니요, 부대사도 아니다. 그만 돌아가거라."

[해설]

여기 두 사람의 수행자가 있다. 한 사람은 유마거사처럼 초월의 극치에 있고 또 한 사람은 부대사처럼 이 삶 속에 있다. 그렇다면 이 둘 가운데 누가 더 뛰어난 수행자인가? 우열은 없다. 있다면 여기 입장의 차이가 있을 뿐이다. 서로 다른 두 개의 배역이 있을 뿐이다.

[원문]

上堂云호대 一人은 在孤峯頂上에 無出身之路요 一人은 在十字街頭에 亦無向背라 那箇在前이며 那箇在後오 不作維摩詰하고 不作傳大士라 珍重이라

[주(註)]

- ○ 고봉정상(孤峯頂上): 깨달음의 절정.
- ○ 출신(出身): 입신출세(立身出世). 원래는 '관리시험의 합격'을 말함. 그러나 여기에서는 '깨달음을 통하여 절대 경지에 들어가는 것.'
- ○ 십자가두(十字街頭): 시장이나 도시의 네 거리. 여기에서는 '희로애락이 교차하는 이 삶'을 말함.
- ○ 향배(向背): 앞과 뒤[前後]. '세속적인 삶[向, 앞]과 깨달음의 세계[背, 뒤].
- ○ 유마힐(維摩詰): 『유마경』의 주인공 유마 거사. 깨달음의 극치[孤峰頂上]에 갔던 성자.
- ○ 부대사(傅大士): 양나라 때(梁, 497~567?)의 거사. 뛰어난 지혜를 숨긴 채 이 세상[十字街頭]에 묻혀 살았던 성자.
- ○ 진중(珍重): 구립진중(久立珍重)과 같음. 헤어질 때 인사말.

【 8 】

스승이 법당에 올라가 말했다.

"한 사람은 영원히 길 위에 있으면서 집을 떠나지 않았고, 또 한 사람은 집을 떠났으나 길 위에도 있지 않다. 그렇다면 누가 인천(人天)의 공양을 받을 만한가?"

스승은 법상을 내려왔다.

[해설]

여기 또 두 명의 수행자가 있다. 한 사람은 수행[十字街頭]과 깨달음[孤峰頂上]이 둘이 아닌 경지에 이르렀고 또 한 사람은 수행과 깨달음을 모두 걷어차 버렸다. 자, 이 두 사람 가운데 누가 더 훌륭한가. 벗이여, 그대가 한번 검증해 보라.

[원문]

上堂云호대 有一人은 論劫在途中에 不離家舍요 有一人은 離家舍에 不在途中이라 那箇 合受人天供養고 下座라

[주(註)]

○ 논겁(論劫): 영겁(永劫). 영원무궁.
○ 도중(途中): 수행의 과정. 이 삶[十字街頭].
○ 가사(家舍): 깨달음에 도달한 것[孤峰頂上].

○ 나개(邪箇): 누가. 어떤 사람이.

○ 합수(合受): ~을 받을 만한가.

○ 인천공양(人天供養): 인간과 천상(天上, 天神)의 존경을 받음.

【 9-1 】

[번역]

스승이 법당에 올라갔다.

승이 물었다.

"어떤 것이 제1구입니까?"

스승이 말했다.

"3요(三要)의 도장이 찍히자 글자의 붉은 획이 질서정연하게 배열하니 / 생각으로 분별하기 전에 주객(主客)이 분명하다."

승이 물었다.

"어떤 것이 제2구입니까?"

스승이 말했다.

"문수보살이 어찌 무착(無著)의 물음을 용납하겠는가. / 그러나 방편상 어떻게 절류기(截流機)를 등지겠는가."

승이 물었다.

"어떤 것이 제3구입니까?"

스승이 말했다.

"인형극의 무대에서 인형 놀리는 것을 보라. / 인형을 움직이는 것은 모두 인형 뒤에 숨은 사람이다."

[해설]

임제는 수행자들을 지도하기 위하여 선의 종지(宗旨)를 세 단계
로 나눴는데 이를 3구(三句)라고 한다.

첫째(第一句): 듣는 즉시 깨달을 수 있는 언어[直觀語, 活句].

둘째(第二句): 상대의 수준에 맞춘 언어[方便語, 活句+死句].

셋째(第三句): 개념의 이해 수준에 머문 언어[觀念語, 死句].

첫째, 제일구(第一句)는 언어로 표현할 수 없으므로 표현하는 그
순간 이미 주(主)와 객(客)의 대립이 생긴다. 이것은 마치 도장을
찍는 순간 도장[印, 主]과 도장에 새긴 글자[印文, 客]가 분리되는
것과 같다.

둘째, 그러나 굳이 언어로 표현하려면[第二句] 상대의 수준에 맞
춰 모든 기능을 총동원해야 한다. 이는 지혜의 상징인 문수보살이
수행자인 무착(無著)을 깨우쳐 주기 위하여 오대산에서 노인으로
분장하고 기다린 것과 같다. 그 자초지종은 『벽암록』(제35칙, 文殊
前三三 공안)을 보기 바란다. 그러나 언어로 설명해도[第二句] 이해
하지 못하는 사람들이 있다. 이들을 위해선, 셋째, 갖가지 비유와
개념을 통하여 설명할 수밖에 없다[第三句]. 이것은 인형극 놀이에
서 사람이 무대 뒤에서 줄을 잡아당겨 인형을 움직이며 희로애락
을 표현하는 것과도 같다.

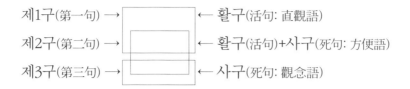

제1구(第一句) → ← 활구(活句: 直觀語)

제2구(第二句) → ← 활구(活句)+사구(死句: 方便語)

제3구(第三句) → ← 사구(死句: 觀念語)

[원문]

上堂. 僧問호대 如何是第一句오 師云호대 三要印開朱點側하니 未容擬議主賓分이라 問호대 如何是第二句오 師云호대 妙解豈容無著問가 漚和爭負截流機리요 問호대 如何是第三句오 師云호대 看取棚頭弄傀儡하라 抽牽都來裏有人이라

[주(註)]

○ 제일구(第一句): 듣는 즉시 깨달을 수 있는 언어(直觀語, 活句).

○ 3요(三要): 임제가 수행자를 지도하던 세 가지 방법.

• 제일요(第一要): 언어 속에서 분별심을 일으키지 않게 하는 것.

• 제이요(第二要): 뭇 성인의 경지(活句)에 곧바로 진입하게 하는 것.

• 제삼요(第三要): 언어작용을 모두 정지시키는 것.

○ 인개(印開): 도장을 찍다.

○ 주점측(朱點側): 도장 글씨의 획[朱點]이 질서 정연하게[側, 窄] 배열되어 있는 것.

○ 미용의의(未容擬議): 생각으로 헤아리기 이전.

○ 주빈분(主賓分): 주객이 분명하게 나눠지다.

○ 제이구(第二句): 상대의 눈높이에 맞춘 언어[方便語, 活句+死句].

○ 묘해(妙解): 문수보살. 지혜의 인격화.

○ 기용(豈容): 어찌 ~을 허락하겠는가?

○ 무착(無著): 오대산으로 문수보살을 만나러 갔던 선승.

○ 구화(漚和): 방편(方便). 우회적인 방법.

○ 쟁부(爭負): 어찌 ~을 등지겠는가?

○ 절류기(截流機): 번뇌의 흐름을 끊어 버린[截流] 수행자[機]. 여기에서는 무착(無著)을 가리킴.

○ 제3구(第三句): 개념의 이해 수준에 머무는 언어[觀念語, 死句].

○ 간취(看取): ~을 잘 살펴보라. '취(取)'는 어조사.

○ 붕두(棚頭): 인형극의 무대.

○ 롱(弄): (인형을) 움직이다. 놀리다.

○ 괴뢰(傀儡): 꼭두각시 인형.

○ 추견(抽牽): 인형에 달린 끈을 뒤에서 조종하여 인형을 움직이는 것.

○ 도래(都來): 모두. '래(來)'는 어조사.

【 9-2 】

[번역]

스승은 다시 말했다.

"일구어(一句語)는 반드시 3현문(三玄門)을 갖춰야 하고 일현문(一玄門)은 반드시 3요(三要)를 갖춰야 하나니 여기 방편도 있고 작용도 있다. 그대들은 이를 어떻게 알겠는가."

스승은 법상을 내려왔다.

[해설]

3현문(三玄門, 三玄)과 3요(三要)에 대한 언급이다.

3현문이란 '세 개의 현묘한 언구[三句]'를 말한다.

제1 체중현(体中玄): 수식이 전혀 없는 언구.

제2 구중현(句中玄): 분별심과 주관적인 감정이 개입되지 않은 언구.

제3 현중현(玄中玄): 이론과 속박(개념)에서 벗어난 언구.

3요(三要)란 '세 개의 요긴한 영역'이라는 뜻이다.

제1요(第一要): 언어 속에 분별심과 인위 조작이 없음.

제2요(第二要): 뭇 성인의 현묘한 경지에 진입함.

제3요(第三要): 언어 접근이 불가능함.

그러나 이 3현과 3요에 대한 임제 자신의 구체적인 설명은 전혀 없고 후대 사람들의 주석 스타일의 설명[『인천안목(人天面目)』]이 대부분이다. 그러므로 이 3현과 3요는 그 구분이 애매하고 또 서로 중복되는 부분도 있다. 그러나 이 3구(三句)와 3현(三玄), 3요(三要)를 이해할 수 있는 방법이 전혀 없는 것은 아니다.

그것은 '임제의 할(喝)'은 언어의 철저한 분석과 개념의 정확한 이해를 근거로 전개됐다'는 것이다. 임제는 그가 사용한 언어 한 구절 한 구절[一句]마다 각각 열두(12) 방면으로 고찰하고 있는데 다음의 도표를 보면 이를 알 수 있다.

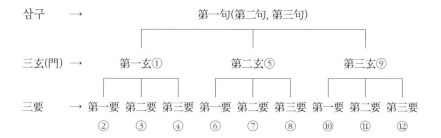

[원문]

師又云호대 一句語에 須具三玄門이며 一玄門에 須具三要니 有權有用이라 汝等諸人은 作麼生會오 下座라

[주(註)]

○ 수구(須具): 반드시 ~을 구비해야 한다.

○ 3현문(三玄門): 3현(三玄). 임제가 수행자를 지도하던 세 가지 방법.

•첫째, 체중현(体中玄): 언어의 수식 없이 단도직입적인 방법[棒, 喝]으로 본성(本性, 본래자리)을 나타내 보이는 것.

•둘째, 구중현(句中玄): 문자 언어를 통해서 본성을 설명하는 것.

•셋째, 현중현(玄中玄): 언어의 모든 구속력에서 벗어나게 하는 것. 체중현=행(行), 구중현=지(智), 현중현=이(理).

임제록

가르침[示衆]

【 10-1 】

[번역]

스승은 만참(晚參) 때 대중들에게 말했다.

"어떤 때는 탈인불탈경(奪人不奪境)이요, 어떤 때는 탈경불탈인(奪境不奪人)이며 어떤 때는 인경구탈(人境俱奪)이요, 어떤 때는 인경구불탈(人境俱不奪)이다."

[해설]

눈높이에 따라 수행자를 지도하는 네 가지 방법[四料簡]에 대하여 언급하고 있다.

첫째 방법: 사람을 빼앗고 경계를 빼앗지 않는다[奪人不奪境]. 즉 주관[人]을 부정하고[奪] 객관[境]을 부정하지 않는[不奪] 방법이다. 이 방법은 아집이 강한 사람[我執人]을 지도할 때 사용한다.

둘째 방법: 경계를 빼앗고 사람을 빼앗지 않는다[奪境不奪人]. 즉 객관을 부정하고 주관을 부정하지 않는다. 이 방법은 물욕이 많은 사람[法執人]을 지도할 때 사용한다.

셋째 방법: 사람과 경계를 모두 빼앗는다[人境俱奪]. 즉 주관과

객관을 모두 부정한다. 이 방법은 아집과 물욕이 많은 사람을 지도할 때 사용한다.

넷째 방법: 사람과 경계를 모두 빼앗지 않는다[人境俱不奪]. 즉 주관과 객관을 모두 부정하지 않는다. 이 방법은 아집과 물욕이 적은 사람을 지도할 때 사용한다.

[원문]

師晚參示衆云호대 有時에는 奪人不奪境이며 有時에는 奪境不奪人이요 有時에는 人境俱奪이며 有時에는 人境俱不奪이라

[주(註)]

○ 시중(示衆): 선사가 수행자들에게 적당한 때에 설법을 하는 것.

○ 만참(晚參): 저녁 때의 설법.

○ 유시(有時): 어느 때.

○ 탈인불탈경(奪人不奪境): 사람[人, 주관]을 빼앗고[奪, 부정하고], 경계[境, 객관]를 빼앗지 않는다[不奪境, 부정하지 않다].

○ 탈경불탈인(奪境不奪人): 경계를 빼앗고 사람을 빼앗지 않는다.

○ 인경구탈(人境俱奪): 사람과 경계를 모두 빼앗는다.

○ 인경구불탈(人境俱不奪): 사람과 경계를 모두 빼앗지 않는다.

【 10-2 】

그때 어떤 승이 물었다.

"어떤 것이 탈인불탈경(奪人不奪境)입니까?"

스승이 말했다.

"만물이 싹트는 따뜻한 봄날/ 대지는 비단을 펴놓은 것 같고/ 어린 아기는 머리카락을 내려뜨려/ 하얗기가 실타래와 같다."

승이 말했다.

"어떤 것이 탈경불탈인(奪境不奪人)입니까?"

스승이 말했다.

"임금님의 어명이 천하에 두루 행해지니/ 변방의 장수도 전쟁을 멈춘다."

승이 말했다.

"어떤 것이 인경양구탈(人境兩俱奪)입니까?"

스승이 말했다.

"병주(并州)와 분주(汾州)는 신의를 끊고/ 홀로 한쪽에서 독립의 기반을 구축하고 있다."

승이 말했다.

"어떤 것이 인경구불탈(人境俱不奪)입니까?"

스승이 말했다.

"임금님은 보배궁전에 오르고/ 시골 노인장은 태평가를 부른다."

[해설]

앞의 네 가지 지도방법[四料簡]에 대해 묻자, 임제는 설명이 아니라 상징적인 시구(詩句)로써 대답하고 있다. 그러므로 이 대목을 이해하기 위해서는 시적(詩的)인 상상력과 연상력(聯想力), 그리고 선적(禪的)인 직관력을 최대한 가동시켜야 한다.

첫째 방법: "사람을 빼앗고 경계를 빼앗지 않는 것[奪人不奪境]이 어떤 것이냐?"고 묻자 임제는 이렇게 읊조리고 있다.

①만물이 싹트는 따뜻한 봄날 ②대지는 비단을 펴놓은 것 같고 ③어린아이는 머리칼을 내려뜨려 ④하얗기가 실타래와 같다.

①과 ②는 '경계를 빼앗지 않는 경지[不奪境, 객관을 부정하지 않음]요, ③과 ④는 사람을 빼앗는[奪人, 주관을 부정하는] 경지다. 왜냐하면 '백발이 된 어린아이'는 실재하지 않기 때문이다.『능가경(楞伽經)』에서는 실재하지 않는 것의 그 대표적인 예로서 '백발이 된 어린아이'를 언급하고 있다.

둘째 방법: "경계를 빼앗고 사람을 빼앗지 않는 것[奪境不奪人]이 어떤 것이냐?"고 묻자 임제는 이렇게 읊조리고 있다.

①임금님의 어명이 천하에 두루 행해지니 ②변방의 장수도 전쟁을 멈춘다.

경계를 빼앗는 것[奪境, 객관부정]은 ②(전쟁을 멈추는 것)요, 사람을 빼앗지 않는 것[不奪人, 주관을 부정하지 않음]은 ①(임금님의 어명이 두루 행해짐)이다.

셋째 방법: "사람과 경계를 모두 빼앗는 것[人境俱奪]이 어떤 것이냐?"고 묻자 임제는 이렇게 읊조리고 있다.

①병주(并州)와 분주(汾州)는 신의를 끊고 ②홀로 한쪽에서 독립의 기반을 구축하고 있다. ①과 ② 속에는 주관으로서의 사람[人]의 활동도 없고 객관으로서의 경계[境]에 대한 묘사도 없다. 그러므로 결국은 사람과 경계(주관과 객관)를 모두 부정한 상태가 되는 것이다.

넷째 방법: "사람과 경계를 모두 빼앗지 않는 것[人境俱不奪]이 어떤 것이냐?"고 묻자 임제는 또 이렇게 읊조리고 있다.

①임금님은 보배 궁전에 오르고 ②시골 노인장은 태평가를 부른다.

여기 이 시구 속에는 사람[人, 주관]으로서의 임금님과 시골 노인장이 있고 경계[境, 객관]로서의 활동(①보배 궁전에 오름, ②태평가를 부름)이 모두 갖춰져 있다.

[원문]

時有僧問호대 如何是奪人不奪境이닛고 師云호대 煦日發生鋪地錦하니 孾孩垂髮白如絲라 僧云호대 如何是奪境不奪人이닛고 師云호대 王令已行天下遍이니 將軍塞外絕烟塵이라 僧云호대 如何是人境兩俱奪이닛고 師云호대 并汾絕信하고 獨處一方이라 僧云호대 如何是人境俱不奪이닛고 師云호대 王登寶殿이요 野老謳歌라

[주(註)]

○ 후일(煦日): 따뜻한 봄날.

○ 발생(發生): 만물이 싹트다.

○ 영해(嬰孩): 어린 아이. 갓난아이.

○ 연진(烟塵): 전쟁.

○ 병분절신(幷汾絕信): 당(唐)의 중기 이후가 되면 병주(幷州)와 분주(汾州)는 반기를 들어 중앙정부와 연락을 끊고[絕信] 변경에 고립됐다[獨處一方]. 임제는 지금 주관[人]과 객관[境]을 모두 부정한 것[俱奪]을 당시의 정치상황에 비유해서 읊조리고 있다.

○ 야노(野老): 시골 노인장. 농부.

【 10-3 】

[번역]

스승은 말했다.

"지금 불법을 배우는 자는 무엇보다도 먼저 진정견해(眞正見解)를 구해야 한다. 만일 진정견해만 얻는다면 생(生)과 사(死)에도 오염되지 않고 가고 머무름[去住]에도 자유로울 것이다. 굳이 뛰어남[殊勝]을 구하지 않아도 뛰어남이 저절로 이를 것이다.

수행자 여러분[道流], 그래서 자고로 선덕(先德)은 모두 출신(出身)의 활로(活路)가 있었던 것이다. 산승이 그대들에게 부탁하고 싶은 것은 사람들에게 미혹되지 말라는 것이니 사용하고 싶으면 즉시 사용하고 다시는 머뭇거리지 말라. 지금의 수행자들이 깨닫지 못하는 것은 그 병이 어디에 있는가. 병폐는 자기 자신을 믿지 않는 것이다. 만일 자기 자신에 대한 확신이 없으면 공연히 허둥

대며 이 모든 경계(상황)를 따라 흔들리고 저 갖가지 경계에 휘둘려서 자유롭지 못할 것이다."

[해설]

　선 수행을 하는 것은 초능력을 얻자는 것도 아니요, 전생을 알자는 것도 아니다. 올바른 안목[眞正見解]을 갖자는 것이다. 그리하여 종교를, 진리를 상품화하는 종교를 빙자한 사기꾼들의 말에 현혹되지 말자는 것이다. 나 자신에 대한 신념이 확고해지면 이 세상 전체가 내게로 끌려온다. 그러나 나 자신에 대한 신념이 확고하지 못하면 이 세상 전체가 벌떼처럼 달려들어 나를 사방팔방으로 이끌고 갈 것이다. 그러므로 벗이여, 믿으려거든 그대 자신을 믿으라. 부족하면 부족한 대로, 못생겼으면 못생긴 대로 여기 잘못된 것은 아무것도 없다. 왜냐하면 그대는 어느 무엇과도 바꿀 수 없는 그대 자신이기 때문이다.

[원문]

師乃云호대 今時學佛法者는 且要求眞正見解라 若得眞正見解면 生死不染하야 去住自由라 不要求殊勝하야도 殊勝自至라 道流여 祇如自古先德이 皆有出人底路라 如山僧指示人處는 祇要爾不受人惑이니 要用便用이요 更莫遲疑하라 如今學者不得은 病在甚處오 病在不自信處라 爾若自信不及하면 即便忙忙地 徇一切境轉하야 被他萬境回換하야 不得自由라

○ 차요(且要): 무엇보다도 먼저, 가장 중요한 것.

○ 진정견해(眞正見解): 올바른 견해.

○ 자유(自由): 외적으로 어떤 것에도 속박되지 않은 정신상태. 이 말은 초기 선종사에서 사용했던 독특한 술어로서 『능가사자기(楞伽師資記)』 등에 자주 나온다.

○ 도류(道流): 수행자 여러분.

○ 지여(祇如): 只如, 그건 그렇고, 그래서.

○ 선덕(先德): 우리보다 앞서 사셨던 스승들.

○ 출인저로(出人底路): 뛰어난 출신(出身)의 활로(活路), 사람을 생사의 속박으로부터 벗어나게 하는 방법.

○ 여(如): 이(是).

○ 지요(祇要): 이것만이 가장 중요하다.

○ 지의(遲疑): 머뭇거리며 의문을 품다.

○ 여금(如今): 지금 현재.

○ 신불급(信不及): 자신에 대한 믿음이 확고하지 못하다.

○ 망망지(忙忙地): 허둥대다. '지(地)'는 어조사.

○ 순(徇): ~을 따라가다[從].

【 10-4 】

[번역]

"그대 만일 밖으로 치닫는 이 마음[念念馳求心]을 쉴 수만 있다면 조불(祖佛)과 다르지 않다. 그대, 조불을 알고자 하는가? 다만 그대, 지금 내 앞에서 법문을 듣고 있는 바로 그대 자신이다. 그러나 수행자가 신념이 확고하지 못하기 때문에 밖으로 치닫고 있으니 설사 구하는 걸 얻었다 하더라도 그것은 모두 그럴듯한 문자언어일 뿐이니 저 살아 있는 조사의 뜻[祖意]은 얻지 못할 것이다. 착각하지 말라. 대덕 여러분, 이때(지금) 만나지 못하면 만겁천생(萬劫千生)에 삼계(三界)에서 윤회하며 마음에 맞는 경계[好境]를 쫓아가고 거기에 집착해서 나귀나 소의 뱃속에서 짐승으로 태어날 것이다.

수행자 여러분, 산승의 견처(見處, 체험한 곳)에 근거해서 본다면 석가모니 부처와 그대가 다르지 않다. 오늘 일상생활을 하면서 마음을 쓰는 이곳에서 도대체 무엇이 부족하단 말인가? 육도신광(六道神光)은 일찍이 그 작용이 멈춘 일이 없나니 만일 이런 식으로 안다면 이 사람이야말로 일생무사인(一生無事人)이다."

[해설]

조사이신 부처[祖佛]는 누구인가? 지금 '조사이신 부처는 누구인가?'라고 반문하고 있는 바로 그대 자신이다. 그러나 이 사실을 확신하는 사람은 많지 않다. 왜냐하면 자기 자신에 대한 신념이 확고하지 않기 때문이다. 생각이나 감정 속에 너무나 많은 거품이 있기 때문이다. 수행이란 결국 생각이나 감정 속에 끼어 있는 이 거품을 제거하는 작업이다. 그리하여 순수의 극치에 이를 때 그때 우리는 비로소 나 자신에게로 되돌아올 수가 있다. 밥 먹고 잠자는 일은 너무나 따분한 일상의 반복이다. 그러나 옛 스승들은 하나같이 "순수의 극치에 이르러 밥 먹고 잠자는 일은 기적의 연속이다."라고 말했다. 그렇다면 지금 현재의 이 삶 자체가 바로 기적이 아니겠는가. 아니 그렇게 되어야만 한다. 그래야 불행과 행복에 더 이상 끌려 다니지 않게 된다.

[원문]

爾若能歇得 念念馳求心하면 便與祖佛不別이라 爾欲得識祖佛麼아 秖爾面前聽法底是니 學人信不及하야 便向外馳求라 設求得者라도 皆是文字勝相이니 終不得他活祖意라 莫錯하라 諸禪德이여 此時不遇면 萬劫千生에 輪廻三界하야 徇好境掇去하야 驢牛肚裏生이라 道流여 約山僧見處면 與釋迦不別이라 今日多般用處에 欠少什麼오 六道神光은 未曾間歇이니 若能如是見得하면 秖是一生無事人이라

[주(註)]

○ 헐득(歇得): 쉬다. '득(得)'은 어조사.
○ 염념(念念): 생각이 계속 이어지는 것.
○ 치구심(馳求心): ~을 추구하는 마음. 밖을 향해서 부처를 찾으려는 마음.
○ 조불(祖佛): 조사(祖師)이신 부처. '조사(祖)와 부처(佛)'라는 뜻이 아님. 당대(唐代) 조사선 특유의 술어로서 부처보다는 조사 쪽을 강조하고 있다.
○ 욕득~마(欲得~麼): ~하고자 하는가?
○ 이면전청법저시(爾面前聽法底是): 너, 지금 앞에서 법문을 듣고 있는

바로 그대 자신. 즉 '이(爾)'와 '면전청법저시(面前聽法底是)'는 동격이다. '너[爾]의 앞[面前]에서 법문을 듣고 있는 이것[聽法底是]'이라고 해석하면 안 된다.

○ 설구득자(設求得者): 설령 찾는 것을 구했다 하더라도.

○ 문자승상(文字勝相): 멋진 언어.

○ 활조의(活祖意): 살아서 굽이치는 조사의 뜻. 선의 진면목.

○ 선덕(禪德): 선수행자를 높여 부르는 말.

○ 만겁천생(萬劫千生): 영원히.

○ 윤회삼계(輪廻三界): 삼계(중생계)에서 떠돌다.

○ 순~철거(徇~掇去): ~을 쫓아가고 집착하다.

○ 약(約): ~에 근거해 본다면.

○ 다반용처(多般用處): 밥 먹고 잠자는 등 일상생활에서의 이 모든 행위와 마음 씀씀이.

○ 흠소십마(欠少什麽): 도대체 무엇이 부족한가?

○ 6도신광(六道神光): '6도'는 ①눈으로 보고 ②귀로 듣고 ③코로 냄새 맡고 ④혀로 맛을 보고 ⑤몸의 피부로 감촉을 느끼고 ⑥의식으로 과거를 회상하고 미래를 설계하는 등의 행위. 이런 행위들은 모두 신묘하기 이를 데 없으므로 임제는 '신묘한 지각작용[神光]'이라 말했다.

○ 미증간헐(未曾間歇): 잠시도 멈추거나 끊긴 일이 없다.

○ 견득(見得): 이런 식으로 안다면. '득(得)'은 어조사.

○ 지시(祇是): 지시(只是). 다만, 오로지, 그러나 여기에서는 '이 사람이야말로'라는 뜻임.

○ 무사인(無事人): 무위진인(無位眞人), 자기 자신으로 되돌아왔기 때문에 편안한 사람.

【 10-5 】

"대덕 여러분, 삼계는 편안함이 없어 불타는 집[火宅]과 같나니 이곳은 그대가 오래 머물 곳이 아니다. 무상살귀(無常殺鬼)는 단 한순간도 귀천노소를 가리지 않는다. 그대 조불(祖佛)과 다르지 않고자 하는가? 다만 밖에서 구하지 말라. 그대 한 생각 속의 청정광(淸淨光)이 그대 집의 법신불(法身佛)이며 그대 한 생각 속의 무분별광(無分別光)이 그대 집의 보신불(報身佛)이며 그대 한 생각 속의 무차별광(無差別光)이 그대 집의 화신불(化身佛)이다. 이 세 가지 몸[三種身]은 그대, 지금 내 앞에서 내 법문을 듣고 있는 바로 그 사람이다. 다만 밖에서 구하지만 않으면 이런 공용(功用)이 있다.

저 경론가(經論家)들은 이 3종신을 얻는 것으로 궁극적인 목적을 삼고 있다. 그러나 산승의 견처에 입각해서 본다면 그렇지 않다. 이 3종신은 명칭과 언어[名言]일 뿐이며 또한 3종의 의지처[三種依]일 뿐이다. 그래서 옛사람들은 이렇게 말했다. '이 3종신은 그 뜻에 따라 임시로 붙여진 명칭이요, 이 3종신이 거주한다는 불국토 역시 이 3종신에 근거를 두고 일시적으로 거론되는 호칭이다. 그러므로 법성신(法性身)과 법성토(法性土)는 실재하지 않는 빛의 그림자[光影]라는 것을 분명히 알아야 한다.'"

너무나 귀중한 말씀이다. "지금 내(임제) 앞에서 내 법문을 듣고 있는 바로 그대 자신이 저 불멸의 본질[法身佛]"이라니…….

어느 종교의 어느 경전에 이런 말이 있는가? 벗이여, 고마워하라. 이 한 말씀을 듣는 그것만으로도 이 세상에 태어난 값어치는 충분하다. 불교경전을 처음 접하는 사람들은 우선 그 휘황찬란한 언어에 기가 죽는다. 반야(般若)니 법신(法身)이니 열반(涅槃)이니 불생불멸(不生不滅)이니 해탈(解脫)이니 깨달음[大悟]이니 색즉시공(色卽是空)이니 등등……. 그러나 이 모든 단어들은 어떤 의식 수준이나 심리상태에 임시로 붙여진 명칭에 지나지 않는다. 그러므로 "이런 것들은 빛(실재적인 것)이 아니라 빛의 그림자(비실재적인 것)임을 분명히 알아야 한다."고 임제는 말했다. 아니 임제 스님은 말씀하셨다.

불조(佛祖)란 '부처[佛]와 조사(祖師)'를 말한다. 그런데 임제는 여기서 '조불(祖佛)'이라는 단어를 쓰고 있다. '조사이신 부처[祖佛]'라는 단어를 쓰고 있는 것이다. 말하자면 이상화된 부처보다는 우리와 같은 몸을 가지고 이 세상을 살아가는 인간인 조사(祖師, 선배 스승)로서의 부처를 강조하고 있는 것이다. 이 '조불(祖佛)'이라는 단어는 또한 당대 조사선(唐代 祖師禪) 특유의 술어이기도 하다. 그러나 임제 이후에는 '조불'이란 이 말은 별로 사용되지 않았다.

[원문]

大德이여 三界無安하야 猶如火宅이니 此不是 爾久停住處라 無常殺鬼는 一刹那間도 不揀貴賤老少라 爾要與祖佛不別이면 但莫外求하

라 爾一念心上 淸淨光이 是爾屋裏 法身佛이며 爾一念心上 無分別光이 是爾屋裏 報身佛이며 爾一念心上 無差別光이 是爾屋裏 化身佛이라 此三種身은 是爾卽今目前聽法底人이라 祗爲不向外馳求하면 有此功用이라 據經論家하면 取三種身爲極則이라 約山僧見處댄 不然이라 此三種身은 是名言이며 亦是三種依라 古人云호대 身依義立이요 土據體論이라 法性身과 法性土는 明知是光影이라

[주(註)]

○ 대덕(大德): ①수행력과 덕망이 높은 고승. ②일반적인 선 수행자. 여기에서는 ②를 말함.

○ 3계(三界): 중생세계. 다음의 세 가지 차원으로 구성되어 있다고 한다. 첫째, 욕망이 지배하는 차원[欲界]. 둘째, 형상이 지배하는 차원[色界]. 셋째, 의식(意識, 자의식)이 지배하는 차원[無色界].

○ 무상살귀(無常殺鬼): 시간. 시간의 가변성[無常]은 마치 살인귀(殺人鬼)와도 같아서 우리의 모든 것을 앗아가 버린다.

○ 법신불(法身佛): 영원불멸의 본질[法, Dharma]을 인격적으로 파악한 것.

○ 보신불(報身佛): 법신불의 부사의한 능력이 이 우주공간과 은하계로 나타난 것.

○ 화신불(化身佛): 중생제도를 위해서 법신불이 구체적인 인간의 모습으로 이 세상에 출현(出現, 태어남)한 것.

○ 경론가(經論家): 경전의 학습을 주로 하는 불교학자들.

○ 극칙(極則): 궁극적인 목적.

○ 3종의(三種依): 3종의(三種衣). 부처의 3신(三身)도 결국은 본질을 이해하기 위한 세 가지 가변적인 입장이라는 뜻.

○ 신의의립(身依義立): 3신[法身, 報身, 化身]은 그 세 가지 다른 뜻[義]에 의해서[依] 임시적으로 붙여진 호칭[立]이다.

○ 토거체론(土據體論): 불국토(佛國土, 土)는 3종신(三種身, 三身, 体)에 근거해서[據] 임시적으로 거론[論]되는 호칭이다.

○ 법성신(法性身): 법신.

○ 법성토(法性土): 법신이 거주하는 불국토. 그러나 법성신(법신)과 법성토는 둘이 아니다. 다만 그 호칭의 다름에 의해서 법성신, 법성토로 불리고 있을 뿐이다. 왜냐하면 법성신은 형상이 없는 본질, 그 자체이기 때문에 그가 머무는 거주처(국토)를 필요로 하지 않는다. 그러나 여기에서는 편의상 법성신을 객관화시켜 법성토라 부르고 있다.

○ 광영(光影): 빛의 그림자. 실재하지 않는 것.

【 10-6 】

[번역]

"대덕 여러분, 그대들은 이 '그림자를 가지고 노는 사람'을 알아야 한다. 이것이 바로 제불의 발원지며 이 모든 곳이 수행자 여러분이 돌아가야 할 고향집이다. 그대의 육신은 설법을 할 줄도 모르고 들을 줄도 모른다. 비장과 위장과 간담은 설법을 할 줄도 모르고 들을 줄도 모른다. 저 허공은 설법을 할 줄도 들을 줄도 모르나니 과연 무엇이 설법을 하고 들을 줄 아는가? 이것은 그대, 내 눈앞에 분명한 바로 그것이니 하나의 형체도 없지만 스스로 빛을 발하는 바로 이것이 설법을 하고 들을 줄 아나니 만일 이렇게 안다면 그대는 제불과 다르지 않다. 다만 언제나 그 작용이 끊어지지 않도록 해야 하나니 눈에 보이는 것은 모두 이것이다. 그러나 선악의 감정이 일어나면 지혜가 막히고 생각이 움직이면 본성과 어긋나게 된다. 이 때문에 3계에 윤회하며 갖가지 고통을 받는 것이다. 그러나 산승의 입장에서 본다면 이 세상 어느 것도 심오하지 않은 것이 없으며 해탈 아닌 것이 없다."

[해설]

　눈이 사물을 보는 것이 아니다. 내(본래 자기, 無位眞人)가 눈을 통해서 사물을 보는 것이다. 귀가 소리를 듣는 것이 아니다. 내가 귀를 통해서 소리를 듣는 것이다. 이 '나'는 찾아보면 형체가 없지만 그러나 저 태양보다도 더 밝아서 온 누리를 비추지 않는 곳이 없다. 또한 '나'는 발이 없지만 온 우주에서 가지 않는 곳이 없다. 눈에 보이는 모든 것은 바로 이것이다. 이것의 굽이침이다. 그러므로 이 모든 것과 이 모든 곳이 그대로 저 불멸의 해탈 아닌 곳이 없다. 자, 이렇게 되면 이제 어쩌지……. 더 이상 문전걸식을 할 필요가 없다. 더 이상 근심걱정을 사서 할 필요는 없다.

　그러나 나는 왜 이렇게 지금 이 순간에도 불안과 근심걱정에 시달리고 있는가……. 악몽을 꾸고 있기 때문이다. 잘못된 습관의 홈통을 타고 생각과 감정의 물길이 흐르고 있기 때문이다. 그러므로 벗이여, 그대 생각을 감정을 죄악시할 것이 아니라 생각과 감정이 흐르고 있는 이 고정관념의 홈통을 부셔 버려라. 그리하여 생각은 생각의 흐름대로 흐르게 하고, 감정은 또 감정의 길을 따

라 흐르게 하라. 생각과 감정의 흐름을 제자리로 되돌리는 것, 이
것이 선 수행의 목적이다.

[원문]

大德이여 爾且識取 弄光影底人하라 是諸佛之本源이며 一切處是
道流歸舍處라 是爾四大色身은 不解說法聽法이요 脾胃肝膽은 不
解說法聽法이요 虛空은 不解說法聽法이니 是什麼 解說法聽法고
是爾目前歷歷底니 勿一箇形段孤明이 是這箇 解說法聽法이라 若
如是見得하면 便與祖佛不別이라 但一切時中에 更莫間斷이니 觸目
皆是라 祗爲情生智隔하고 想變體殊라 所以輪回三界하야 受種種
苦라 若約山僧見處면 無不甚深이며 無不解脫이라

[주(註)]

○ 식취(識取): ~을 알아야 한다. '취(取)'는 어조사.

○ 롱광영저인(弄光影底人): 그림자를 가지고 노는 사람.

○ 귀사처(歸舍處): 되돌아가야 할 고향집.

○ 4대색신(四大色身): 네 가지 원소[四大: 흙·물·불·바람]로 구성된 이 육
신.

○ 고명(孤明): 스스로 빛을 발하다.

○ 견득(見得): 알다. 간파하다.

○ 갱막간단(更莫間斷): 본래심(本來心)이 망념으로 인하여 끊어지지 않
도록 하다.

○ 정생지격(情生智隔): 선악의 감정이 일어나면[情生] 지혜가 막힌다[智
隔].

○ 상변체수(想變體殊): 생각이 움직이면[想變] 본성[體]과는 어긋나게
   된다[殊].
○ 해탈(解脫, moksa): 번뇌 망상의 속박에서 풀려나는 것.

【 10-7 】

[번역]

 "수행자 여러분, '마음이라는 존재[心法]'는 형체가 없으나 시방
을 관통하고 있다. 마음이 눈에 있으면 '본다'라 하고, 귀에 있으면
'듣는다'라 하고, 코에 있으면 '냄새 맡는다'라 하고, 입에 있으면
'말한다'라 하고, 손에 있으면 '잡는다'라 하고, 발에 있으면 '걸어
간다'라고 한다. 이처럼 본래 '하나의 섬세하고 밝은 것[一精明]'이
나뉘어 6화합(六和合, 六根)이 되었다. 그러나 한 마음[一心]이 이미
없으니 가는 곳마다 해탈이다. 산승의 이런 말은 그 의도가 어디
에 있는가. 수행자 여러분이 밖으로 치닫는 마음을 쉬지 못해서
저 옛사람의 쓸데없는 말이나 행동에 매달리기 때문이다.

 수행자 여러분, 산승의 견처에서는 보신불과 화신불의 경지마
저 제압한다. 성불의 경지에 가까이 간 보살도 노예와 같으며 등
각(等覺)과 묘각(妙覺)의 경지에 이른 보살도 쇠고랑을 찬 죄수일
뿐이며, 아라한과 벽지불도 변소 칸의 똥과 같으며 보리와 열반
은 당나귀 매놓는 말뚝(무용지물)과 같다. 어째서 이 같은가. 수행
자 여러분이 삼지겁의 부질없음에 도달하지 못했기 때문에 이런

장애가 있는 것이다. 그러나 만일 진정한 수행자라면 이렇지 않을 것이다. 인연 따라 구업(舊業)을 녹이며 자연스럽게 옷 입고, 밥 먹나니 가고 싶으면 가고 앉고 싶으면 앉는다. 그리고 단 한 생각도 불과(佛果, 成佛)를 바라지 않나니 뭣 때문에 이 같은가. 저 옛사람은 말하길 '의도적으로 부처를 구한다면 그때 부처는 생사의 징조가 된다'고 했다."

[해설]

본래 자기로서의 '나'는 '마음[心]'이라고 부를 수도 있다. 이 마음이 눈·귀·코 등의 감각기관으로 뛰어다니며 보고 듣고 냄새를 맡고 있다. 이 마음이 찐빵처럼 부풀어 있기 때문에 지금 우리는 밖을 향해 부처를, 해탈을 찾고 있는 것이다. 그러나 마음의 이 부풀림(거품) 현상이 사라지면 이 모든 곳이 그대로 해탈(깨달음의 상태)이 된다. 그러나 부처가 되겠다고 목에 잔뜩 힘을 주고 앉아 있다면 '부처가 되고자 하는' 그 조작의 마음이 화근이 되어 생사윤회(生死輪廻, 삶과 죽음의 반복)는 계속된다.

그러나 '~이 되겠다'는 이 마음마저 놓아 버린다면 무슨 재미로 이 세상을 살아가겠는가. 착각이라도 좋으니 아직은 '~이 되겠다'는 마음을 버릴 때가 아니다. 애늙은이가 될 때가 아니다. 마치 다 된 것처럼 도인 흉내를 낼 때가 아니다.

[원문]

道流여 心法無形이나 通貫十方이라 在眼曰見이요 在耳曰聞이며 在

鼻嗅香이요 在口談論이며 在手執捉이요 在足運奔이라 本是一精明이 分爲六和合이라 一心既無니 隨處解脫이라 山僧與麼說이 意在什麼處요 祇爲道流 一切馳求心不能歇하야 上他古人閑機境이라 道流여 取山僧見處댄 坐斷報化佛頭라 十地滿心도 猶如客作兒요 等妙二覺도 擔枷鎖漢이며 羅漢辟支는 猶如廁穢며 菩提涅槃은 如繫驢橛이라 何以如此오 祇爲道流 不達三祇劫空하야 所以有此障礙라 若是眞正道人은 終不如是니 但能 隨緣消舊業하며 任運著衣裳하고 要行即行하며 要坐即坐라 無一念心 希求佛果니 緣何如此오 古人云호대 若欲作業求佛하면 佛是生死大兆라

[주(註)]

○ 심법(心法): '마음[心]'이라고 하는 존재[法], 마음.

○ 운분(運奔): 걷다.

○ 일정명(一精明): 섬세하고 밝은 마음의 작용.

○ 6화합(六和合): 6근(六根: 청각·시각·후각·미각·촉각·의식작용).

○ 여마설(與麼說): 이렇게 말하다.

○ 상타고인(上他古人): 저[他, 古人]의 ~에 매달리다.

○ 한기경(閑機境): 쓸데없는[閑] 말이나 행동[機境].

○ 취(取): ~에 근거해 본다면[約, 據, 如].

○ 좌단(坐斷, 挫斷): ~을 제압하다.

○ 보화불두(報化佛頭): 보신불과 화신불(이라는 생각). '두(頭)'는 어조사.

○ 10지만심(十地滿心): 성불(成佛)의 경지.

○ 객작아(客作兒): 천한 사람. 노예.

○ 등묘이각(等妙二覺): 등각(等覺)과 묘각(妙覺). 성불에 가까이 간 성자.

○ 담가쇄한(擔枷鎖漢): 쇠고랑을 찬 죄수.

○ 나한벽지(羅漢辟支): 아라한(阿羅漢)과 벽지불(辟支佛). 깨달은 수행자.

○ 계려궐(繫驢橛): 당나귀를 매놓는 말뚝. 무용지물.

○ 3지겁(三祇劫): 3아승지겁(三阿僧祇劫). 성불에 소요되는 시간. 무한히 긴 시간.

○ 부달~공(不達~空): 공(空, 부질없음)에 도달하지 못하다.

○ 구업(舊業): 전생에 지은 업.

○ 임운(任運): 자연스러움. 의도적이지 않음.

○ 작업구불(作業求佛): 억지로 부처가 되고자 하다.

○ 생사대조(生死大兆): 생사의 징조.

【 10-8 】

[번역]

"대덕 여러분, 시간을 아껴야 한다. 옆길로 분주하게 다니며 선(禪)을 배우고 도(道)를 배우려고 머뭇거리는가. 경전을 익히고 부처를 구하고 선지식을 찾아다니며 이것이 진정한 수행이라고 제멋대로 추측하고 있는가. 착각하지 말라. 수행자 여러분, 그대들에게는 본래 자기[主人公]가 있거니 이밖에 다시 무엇을 찾는가. 그대 스스로 그대 자신을 되돌아보라. 엣사람은 이렇게 말했다. '연야달다(演若達多)는 머리를 잃었지만, 그러나 찾는 마음이 쉰 곳에는 아무 일도 없었다.'

대덕 여러분, 무엇보다 중요한 것은 인위로 조작하지 않는 것이니 남의 흉내를 내지 말라. 여기 좋고 나쁜 것도 분간할 줄 모르는 엉터리들이 있어 신(神)을 보고 귀신을 봤다는 둥 헛소리를 하며 동쪽을 가리켜 서쪽이라는 등 엉터리 말을 하고 '오늘 날씨가 어떻다'는 등 실없는 소리를 한다. 그러나 이런 무리들은 모두 진 빚을 갚아야 하나니 염라대왕 앞에서 불이 벌건 쇠구슬을 삼켜야 할 날이 있을 것이다.

좋은 집안의 자제들이 이런 요사스러운 것들에게 속아서 괴상한 짓을 하고 있다. 눈먼 놈들, 염라대왕이 밥값을 청구할 날이 반드시 있을 것이다."

[해설]

임제는 지금 선(禪)을 배우고 스승을 찾아다니는 것을 몹시 꾸짖고 있다. "본래 자기를 놔두고 어디 가서 무엇을 구하고 있느냐"고 호통을 치고 있다. 그러나 그럼에도 불구하고 우리는 선을 배우고 스승을 찾아다녀야 한다. 더 이상 배우고 찾을 것이 없을 때까지.

그리고 "남의 흉내를 내서는 안 된다."는 임제의 말은 당연한 말씀이다. 그러나 창작의 시작은 모방이다. 열심히 모방을 하다 보면 어느덧 자신의 춤사위가 나오는 법이다. '남의 흉내를 내지 말라'는 임제의 이 말은 언제까지나 앵무새로 머물러 있어서는 안 된다는 경책의 뜻으로 받아들여야 한다.

[원문]

大德이여 時光可惜하라 秖擬傍家波波地 學禪學道하고 認名認句

하며 求佛求祖 求善知識하야 意度가 莫錯하라 道流여 爾秖有一箇
父母거니 更求何物가 爾自返照看하라 古人云호대 演若達多 失却頭
나 求心歇處卽無事라 大德이여 且要平常이니 莫作模樣하라 有一般
不識好惡禿奴는 便卽見神見鬼하고 指東劃西하며 好晴好雨라 如是
之流는 盡須抵債니 向閻老前呑熱鐵丸有日이라 好人家男女가 被這
一般野狐精魅所著하야 便卽捏怪라 瞎屢生이여 索飯錢有日在라

[주(註)]

○ 대덕(大德): 참선 수행자에 대한 존칭.
○ 시광가석(時光可惜): 시간을 아껴라.
○ 지의(秖擬): ~하려고 머뭇거리다.
○ 방가(傍家): 옆길.
○ 파파지(波波地): 분주하게 돌아다니다. '지(地)'는 어조사.
○ 인명인구(認名認句): 경전을 익히다.
○ 의탁(意度): 제멋대로 추측하다.
○ 일개부모(一箇父母): 자신의 근원. 무위진인(無位眞人), 본래 자기.
○ 반조(返照): 생각이 나오는 근원을 되돌아보다.
○ 연야달다(演若達多): 거울을 보다가 자기 머리가 정말 거울 속에 들어
   가 버린 줄로 알고 미쳐서 자기 머리를 찾으러 다녔던 사내. 『능엄경』
   에 나오는 이야기.
○ 차요(且要): 무엇보다 중요한 것은.
○ 평상(平常): 인위로 조작하지 않는 것.
○ 막작모양(莫作模樣): 흉내를 내다.
○ 독노(禿奴): 엉터리 수행승.
○ 견신견귀(見神見鬼): (열병이 나서) 귀신이 보인다고 헛소리를 하는 것.

제정신이 아닌 것.

○ 지동획서(指東劃西): 엉뚱한 말을 하다.

○ 호청호우(好晴好雨): 오늘 날씨가 어떻다는 둥, 실없는 소리(잡담)를 하는 것.

○ 수(須): ~하지 않으면 안 된다.

○ 지채(抵債): 빚을 갚다.

○ 염노(閻老): 염라대왕.

○ 탄열철환(吞熱鐵丸): (화탕지옥에 가서) 불이 벌건 쇳덩이를 삼키다.

○ 호인가남녀(好人家男女): 좋은 집안[好人家]의 젊은이들[男女]. 수행자들.

○ 야호정매(野狐精魅): 여우나 도깨비. 수행자를 잘못된 길로 이끄는 엉터리 선승들.

○ 피~소착(被~所著): 피~소미(被~所迷). 속다.

○ 날괴(捏怪): 괴상한 짓을 하다.

○ 할루생(瞎屢生): 눈이 먼 바보. 어리석은 놈.

○ 색반전(索飯錢): 저승에 가서 염라대왕에게 공짜 시줏밥 먹은 밥값을 청구 받다.

○ 유일재(有日在): 그런 날(밥값을 청구 받을 날)이 반드시 있을 것이다. '재(在)'는 뜻을 강조하는 어미.

【 10-9 】

[번역]

스승은 대중에게 말했다.

"나는 어느 때는 선조후용(先照後用)의 입장을 취하고, 어느 때는 선용후조(先用後照)의 입장을 취하고, 어느 때는 조용동시(照用同時)의 입장을 취하고, 또 어느 때는 조용부동시(照用不同時)의 입장을 취한다.

선조후용(先照後用)일 경우에는 사람[人, 我執]이 문제시되고 선용후조(先用後照)일 경우에는 물질[法, 法執]이 문제시된다. 조용동시(照用同時)일 경우에는 밭을 가는 농부의 소를 빼앗고, 배고픈 사람의 밥을 빼앗으며, 뼈를 쪼개어 골수를 뽑아내고, 바늘과 송곳으로 자신의 몸을 찌른다. 그리고 조용부동시(照用不同時)에는 물음과 대답이 있고, 빈(賓)과 주(主)가 있으며, 상대의 수준으로 내려가 그를 지도한다. 그러나 만일 능력이 뛰어난 사람이면 문제를 제기하기 전에 즉시 자리를 박차고 일어나 가 버릴 것이니, 그러나 아직은 좀 부족한 데가 있다."

[해설]

여기서 임제는 선 수행자를 지도하는 네 가지 방법[四照用]에 대하여 언급하고 있다. '조(照)'란 선사가 상대(선 수행자)의 경지를 간파하는 것이요, '용(用)'이란 선사가 상대의 수준에 알맞은 가르침을 베푸는 것이다. 여기에는 다음과 같은 선·후·동·부동(先·後·同·不同)의 네 가지 다른 방식이 사용된다.

첫째, 선조후용(先照後用): 먼저 상대를 간파한 다음[照] 가르침을 베푸는 것[用]. 즉 상대가 먼저 질문을 하면 이쪽(선사)에서 봉(棒)이나 할(喝) 등으로 그 질문에 알맞은 가르침을 베푸는 것. 이는 인아집(人我執-我執)이 강한 사람을 가르치는 경우이다[先照後

用有人在].

둘째, 선용후조(先用後照): 먼저 상대를 건드려서 그 반응을 보고[用] 상대의 수준을 간파하는 것[照]. 즉 상대를 만나면 이쪽에서 먼저 상대를 공격하여 상대의 반응을 보고 상대의 수준을 간파하는 것. 이는 법집(法執, 물질에 대한 집착)이 많은 사람을 가르치는 경우이다[先用後照有法在].

셋째, 조용동시(照用同時): 상대에 대한 간파와 가르침을 동시에 행하는 것. 이는 아집과 법집이 모두 많은 사람을 가르치는 경우로 다음과 같은 비유로 설명한다. "밭을 가는 농부의 소를 빼앗아 몰고 가며 허기진 사람의 밥을 빼앗는다[驅耕夫之牛 奪飢人之食]."

넷째, 조용부동시(照用不同時): 간파와 가르침을 따로따로 시행하는 것. 즉 어느 때는 간파만을, 그리고 또 어느 때는 가르침만을 시행하는 것. 이는 아집과 법집이 비교적 적은 사람을 가르치는 경우로 상대의 수준에 그 교육법을 맞추는 것이다[應機接物].

그러나 뛰어난 수행자라면 임제의 이러한 네 가지 교육방법[四照用]이 굳이 필요하지 않기 때문에 즉시 자리를 박차고 일어나 가 버릴 것이다. 허나 여기 아직 '가 버린다'는 이 '가 버림의 흔적'이 찍히고 있으므로 아직 좀 부족하다고 임제는 일침을 가하고 있다.

p.s. 『임제록』 원본에는 이 부분[四照用]이 없다. 그런데 아사히나 소겐(朝比奈宗源)의 역주 『임제록』(1971년)과 이리야 요시타카(入矢義高) 선생이 역주를 붙인 『임제록』(1989, 岩波書店)에는 명판

(明版) 『고존숙어록(古尊宿語錄)』에 근거해서 이 부분을 증보하고 있다. 『오등회원(五燈會元)』 권11, 『인천안목(人天眼目)』 권1 등에 이 문장이 실려 있다.

[원문]

示衆云호대 我有時 先照後用하고 有時 先用後照하며 有時 照用同時며 有時 照用不同時라 先照後用 有人在요 先用後照 有法在라 照用同時에는 驅耕夫之牛하고 奪飢人之食하며 敲骨取髓하고 痛下鍼錐라 照用不同時에는 有問有答하고 立賓立主하며 合水和泥하야 應機接物이라 若是過量人이면 向未擧已前에 撩起便行하나니 猶較些子라

[주(註)]

○ 조(照): 상대를 간파하는 것(방편 전개).
○ 용(用): 상대에게 적절한 지도방법을 사용하는 것(행동 개시).
○ 고골취수(敲骨取髓): 뼈를 쪼개고 골수를 뽑다. 극심한 고행.
○ 통하침추(痛下鍼錐): 바늘과 송곳으로 자기 살을 찔러 그 아픔을 참으며 수행하다. 극심한 고행을 하다.
○ 합수화니(合水和泥): 상대방과 같이 물과 진흙에 빠지다. 스승이 제자의 수준으로 내려가 그를 지도하는 것.
○ 과량인(過量人): 능력이 뛰어난 사람.
○ 향미거이전(向未擧已前): 문제를 제기하기 이전.
○ 요기편행(撩起便行): 즉시 일어나 가 버리다.
○ 유교사자(猶較些子): 교사자. 아직 조금 부족하다.

【 11-1 】

[번역]

스승은 대중(들)에게 말했다.

"수행자 여러분, 가장 중요한 것은 올바른 견해[眞正見解]를 자기 자신의 것으로 하는 것이다. 올바른 견해만 있으면 천하를 누비고 다닐 때 이 안목 없는 엉터리들에게 더 이상 속지 않을 것이다. 무사의 경지에 도달한 사람이야말로 귀인이니 더 이상 인위조작은 하지 말라. 다만 평상(平常)이 있을 뿐이다. 그러나 밖에서 머뭇거리며 일의 실마리를 찾는다면 이는 잘못된 것이다. 부처를 찾고자 하나 '부처'란 문자 언어일 뿐이다. 그대가 찾고 있는 바로 그것을 알고자 하는가? 시방삼세의 불조(佛祖)가 출현하더라도 그 목적은 다만 법(法)을 구하는 것이다. 도를 배우는 지금의 수행자들도 또한 법을 구하는 것이니 법을 얻었으면(깨달았으면) 비로소 모든 일이 끝난 것이다.

그러나 법을 얻지 못했으면 여전히 5도(五道)에서 윤회할 것이다. 어떤 것이 법인가? 법이란 '마음(心法)'을 말한다. 이 마음은 형체가 없으나 시방을 관통하며 그 작용이 눈앞에 나타난다. 그러나 사람들은 이에 대한 신념이 확고하지 않기 때문에 경전과 문자를 통해서만 개념과 지레 짐작으로 불법을 알려고 한다. 그러나 진정한 불법을 아는 것과는 하늘과 땅의 차이가 있다."

[해설]

참선 수행의 목적은 무엇인가? 법(法, 佛法)을 깨닫자는 것이다. 법이란 무엇인가? 마음[心法]이다. 이 마음은 어떤 구체적인 형체가 없지만 이 우주를 관통하고 있다. 이 세상에서 가장 빠른 것은 빛이다. 빛의 속도를 능가할 수 있는 것은 없다. 그러나 빛의 속도를 훨씬 능가하는 것이 있으니 그것이 바로 마음이다. 마음의 속도이다. 그렇다면 이 마음이란 구체적으로 어떤 마음을 말하는가? 눈으로 가서는 사물을 보고 귀로 가서는 소리를 듣는 바로 이 마음이다. 부처와 중생은, 영원과 순간은, 이 마음의 바다에 이는 물결이다. 따라서 창조와 파괴도 이 마음속에서 일어난다. 그러므로 이제 더 이상 깨달음이니 부처니 열반이니 이런 것들을 찾아 헤매지 말라. 여기 오직 그것들의 발원지인 마음이 있을 뿐이다. '있는 그대로 살아가라. 밖을 향해 찾지 말라.' 이 얼마나 소중한 말씀인가. 그러나 그러면서 동시에 이 말만큼 위험한 말도 없다. 왜냐하면 사람들은 곧잘 자기를 합리화하기 위해서 이런 말을 써먹고 있기 때문이다.

마음이란 '마음'이라는 이 말 속에 있는 것이 아니라 이 삶과 더불어 있다. 눈으로 사물과 색깔을 보고, 귀로 소리를 듣고, 코로 냄새를 맡는 바로 그곳에 있다. 아니 그대 자신과 더불어 있다. '나 자신이 바로 부처'라는 말은 지금 이 글을 읽고 있는 그대 마음과 부처의 마음이 둘이 아니라는 뜻이다.

師示衆云호대 道流여 切要求取眞正見解니 向天下橫行에 免被這
一般精魅惑亂이라 無事是貴人이니 但莫造作하라 秖是平常이니 爾
擬向外傍家하야 求過覓脚手면 錯了也라 秖擬求佛이나 佛是名句라
爾還識 馳求底麼아 三世十方 佛祖出來라도 也秖爲求法이라 如今
參學道流도 也秖爲求法이니 得法始了라 未得이면 依前輪回五道라
云何是法고 法者是心法이요 心法無形이니 通貫十方이나 目前現用
이라 人信不及하야 便乃認名認句 向文字中에 求意度佛法하나니 天
地懸殊라

[주(註)]

○ 절요(切要): 가장 중요한 것.

○ 구취(求取): ~을 자신의 것으로 하다.

○ 횡행(橫行): 자유롭다.

○ 일반정매(一般精魅): 안목이 없는 선사들.

○ 무사(無事): 인위조작이 없는 것.

○ 방가(傍家): 옆길.

○ 구과(求過): (자기 자신 밖에서) 구하다.

○ 각수(脚手): 수단. 일의 실마리.

○ 구법(求法): 불법(佛法)을 구하다.

○ 명구(名句): 이름. 문자 언어.

○ 환식~마(還識~麼): ~을 알겠는가?

○ 득법시요(得法始了): 불법을 얻었으면(깨달았으면) 비로소 모든 일이 끝
   나다[了]. 여기서 '요(了)'는 '요오(了悟)'의 뜻이 아니라 '일이 끝나다[了
   事]'라는 뜻임.

○ 5도(五道): 지옥·아귀·축생(짐승의 세계)·인간계·천상(天上, 天神들의 세계).

○ 심법(心法): 마음, 마음의 본질과 작용에 관한 탐구.

○ 구의탁(求意度): 분별심과 지레 짐작[意度]으로 불법을 알려고 무리하게 애쓰다[求].

【 11-2 】

[번역]

"수행자 여러분, 산승이 무슨 법에 대하여 말하려 하는가? '마음에 관한 법문[心地法]'을 하려고 한다. 이 마음은 범부 속에도 들어가고 성인 속에도 들어가며 깨끗한 곳에도 들어가고 더러운 곳에도 들어가며 진리[眞]에도 들어가고 세속[俗]에도 들어간다. 그러나 이것[心]은 진속범성(眞俗凡聖)이 아니기 때문에 이 모든 진속범성에 대하여 이것이 명칭을 부여했다. 그러므로 진속범성은 이것[心]에게 명칭을 부여할 수 없는 것이다. 수행자 여러분, 이를 알았으면 즉시 사용할 것이요, 문자 언어의 개념에 더 이상 집착하지 말지니 이렇게 아는 것을 현지(玄旨)라 한다."

[해설]

임제는 지금 '이 모든 것의 근원으로서의 마음에 관한 가르침[心地法]'을 언급하고 있다. 이 마음은 평범한 일상의 세계에도 들어가고 저 높은 성인의 세계에도 들어간다. 이 마음은 빛 속에도 들어가고 어둠 속에도 들어가며 진실의 세계에도 들어가고 거짓의 세계에도 들어간다. 아니, 이 모든 것은 이 마음의 바다 속에서 물결치고 있다. 그러므로 (남에게 피해를 주지 않는 범위 내에서) 우리가 어디서 무엇을 하건 절실하게만 할 수 있다면 우리가 하는 이 모든 것은 그대로 저 본질에 연결된다. 그래서 옛사람은 이렇게 말했던 것이다.

'이 마음은 갖가지 상황에 따라 각기 다른 반응을 보이지만
각기 다른 마음의 반응은 그대로 본질과 연결되어 있네.
마음의 흐름 따라 본질을 감지할 수만 있다면
기쁠 것도 없고 또한 근심할 것도 없네.'
(心隨萬境轉 轉處悉能幽 隨流認得性 無喜亦無憂)

[원문]

道流여 山僧說法은 說什麼法고 說心地法이라 便能入凡入聖하며 入淨入穢하고 入眞入俗이라 要且 不是爾眞俗凡聖이니 能與一切眞俗凡聖에 安著名字라 眞俗凡聖은 與此人에 安著 名字不得이라 道流여 把得便用하고 更不著名字니 號之爲玄旨라

[주(註)]

○ 심지법(心地法): 심지법문(心地法門, 이 모든 것의 근원으로서의 마음에 관한 가르침). 땅[地]에서 온갖 풀들이 싹터 자라듯 마음에서 선·악 등 온갖 감정이 싹터 자라는데 이런 이치에 대해서 설명하는 것.
○ 요차(要且): 요컨대.

○ 이(爾): ①이것. ②너, 그대. 여기에서는 ①의 뜻임.

○ 능여(能與): ~에 대하여.

○ 안착명자(安著名字): 명칭을 부여하다.

○ 차인(此人): 무위진인(無位眞人). 본래 자기.

○ 현지(玄旨): 언어의 설명이 불가능한 경지.

【 11-3 】

[번역]

"산승의 설법은 다른 사람들과는 다르다. 예를 들면 문수보살과 보현보살이 눈앞에 나타나서 각각 한 몸을 나타내어 법을 묻기를 "스님께 묻습니다."라고 말하는 순간 나는 그들을 모두 간파해 버린다. 노승(임제)이 편안히 앉아 있는데 다시 한 무리의 수행자들이 나를 찾아와 서로 만날 때, 나는 그들을 모두 간파해 버린다. 어떻게 이 같을 수 있는가. 나의 견처(見處)가 특별하기 때문이니 밖으로는 범(凡)과 성(聖)을 취하지 않고 안으로는 근본에도 머물지 않는다. 나는 이처럼 철저하게 깨달았기 때문에 더 이상 머뭇거리지 않는다."

[해설]

어디에도 머물지 말라. 머물면 흔적이 찍힌다. 마치 시계추처럼 양극단 사이를 오가며 균형을 잡는 것. 이것이 진정한 수행자의 삶이다.

山僧說法은 與天下人別이라 秪如 有箇文殊普賢出來目前하야 各
現一身問法에 纔道咨和尚이라 하면 我早辨了也라 老僧穩坐에 更有
道流하야 來相見時에 我盡辨了也라 何以如此오 秪爲我見處別이니
外不取凡聖하고 內不住根本이라 見徹更不疑謬라

[주(註)]

○ 지여(秪如, 只如): 그건 그렇고. 예를 들면.

○ 유개(有箇): 이(箇) ~이 있어(有). 그러나 여기에서는 굳이 번역할 필요
  가 없다.

○ 문수(文殊): 문수보살. 지혜를 상징함.

○ 보현(普賢): 보현보살. 활동과 소망[行願]을 상징함.

○ 재도자(纔道咨): ~라고 묻자마자.

○ 온좌(穩坐): 조용히 앉아 있다.

○ 견처별(見處別): 견처(깨달은 곳)가 특별하다.

○ 견철(見徹): 철저하게 깨닫다.

○ 의류(疑謬): 확신을 갖지 못하고 머뭇거리다.

【 12-1 】

[번역]

스승은 대중들에게 말했다.

"수행자 여러분, 불법은 인위적으로 노력하는 곳에 없나니 다만

인위적이 아닌 평상시의 행위일 뿐이다. 대소변을 보고 옷 입고 밥 먹으며 피곤하면 눕는 것이다. 어리석은 이는 이런 말을 하는 나를 보고 웃겠지만 지혜로운 이는 알 것이다. 그래서 옛사람은 말하길 '밖으로만 수행공부를 한다면 이는 어리석은 사람이다'라고 했다. 어디서든 주체적으로 살아갈 수만 있다면 그대가 있는 곳은 모두 진리로 통한다[隨處作主 立處皆眞]. 어떤 경계라도 그대의 신념을 잡아 흔들 수 없나니 비록 종래의 습기(習氣)가 남아 있더라도 5무간업(五無間業)은 그대로 해탈의 바다가 된다. 오늘날의 수행자들이 참된 법을 알지 못하는 것이 마치 저 양(羊)과 같나니 양은 코에 닿는 물건은 무엇이든지 입 속에 집어넣는 경향이 있다. 그들은 하인과 주인도 알지 못하고 손님과 주인도 구분하지 못한다. 이런 무리들은 사심(邪心)으로 불도(佛道)에 들어왔기 때문에 부유하고 큰 사찰로 찾아들어 가나니 진정한 출가수행자라고 할 수가 없다. 이들이야말로 진짜 속가인(俗家人)이다."

[해설]

　"벗이여, 깨닫고자 하는 마음이 도사리고 있는 한 그대는 절대로 깨달음을 체험할 수 없다. 왜냐하면 여기 인위적인 조작의 마음이 남아 있기 때문이다. 배고프면 먹고 피곤하면 쉬는 것은 우리 누구나가 매일매일 반복하고 있는 일상의 삶이다. 그러나 이 일상의 삶을 물이 흐르듯 그렇게 자연스럽게 할 수 있는 사람이 과연 몇이나 될까? 그렇게만 할 수 있다면 그대는 진정한 수행자라 할 수 있다. '어떤 상황에 처하더라도 능동적이면[隨處作主] 그

대가 있는 곳은 모두 본질로 통한다[立處皆眞].'

이때 이 삶은 그대로 해탈의 굽이침이 된다. 그러므로 벗이여, 무리를 짓지 말라. 세력에 의지하지 말라. 물질에만 너무 현혹되지 말라. 눈을 감는 그 순간 이런 것들은 모두 부질없다는 것을 알게 될 것이다. 그러나 이것이 말처럼 그렇게 쉬운 일인가…….

[원문]

師示衆云호대 道流여 佛法無用功處니 秖是平常無事라 屙屎送尿하고 著衣喫飯하며 困來即臥라 愚人笑我나 智乃知焉이라 古人云호대 向外作工夫하면 總是癡頑漢이라 爾且隨處作主면 立處皆眞이라 境來回換不得이라 縱有從來習氣라도 五無間業은 自爲解脫大海라 今時學者가 總不識法이 猶如觸鼻羊이 逢著物 安在口裏라 奴郎不辨하고 賓主不分이라 如是之流는 邪心入道하야 鬧處即入하나니 不得名爲眞出家人이요 正是眞俗家人이라

[주(註)]

○ 용공(用功): 인위적인 노력.

○ 평상무사(平常無事): 인위적이 아닌 평상시의 행위.

○ 아시송뇨(屙屎送尿): 똥을 싸고 오줌을 누다.

○ 치완한(癡頑漢): 어리석은 놈.

○ 차(且): 속어(俗語)에서 말투를 조금 느슨하게 하는 말. 자, 우선, 말하자면.

○ 경래(境來): 외부적인 상황이 바뀌다.

○ 회환부득(回換不得): (굳은 신념을) 바꿀 수는 없다.

○ 종유(縱有): 비록 ~가 있다 하더라도.

○ 습기(習氣): 몸이나 입, 생각[身口意]에 의해 쌓인 습관의 영향으로 일어나는 행위나 생각들.

○ 5무간업(五無間業): 무간지옥에 들어가는 다섯 가지 악행. 첫째, 아버지를 죽이고, 둘째, 어머니를 해치고, 셋째, 부처의 몸에 피를 내고, 넷째, 수행자 집단[僧團]의 화합을 깨뜨리고, 다섯째, 불경과 불상을 불사르고 부수는 것.

○ 금시학자(今時學者): 오늘날의 수행자.

○ 유여(猶如): 마치 ~와 같다.

○ 촉비양(觸鼻羊): 양(羊)은 시력이 약해서 사물을 분간하지 못한다. 그래서 주로 코로 냄새를 맡아서 사물을 식별하는데, 코에 닿는 물건은 무엇이든지 가리지 않고 입에 넣는 습관이 있다고 한다.

○ 안재(安在): ~을 (입) 속에 집어넣다.

○ 노랑불변(奴郎不辨): 하인[奴]과 주인[郎]을 구분하지 못하다.

○ 요처(鬧處): 시끄럽고 번잡한 곳. 부유한 곳. 여기에서는 '부유하고 유명한 큰 사찰[名山大利]'을 말함.

【 12-2 】

[번역]

출가수행자는 반드시 인위 조작이 없는 진정견해를 구분할 줄 알아야 한다. 부처와 마구니를 구분하고 참과 거짓을 구분하고 범부와 성인을 구분할 줄 알아야 하나니 만일 이렇게 구분할 수만 있다면 비로소 진정한 출가수행자라 할 수 있다. 그러나 마구니[魔]와 부처[佛]를 구분하지 못하면 이것은 하나의 집을 나와서 또 다른 집으로 들어가는 것이다. 이런 부류는 '업을 짓는 중생'이라고 일컫나니 진정한 출가수행자라고 할 수가 없다. 그런데 여기 하나의 불마(佛魔)가 있어 동체(同體)라서 구분할 수 없는 것이 마치 '물에 우유가 섞인 것' 같으나 저 거위왕[鵝王]은 그 속에서 우유만을 골라 마신다. 저 눈 밝은 수행자[明眼道流]는 마구니와 부처를 모두 뛰어넘나니, 그대 만일 성스러운 것을 좋아하고 속된 것을 싫어한다면 생사의 바다에서 마냥 표류하게 될 것이다.

[해설]

참과 거짓은, 부처와 마구니(악마)는 과일의 껍질과 알맹이처럼 서로 붙어 있다. 올바른 안목을 갖춘 수행자는 그러므로 이 둘을 명확히 구분할 줄 알아야 한다. 진정한 의미에서의 출가(出家, 집을 떠나 수행자가 되는 것)란 이를 구분할 수 있는 안목을 갖는 것이다. 그리하여 마침내는 이 둘(참과 거짓, 부처와 마구니)마저 넘어가야만 한다.

[원문]

夫出家者는 須辨得 平常眞正見解니 辨佛辨魔하고 辨眞辨僞하며 辨凡辨聖이니 若如是辨得하면 名眞出家라 若魔佛不辨하면 正是出 一家하야 入一家라 喚作造業衆生이니 未得名爲眞出家人이라 秖如 今有一箇佛魔하야 同體不分이 如水乳合이나 鵝王喫乳라 如明眼道 流는 魔佛俱打하나니 爾若愛聖憎凡하면 生死海裏浮沈이라

○ 출가자(出家者): 출가 수행자.

○ 수(須): 반드시 ~해야만 한다.

○ 변득(辨得): 명확하게 구분하다.

○ 마불구타(魔佛俱打): 마구니(악마, 魔)와 부처를 모두 초월하다(인정하지 않다, 거부하다).

○ 부침(浮沈): (생사의 바다에서) 떠돌다.

○ 명안도류(明眼道流): 눈 밝은 수행자.

【 12-3 】

[번역]

문: "어떤 것이 부처[佛]와 마구니[魔]입니까?"

스승이 말했다.

"그대 한 생각[一念心] 속에서 의문이 일어나는 바로 그곳이 마구니다. 그대 만일 만법무생(萬法無生)과 심여환화(心如幻化)의 이치에 통달한다면 하나의 티끌과 하나의 존재마저도 없어서 도처가 청정한 부처일 것이다. 사실 부처와 마구니는 오염과 청정의 두 경계일 뿐이다. 산승의 견처에서 본다면 부처도 없고 중생도 없으며 예도 없고 지금도 없나니, 이를 증득한 자는 즉시 증득하는 것이요, 성불에 필요한 3아승지겁 같은 기나긴 시간을 필요로 하지 않는다. 여기 수행할 것도 없고 증득할 것도 없으며[無修無證] 얻을 것도 없고 잃을 것도 없나니, 어느 때든 이 이상의 특별한 존재는 없다. 설사 이를 능가하는 또 하나의 존재가 있다 하더라도 나는 '꿈과 같고 환영과 같다'고 말할 것이니 산승의 말한 바는 이상과 같다."

[해설]

부처는 확신하는 자리요, 마구니는 의문을 품는 자리다. 부처와 마구니는 청정과 오염의 다른 이름이다. 그 마음이 본래 순수한(청정한) 상태에 있으면 이것이 부처요, 그 마음이 오염된 상태에 있으면 이것이 마구다. 그러나 더 한 차원 높은 곳에서 본다면 부처도 없고 마구니도 없다. 깨달을 것도 없고 증득할 것도 없다. 깨닫는다는 것은 바로 이 '~할 것이 없다'는 사실을 깨닫는 것이다. 관념으로써의 이해가 아니라 확실한 체험으로써 말이다. 마구니의 눈으로 보면 이 세상 전체가 악마의 소굴이지만 부처의 눈으로 본다면 이 세상 전체가 부처의 세계다.

[원문]

問. 如何是佛魔닛고 師云호대 爾一念心疑處 是箇魔라 爾若達得萬法無生 心如幻化하면 更無一塵一法하야 處處淸淨是佛이라 然佛與魔 是染淨二境이라 約山僧見處면 無佛無衆生이며 無古無今이니 得者便得이요 不歷時節이라 無修無證하고 無得無失하나니 一切時中에 更無別法이라 設有一法 過此者라도 我說如夢如化니 山僧所說皆是라

○ 불마(佛魔): 부처와 마구니.

○ 시개(是箇): ~라고 하는 것은. 시사(是事), 시처(是處).

○ 달득(達得): 통달하다.

○ 만법무생(萬法無生): 모든 존재(와 사물. 萬法)는 독립적으로 태어나는 것이 아니라 서로가 상호의존적으로 태어난다[緣起]는 것.

○ 심여환화(心如幻化): 우리의 마음은 구체적으로 '이것이 마음이다'라고 내보일 수 없다. 그러므로 실재적이지 않는 것[幻化]처럼 느껴진다는 뜻.

○ 불력시절(不歷時節): (성불에 필요한 3아승지겁의) 시간을 필요로 하지 않다.

○ 일체시중(一切時中): 12시중(十二時中). 하루 종일 어느 때든.

○ 개시(皆是): (내가 말한 바는) 이상과 같다[皆如是]. 여기서의 '시(是)'는 시비(是非)의 '시(是)'가 아님.

○ 무수무증(無修無證): 수행할 것도 없고, 증득할 것도 없다.

【 12-4 】

[번역]

수행자 여러분, 지금 내 눈앞에서 홀로 밝으며 분명하게 내 설법을 듣는 자, 바로 이 사람(그대 자신)은 어느 곳에서든 막히지 않고 시방을 관통하며 삼계에서 자재롭다. 그리고 이 모든 차별 경계에 들어가지만 경계가 이 사람에게 어떤 영향력도 미치지 못한다. 그는 삽시간에 이 모든 세계[法界]에 들어가서 부처를 만나면 부처에게 설법하고, 조사를 만나면 조사에게 설법하며, 아라한을 만나면 아라한에게 설법하고, 아귀를 만나면 아귀에게 설법한다. 그는 이처럼 이 모든 곳에 노닐면서 중생을 교화하나 일찍이 이 한 생각[本來心]을 떠나지 않았나니, 가는 곳마다 청정해서 그 빛이 시방을 꿰뚫으며 이 모든 존재가 평등해서 마치 하나와 같다.

[해설]

모든 것은 영원하지 않다. 그러나 '영원하지 않다'는 이 사실을 알고 있는 나 자신(본래 자기)은 불멸의 존재다. 여기에서 시간과 공간이 나왔고, 부처와 마구니가 나왔다. 온갖 종교와 철학과 예술이 흘러나왔다. 깨닫는다는 것은 바로 이 '나 자신'을 깨닫는 것이다. '지금 여기' 있으면서 이 우주에 충만해 있으며, 까마득한 과거와 먼 미래를 관통하면서 바로 '지금 여기'에 있는 것, 그러나 찾아보면 아무 흔적도 없는 것, 그러면서도 저 태양보다 밝고 어둠보다 더 어두운 것, 이것이 바로 '나 자신'이다. 수행은 결국 이 '나 자신'을 나 자신이 탐구하는 것이다. 왜냐하면 이 모든 의문을 푸는 블랙홀의 열쇠가 바로 여기 있으므로……

[원문]

道流여 即今目前 孤明歷歷地 聽者는 此人處處不滯하야 通貫十方하고 三界自在라 入一切境差別이나 不能回換이니 一刹那間에 透入法界하야 逢佛說佛하며 逢祖說祖하고 逢羅漢 說羅漢하며 逢餓鬼 說餓鬼하나니 向一切處에 游履國土하야 教化衆生이나 未曾離一念이니 隨處淸淨하야 光透十方하며 萬法一如라

○ 처처불체(處處不滯): 어느 곳에서든 걸림이 없다.

○ 불능회환(不能回換): (일체의 경계에) 영향을 받지 않다.

○ 일찰나(一刹那): 지극히 짧은 시간. 75분의 1초.

○ 유리(游履): 노닐다. 방문하다.

○ 국토(國土): 영역.

○ 일념(一念): 여기에서는 '본래의 마음[本來心].'

○ 만법일여(萬法一如): 모든 사물(과 존재, 萬法)은 인연의 힘[緣起, 상호의
존]에 의해서 태어났기 때문에 그 근원은 결국 '같다[一如]'는 뜻.

【 12-5 】

[번역]

"수행자 여러분, 대장부는 오늘 비로소 '본래 아무 일도 없었다'
는 것을 알았다. 다만 그대의 신념이 확고하지 못해서 생각마다
밖으로 치달으며 구하는 것이 마치 자신의 머리를 버리고 머리를
찾는 것과 같나니, 스스로가 찾는 마음을 멈추지 못했기 때문이
다. 저 성불의 경지에 도달한 보살도 이 세상으로 들어와 그 몸을
현신할 때는 범부를 싫어하고 성인을 흠모하나니, 이런 무리들은
취하고 버림을 잊지 못하여 염정심(染淨心)이 아직 남아 있다. 그
러나 선종의 견해는 전혀 다르다. '지금 바로 이 순간'이요, 성불에
필요한 3아승지겁이라는 시간이 필요 없다. 그리고 산승의 말하
는 바는 이 모두가 한때의 임시방편일 뿐, 실법(實法, 불변의 가르침)

은 아니다. 만일 이런 식으로 안다면 이것이야말로 진정한 출가수
행자이니 하루에 일만 냥의 황금이라도 능히 사용할 수 있는 자
격이 있다."

[해설]

깨달음은 '지금 여기'다. 지금 여기에서 그것은 가능하다. 깨달
음에 필요한 전제 조건은 아무것도 없다. 연령의 고하도, 학식의
유무도, 수행의 경력도, 수행자이든 아니든……. 이런 것은 전혀
관계가 없다. '지금 여기'가 바로 그 자리다. 그러나 '지금 여기'를
놓치게 되면 깨달음의 날은 영원히 오지 않는다.

[원문]

道流여 大丈夫兒는 今日方知 本來無事니 祇爲爾信不及하야 念念
馳求하야 捨頭覓頭니 自不能歇이라 如圓頓菩薩도 入法界現身하야
向淨土中에 厭凡忻聖하나니 如此之流는 取捨未忘하야 染淨心在라
如禪宗見解는 又且不然이라 直是現今更無時節이니 山僧說處는 皆
是一期藥病相治라 總無實法이니 若如是見得하면 是眞出家라 日消
萬兩黃金이라

[주(註)]

○ 대장부아(大丈夫兒): 대장부. '아(兒)'는 어미.
○ 신불급(信不及): 믿음(신념)이 확고하지 못하다.
○ 사두멱두(捨頭覓頭): 『능엄경』(제4권)에 나오는 연야달다(連若達多)의

고사. 그는 거울 속에 자신의 얼굴(머리)이 비치는 걸 보고 자기 머리가 거울 속에 들어가 버렸다고 착각한 나머지 잃어버린 머리를 찾아 거리를 헤맸다고 한다. 이 이야기는 '어리석은 자의 비유'로 곧잘 쓰인다.

○ 원돈보살(圓頓菩薩): 최고의 경지에 도달한 성자.
○ 우차불연(又且不然): 전연 다르다.
○ 직시현금(直是現今): 바로 지금 이 순간.
○ 약병상치(藥病相治): 약은 병을 치료하기 위한 것이므로 병이 나으면 약은 더 이상 필요치 않다는 뜻.
○ 일소만냥황금(日消萬兩黃金): 진정한 수행자라면 하루에 일만 냥의 황금(신자들의 많은 시주금)이라도 능히 소화시킬 수 있다는 뜻.

【 12-6 】

[번역]

"수행자 여러분, 제방의 노사[諸方老師, 사이비 스승들]에게 함부로 인가를 받지 마라. 그들은 '나는 선을 알고 도를 안다'고 떠벌리며 그 말이 흐르는 물처럼 거침없지만 그러나 이는 모두 지옥업(地獄業)을 짓는 것이다. 만일 진정한 수행자라면 세상 사람들의 잘못을 구하지 않나니(관심이 없나니) 오로지 올바른 견해만을 간절하게 구할 것이다. 그리하여 이 올바른 견해의 완성에 이르게 되면 그때 비로소 수행의 일이 끝나게 된다."

[해설]

　깨달음에 무슨 증명서[印可狀]가 필요하단 말인가. 깨달음에 무슨 계보가 필요하단 말인가. 굳이 '도인' 소리를 듣지 않아도 된다. 굳이 근엄한 옷을 입고 사람들로부터 큰 절을 받지 않아도 된다. 중요한 것은 올바른 견해를 갖는 것이다.

[원문]

道流여 莫取次 被諸方老師 印破面門하라 道我解禪解道라 하며 辯似懸河나 皆是造地獄業이라 若是眞正學道人은 不求世間過하나니 切急 要求眞正見解라 若達眞正見解圓明하면 方始了畢이라

[주(註)]

○ 막취자(莫取次): 함부로[取次] ~하지 말라[莫].
○ 인파면문(印破面門): 선사로부터 인가(印可, 깨달음에의 인정)를 받음.
○ 진정학도인(眞正學道人): 진정한 수행자.
○ 세간과(世間過): 세상 사람들의 잘못이나 실수.
○ 절급(切急): 오직 간절하게.
○ 요필(了畢): 수행의(깨달음의) 일을 마침.

【 12-7 】

[번역]

　문: "어떤 것이 올바른 견해[眞正見解]입니까?"

스승은 말했다.

"그대가 이 올바른 견해를 얻는다면 저 모든 범부의 경계에 들어가고 성인의 경계에 들어가며 오염된 곳에 들어가고 청정한 곳에 들어가며 제불의 세계에 들어가고 미륵의 누각에 들어가며 비로자나불의 법계에 들어가는 등 가는 곳마다 그곳에 알맞은 국토(환경)를 출현시켜[現, 임시로 만들어서] 성주괴공(成住壞空)의 순환운동을 한다. 부처님이 이 세상에 오셔서 대법륜을 굴리다가 그 후 열반에 들었으나 가고 오는 모습을 볼 수가 없었으며 생사를 찾아봐도 찾을 수가 없었다. 그래서 즉시 무생법계(無生法界, 생멸이 없는 세계)에 들어가서 이 모든 국토에 노닐며 화장세계에 들어가서 제법의 공상을 모두 봤나니 거기 실법(實法, 實體)은 전혀 없었다. 여기 오직 내 법문을 듣고 있는 무의도인(無依道人, 그대 자신)이 있나니 이는 모든 부처님의 어머니다. 그러므로 부처는 무의(無依)로부터 태어났나니 이 무의를 깨달으면 부처 또한 실체로 존재하지 않나니, 만일 이렇게 안다면 이것이 바로 올바른 견해다."

[해설]

그렇다면 그 올바른 견해란 무엇인가? 부처까지 포함해서 이 모든 현상은 일종의 파도침 현상(일시적인 현상)이라는 것을 간파하는 것이다. 여기 영원히 존재하는 것은 아무것도 없다. 있다면 여기 '영원히 존재하는 것은 아무것도 없다'는 이 사실을 알고 있는 바로 '나 자신'이 있을 뿐이다. '나 자신'을 제외한 모든 것, 이 모든 명칭과 현상은 실재하는 것이 아니라 실재하는 것처럼 보이는 것들이다. '나 자신'은 부처가 나온 곳이요, 창조와 파괴가 비롯된 곳이다. 그러므로 이 '나 자신'을 버리고 밖으로 나가지 말라. 밖으로 나가서 구걸 행각을 하지 말라. 종교를 빌미로 신자들의 주머니나 노리는 이 엉터리들의 농간에 더 이상 놀아나지 말라.

이 부분에서 눈여겨봐야 할 대목은 '가는 곳마다(그곳에 알맞은) 국토(환경)를 출현시켜서[處處皆現國土]'라는 부분인데 '출현시켜서(現, 임시로 만들어서)'라는 말에 대한 약간의 설명이 필요하다. 불교의 심층심리학[唯識]에 의하면 '이 객관현상(물질영역)은 우리 의식(意識, 心)의 확장[一切唯心造]'이라고 한다. 그러므로 이 객관적인 물질 환경은 바로 나 자신의 마음이 만들어 냈다는 것이다. 저 마술사가 실재하지 않는 물건을 임시적으로 만들어서 관객들을 매료시키듯 그렇게 우리의 마음이 임시적으로 만들어 냈다는 것이다. 그래서 임제는 '출현시켜서'라는 말을 쓴 것이다. 구도행각에 나서기 전 임제는 경전을 깊이 탐독했는데 그 가운데서도 특히 '유식(唯識)'에 조예가 깊었다고 한다. 그 근거는 『조당집(祖堂集)』 권19의 다음 구절이다.

"밤이 되어 (임제는) 대우 앞에서…… 유식에 대하여 담론했다."(至夜間於大愚前…… 譚唯識)

유식에 대한 영향은 이 부분(12-7) 외에도 '13-12', '13-38' 등 『임제록』의 도처에서 나타나고 있다.

[원문]

問. 如何是眞正見解닛고 師云호대 爾但一切入凡入聖하며 入染入

淨하고 入諸佛國土하며 入彌勒樓閣하고 入毘盧遮那法界하야 處處皆現國土하야 成住壞空이라 佛出于世하야 轉大法輪하고 却入涅槃이나 不見有去來相貌라 求其生死나 了不可得이라 便入 無生法界하야 處處遊履國土하며 入華藏世界하야 盡見諸法空相이니 皆無實法이라 唯有聽法無依道人이니 是諸佛之母라 所以佛從無依生이니 若悟無依하면 佛亦無得이라 若如是見得하면 是眞正見解라

[주(註)]

○ 미륵누각(彌勒樓閣): 미륵보살이 머무는 누각. 소년 구도자 선재(善財)가 찾아간 53명의 스승 가운데 맨 마지막에 뵌 분이 미륵보살이다. 선재는 이 미륵보살의 누각으로 들어가 깨달음을 성취했다고 한다(『화엄경』「入法界品」).

○ 비로자나법계(毘盧遮那法界): 법신 비로자나불이 머무는 세계.

○ 성주괴공(成住壞空): 이 세상의 생멸변화 주기. 생성되고[成], 지속되고[住], 파괴되고[壞], 아무것도 없는 상태[空].

○ 대법륜(大法輪): 큰 진리의 바퀴.

○ 각(却): '후(後, ~의 후에)'의 뜻을 가진 속어. 각후(却後).

○ 무생법계(無生法界): 불생불멸의 세계.

○ 유리(遊履): 방문하다, 노닐다.

○ 화장세계(華藏世界): 연화장세계(蓮華藏世界), 법신 비로자나불이 머무는 세계.

○ 무의도인(無依道人): 절대 자유의 경지에 갔으므로 그 어디에도 의존하지 않는 수행자, 무위진인(無位眞人).

○ 견득(見得): 알다, 깨닫다.

【 12-8 】

"수행자들이 이런 이치를 깨닫지 못했기 때문에 문자 언어에 집착하고 '범성(凡聖)'이라는 명칭에 걸린다. 그래서 도안(道眼)이 방해를 받아 분명한 견해를 얻지 못한다. 저 12분교(十二分教)는 이 모두가 표현지설(表顯之說)이다. 그러나 수행자들이 이를 모르기 때문에 문자 언어 위에서 분별심을 내나니 모두들 문자 언어에만 매달려 마침내 인과에 떨어져 삼계의 생사윤회를 면치 못할 것이다. 그대 만일 생사의 거주(去住)에서 벗어나 자유롭고자 한다면 지금 내 법문을 듣고 있는 바로 이 사람(그대 자신)을 알아야 한다. 이 사람은 모양이 없고 근본이 없으며 일정한 거주처가 없으나 아주 역동적이다. 그리고 각기 다른 경계와 상황에 반응하나 전혀 흔적이 없다. 그러므로 이 사람은 찾을수록 멀어지며 구할수록 더욱 더 어긋나니 이것을 비밀스러운 이치라고 한다."

[해설]

'성인(聖人)'이란 무엇인가? 문자 언어일 뿐이다. 종교의 경전이란 무엇인가? 그 종교를 알리는 선전 문구일 뿐이다. 불경은 불교의 선전 문구요, 성경은 기독교의 선전 문구요, 코란은 회교의 선전 문구요, 논어는 유교의 선전 문구이다.

그러므로 우리는 이런 선전 문구에 속아 넘어가서는 안 된다. 알아야 할 것은 불경·코란·성경·논어가 아니라 바로 그대 자신이다. '지금 여기' 팔팔하게 살아 있는 그대 자신, 그러나 찾을수록 멀어지고 구할수록 어긋나 버리는 그대 자신이다. 그러므로 벗이여, 이 미쳐 돌아가는 세상에서 정신 바짝 차리지 않으면 안 된다.

[원문]

學人不了하야 爲執名句하며 被他凡聖名礙하야 所以障其道眼이니 不得分明이라 祇如十二分敎는 皆是表顯之說이라 學者不會하야 便向表顯名句上 生解하나니 皆是依倚라 落在因果하야 未免三界生死라 爾若欲得 生死去住 脫著自由댄 即今識取 聽法底人하라 無形無相 無根無本 無住處나 活鱍鱍地라 應是萬種施設이나 用處祇是無處라 所以覓著轉遠이요 求之轉乖니 號之爲祕密이라

[주(註)]

○ 12분교(十二分敎): 불교경전을 그 체제상 열두 갈래로 나눈 것.

○ 표현지설(表顯之說): 어떤 주장이나 개념을 설명하는 문자 언어.

○ 의의(依倚): ~곁에 붙어 생존하다, 기생하다.

○ 활발발지(活鱍鱍地): 활발발지(活撥撥地)라고 쓰기도 함. 물고기가 튀듯 팔팔 살아 있는 것, '지(地)'는 어조사.

○ 응시(應是): 소유(所有), 응유(應有), 단유(但有), 일응(一應). 모든, 모든 것. 당대(當代)의 속어임.

○ 만종시설(萬種施設): 다양한 방법.

○ 용처지시무처(用處祇是無處): 활동을 해도 그 흔적이 남지 않는 것. 무종적(無蹤跡)의 경지.

【 12-9 】

"수행자 여러분, 그대들은 이 허망한 육신에 집착하지 말라. 이 육신은 조만간에 소멸하나니 그대는 이 세상에서 무엇으로 해탈을 하려 하는가. 먹을 것만 찾고 형식적으로 승복만을 입고 나날을 보내고 있다. 그러나 무엇보다도 중요한 것은 선지식을 찾는 것이니 이곳저곳을 기웃거리며 환락을 좇지 말라. 시간을 아껴야 하나니 한 생각 한 생각이 그대로 죽음으로 가는 길이다. 그 대강을 말하면 지수화풍(地水火風)의 부조화와 소멸에 영향을 받으며 좀 더 자세하게 말한다면 생주이멸(生住異滅) 4상(四相)의 변화가 침입한다.

수행자 여러분, 지금 무엇보다 중요한 것은 '이 네 가지 무상경 [四種無相境]을 아는 것'이니, 그럼으로써 그 경계에 더 이상 미혹되지 않는다."

[해설]

이 육체를 '나 자신'이라 착각해서는 안 된다. 이 육체는 '나 자신'이 아니라 나 자신이 임시 머물고 있는 집이다. 이 집은 이제 머지않아 부서지고야 만다.

꽃빛은 찬란해도 지고야 마는 것
이 세상 어느 뉘라 죽지 않으리.

114   임제록

이 미망의 골짜기 오늘 나와서

헛된 꿈꾸지 말고 깨어 있으라.

[원문]

道流여 爾莫認著 箇夢幻伴子하라 遲晩中間에 便歸無常하나니 爾向此世界中에 覓箇什麼物 作解脫고 覓取一口飯喫하고 補毳過時라 且要訪尋知識이니 莫因循逐樂하라 光陰可惜이니 念念無常이라 麁則被地水火風이요 細則被生住異滅 四相所逼이라 道流여 今時且要識取 四種無相境이니 免被境擺撲이라

[주(註)]

○ 인착(認著): 인정하다. 집착하다.

○ 몽환반자(夢幻伴子): 꿈이나 환영[夢幻]같이 허망한 이 육신.

○ 지만중간(遲晩中間): 조만간에.

○ 중간(中間): 시간을 표현하는 언어를 부사화(副詞化)하는 당대(唐代)의 속어. '~에'. 예) 경각중간(頃刻中間): 잠깐 사이에.

○ 무상(無常): 여기에서는 '죽음'을 말함.

○ 멱취(覓取): ~을 찾다.

○ 보취(補毳): 승복(僧服, 毳衣)을 만들어 입다.

○ 차요(且要): 무엇보다 중요한 것.

○ 인순(因循): 서성이다. 머뭇거리다.

○ 광음가석(光陰可惜): 시간을 아껴라.

○ 추(麁): 여기에서는 '대강'의 뜻.

○ 세(細): 여기에서는 '자세하게'의 뜻.

○ 생주이멸(生住異滅): 존재가 소멸해 가는 네 가지 단계. 생성[生], 지속

[住], 변화[異], 소멸[滅].

○ 사상(四相): 태어남[生], 늙어감[老], 병듦[病], 죽음[死].

○ 식취(識取): 알다. 깨닫다.

○ 4종무상경(四種無相境): 4상(四相)의 흐름에 영향을 받지 않는(초월한)
  경지.

○ 파박(擺撲): 전도(顚倒)되다. 당대(唐代)의 속어임.

【 12-10 】

[번역]

　문: "네 가지 무상경(無相境)이란 어떤 것입니까?"

　스승이 말했다. "그대의 한 생각 속에서 의심이 일어나면 그 의
심은 땅이 되어[地來] 그대를 경직되게 한다. 그대의 한 생각 속에
서 사랑의 감정이 일면 그 사랑의 감정은 물이 되어 그대를 적신
다. 그대의 한 생각 속에서 분노가 일면 그 분노는 불이 되어 그대
를 태운다. 그대의 한 생각 속에서 기쁨의 감정이 일면 그 기쁨의
감정은 바람이 되어 그대를 들뜨게 한다. 만일 이렇게 분명히 안
다면 더 이상 경계에 영향을 받지 않고 어디서든 경계를 내 맘대
로 사용할 수 있다. 동쪽에서 솟았다가 서쪽으로 사라지고, 남쪽
에서 솟았다가 북쪽으로 사라지고, 중앙에서 솟았다가 변두리로
사라지고, 변두리에서 솟았다가 중앙으로 사라질 것이다. 그리고
물을 땅처럼 밟을 것이요, 땅을 물처럼 밟을 것이다. 무엇 때문에
이 같은가. '이 사대(四大)가 꿈과 같고 환영과 같다[如夢如幻]'는

걸 통달했기 때문이다."

[해설]

우리 육체를 구성하고 있는 것은 흙·물·불·바람[地水火風]의 네 가지 원소[四大, 四相]다. 여기서 임제는 이 네 가지 원소의 성질을 의문[疑], 사랑[愛], 분노[瞋], 기쁨[喜]의 네 가지 감정의 특성에 대비시켜 입체적으로 설명하고 있다.

그러나 나 자신(본질적인 나)은 절대로 이 네 가지 원소의 증감에 영향을 받지 않는다. 왜냐하면 나 자신은 이 네 가지 원소의 발원지이므로……. 벗이여, 이 사실에 믿음이 가지 않는가? 그렇다면 그대는 지금 이 네 가지 원소에 묶여 있는 것이다. 해탈(解脫, moksa)이란 바로 이 묶임의 상태에서 풀려나는 것이다.

그리고 '동쪽에서 솟았다가 서쪽으로 사라고, 또 물을 땅처럼 밟을 것이며……'라는 본문의 말은 무슨 뜻인가? 본래의 나는 이 네 가지 원소의 증감에 절대로 영향을 받지 않는다는 것을 상징적이며 낭만주의적인 과장법으로 설명하는 것이다.

[원문]

問. 如何是四種無相境이닛고 師云호대 爾一念心疑하면 被地來礙요 爾一念心愛하면 被水來溺이요 爾一念心瞋하면 被火來燒요 爾一念心喜하면 被風來飄니 若能如是辨得하면 不被境轉하야 處處用境이라 東涌西沒하며 南涌北沒하고 中涌邊沒하며 邊涌中沒하나니 履水如地요 履地如水라 緣何如此오 爲達四大如夢 如幻故라

○ 피지래애(被地來礙): 땅이 되어[地來] (그대를) 굳게 한다[被~礙].

○ 피수래익(被水來溺): 물이 되어[水來] (그대를) 적신다[被~溺].

○ 피화래소(被火來燒): 불이 되어[火來] (그대를) 태운다[被~燒].

○ 피풍래표(被風來飄): 바람이 되어[風來] (그대를) 휘날리게 한다[被~
飄]. 여기서의 '來'는 '~이 되게 한다'는 뜻임.

○ 변득(辨得): 분명히 알다.

○ 불피경전(不被境轉): 대상[境]에 끌려가지 않다[不被~轉].

○ 용경(用境): 대상을 내 맘대로 사용하다.

【 12-11 】

[번역]

　"수행자 여러분, 지금 내 설법을 듣고 있는 그대들은 그대의 사
대(四大, 육신)가 아니다. 그대가 이 사대를 사용하고 있는 것이다.
만일 이렇게 안다면 가고 머무는 것[去住]이 자유로울 것이다. 산
승의 견처(見處, 깨달은 곳)에서 본다면 이 세상에서 혐오해야 할
것은 아무것도 없다. 그대 만일 성인(聖人, 佛)을 좋아한다면 '성인'
이란 그것은 단지 성인(聖人)이라는 명칭일 뿐이다. 일반 수행자들
은 오대산에 가서 문수보살을 찾지만 이건 잘못된 것이다. 오대산
에는 문수가 없나니 그대, 문수를 알고자 하는가? 그대 목전용처
(目前用處, 그대 자신의 五感작용과 心識작용)와 시간적으로 시종일관
다르지 않고 공간적으로도 도처에서 의심할 바 없나니 이것(그대

자신)이야말로 살아 있는 문수보살이다. 그대 한 생각 속의 무차별광(無差別光)이야말로 이 모든 곳에서 참된 보현보살이요, 그대 한 생각 속에서 스스로 속박을 풀면 가는 곳마다 해탈을 경험하리니 이것이 바로 관음보살의 삼매법(三昧法)이다. 문수, 보현, 관음이 셋은 서로 주연[主]이 되고 조연[伴]이 되나니, 하나가 나타나면 나머지 둘도 동시에 출현한다. 그러므로 하나는 곧 셋이요, 셋은 곧 하나이니 만일 이렇게 안다면 비로소 경전과 어록을 볼 수 있는 안목이 열렸다고 할 수 있다.

[해설]

나는 이 네 가지 원소[四大, 四相]를 끌고 가는 자다. 내가 이 네 가지 원소를 끌고 가게 되면 이제 이 세상의 그 어떤 것도 나와 대치되는 것은 없다. 내가 혐오해야 할 것은 없다. 왜냐하면 이 모든 것은 나 자신의 그림자이기 때문이다. 지혜로 이 세상을 정복한 성자 문수(文殊)보살도 바로 나 자신이요, 행동력이 뛰어났던 성자 보현(普賢)보살도 나 자신이요, 연민의 마음으로 이 세상을 구제하는 성자 관음(觀音, 觀世音)보살도 바로 나 자신이다. 나 자신의 지혜의 빛이 문수보살로 인격화되고, 나 자신의 행동력이 보현보살로 인격화되고, 나 자신의 연민심이 관음보살로 인격화된 것이다. 그러므로 지혜(문수보살)와 행동력(보현보살)과 연민심(관음보살)은 제각기 분리되어 있는 것이 아니라 그 상황 상황에 따라 나 자신의 본래 마음이 셋인 것처럼 나타나는 것이다. 그래서 임제는 "하나가 곧 셋이요, 셋이 곧 하나"라고 말한 것이다. 수행자라면 마땅히 임제처럼 이런 확신에 차 있어야 한다.

[원문]

道流여 爾秖今聽法者는 不是爾四大니 能用爾四大라 若能如是見
得하면 便乃去住自由라 約山僧見處면 勿嫌底法이라 爾若愛聖하면
聖者聖之名이라 有一般學人이 向五臺山裏求文殊나 早錯了也라 五
臺山無文殊니 爾欲識文殊麼아 秖爾目前用處와 始終不異며 處處
不疑니 此箇是活文殊라 爾一念心 無差別光하면 處處總是眞普賢
이요 爾一念心 自能解縛하면 隨處解脫이니 此是觀音三昧法이라 互
爲主伴하야 出則一時出이라 一卽三 三卽一이니 如是解得하면 始好
看教라

[주(註)]

○ 지금(秖今): 지금 현재.
○ 견득(見得): 알다. 깨닫다.
○ 물혐저법(勿嫌底法): 싫어할 것[嫌底法]은 아무것도 없다[勿].
○ 오대산(五臺山): 중국 산서성에 있는 산. 문수보살의 상주처(常住處)로
  알려져 있다. 청량산(淸凉山)이라고도 한다.
○ 문수(文殊): 문수보살. 지혜가 가장 뛰어난 성자.
○ 보현(普賢): 보현보살. 행원(行願, 실천력과 소망)이 가장 뛰어난 성자.
○ 해박(解縛): 속박을 풀다.
○ 해탈(解脫): 절대 자유를 얻다.
○ 관음삼매법(觀音三昧法): 관세음보살(자비심이 가장 깊은 성자)과 하나가
  되는 방법.

○ 해득(解得): ~을 깨달아 알다.
○ 시호간교(始好看教): 경전과 조사어록을 볼 수 있는 안목이 열렸다.
  • '好': ~하기에 적합하다.

【 13-1 】

[번역]

스승은 대중들에게 말했다.

"지금의 수행자들에게 가장 중요한 것은 자기 자신에 대한 확신을 갖는 것이니 자기 자신 밖에서 찾지 말라. 그대는 저 옛사람의 쓸데없는 말에 매달려서 사(邪)와 정(正)을 구분하지 못하고 있다. 여기 조사와 부처에 대해서 말하고 있지만 그것은 이미 경전에 모두 기록되어 있는 것이다. 그리고 어떤 사람이 공안(公案)을 거론하여 분명하지 않게 말하면 그대는 의문이 생겨 깜짝 놀라서 여기저기로 정신없이 다니며 이를 묻는다. 대장부여, 정치를 논하지 말고 시비를 논하지 말며 재색(財色)을 논하지 말라. 쓸데없는 말을 하면서 나날을 보내지 말라. 산승의 이곳에서는 승(僧)과 속(俗)을 논하지 않나니 여기 오는 모든 이들을 나는 즉시 간파할 수 있다. 그가 어디서 왔더라도 그가 사용하는 것은 모두 말과 언어일 것이니, 이 말과 언어란 몽환(夢幻)과도 같은 것이다."

[해설]

'깨달음이 어떻고 명상이 어떻고……' 운운하는 엉터리들의 말을 믿지 말라. 종교를, 명상을 상품화하여 돈 벌기에 혈안이 된 엉터리들이 도처에서 날뛰고 있다.

벗이여, 어떤 형태로든 조직이나 단체에 끼어들지 말라. 그런 것들은 결국 그대를 타락시킨다. 그대, 샛별처럼 깨어 있고 싶은가? 그렇다면 외롭지만 차라리 홀로 가라. 절대로 패거리를 만들어서는 안 된다.

더불어 교감할 수 있는 벗이 없다면
왕이 정복했던 나라를 버리고 돌아가듯
외롭지만 차라리 홀로 가라.

[원문]

師示衆云호대 如今學道人은 且要自信이니 莫向外覓하라 總上他閑
塵境하야 都不辨邪正이라 秖如 有祖有佛은 皆是教迹中事라 有人
拈起 一句子語하야 或隱顯中出하면 便即疑生하며 照天照地하야
傍家尋問이니 也太忙然이라 大丈夫兒여 莫秖麼 論主論賊하고 論
是論非하며 論色論財하고 論說閑話過日하라 山僧此間은 不論僧俗
이니 但有來者는 盡識得伊라 任伊向甚處出來라도 但有聲名文句니
皆是夢幻이라

○ 총상타한진경(總上他閑塵境): 저 옛사람[他]의 쓸데없는 말에 매달려서. •'總': 강조어, •'上': ~에 걸리다, ~에 매달리다. •閑塵境→閑機境, 閑名句, 쓸데없는 말.

○ 교적중사(教迹中事): 경전의 문구를 논하는 일.

○ 일구자(一句子): 여기에서는 '공안'을 뜻함.

○ 은현중출(隱顯中出): 분명하지 않게 말하다.

○ 조천조지(照天照地): 깜짝 놀라다.

○ 방가(傍家): 옆길. 여기저기. '가(家)'는 어미.

○ 태망연(太忙然): 매우 당황해하다. 몹시 바쁘다.

○ 막지마(莫祇麼): ~하지 말라.

○ 논주논적(論主論賊): 논왕논적(論王論賊). 정치를 논하다.

○ 차간(此間): 여기. 여기에서는.

○ 단유(但有): 모든. 당대(唐代)의 속어. '다만[但] 있다[有]'의 뜻이 아님.

○ 식득(識得): (상대가 누군지) 파악하다.

○ 성명문구(聲名文句): 말과 언어, 문자 언어.

○ 임이향심처출래(任伊向甚處出來): 그[伊]가 어디서[甚處, 어떤 모습으로] 올지라도[任~出來].

【 13-2 】

[번역]

여기 경계를 마음대로 사용하는 사람을 볼지니 이것은 모든 부처의 현지(玄旨)다. 부처의 경계[佛境]는 그 스스로가 '나는 부처의 경계'라고 말하지 않나니 이 무의도인(無依道人)이 부처의 경계를 사용하는 것이다. 어떤 사람이 와서 내게 부처를 구하면 나는 청정경계(淸淨境界)를 나타내 보일 것이다. 누가 내게 보살을 물으면 나는 자비경(慈悲境)을 나타내 보일 것이다. 누가 내게 보리(菩提)를 물으면 나는 정묘경계(淨妙境界)를 나타내 보일 것이다. 누가 내게 열반(涅槃)을 물으면 나는 적정경(寂靜境)을 나타내 보일 것이다. 이처럼 경계는 천차만별이지만 그 경계를 나타내 보이는 사람[無依道人]은 단 한 사람이니 그러므로 상대에 따라 그 모습을 나타내 보이는 것[應物現形]이 마치 물에 비친 달그림자[水中月]와 같다.

[해설]

수행자는 말에 놀아나서는 안 된다. '부처(佛)'라는 말, '보살'이니 '보리(菩提)'니 '열반(涅槃)'이니 하는 이 모든 말들은 길을 가는 그대를 안내하기 위하여 임시로 붙여진 명칭(안내문)에 불과하다. 언어에 끌려가는 머저리가 아니라 언어를 끌고 가는 사람이 되어야 한다. 그리하여 그 어디에도 예속되지 않고 철저하게 독립적인 수행자[無依道人]가 되어야 한다.

그 어디에도 의존하지 않고 철저하게 독립적인 수행자는 객관적인 상황에 끌려가는 것이 아니라 그 상황을 끌고 간다. 이를 임제는 '상황을 자기 것으로 사용하는 사람[乘境底人]'이라고 말했다. 우리가 말하는 부처의 경지[佛境], 보살성자의 경지[菩薩境], 지혜의 경지[菩提境], 열반의 경지[涅槃經] 등은 그런 경지가 정말 독자적으로 존재하는 것이 아니라 그 명칭만이 실체가 없이 거론되

임제록

고 있을 뿐이다. 있다면 여기 '이 모든 상황을 능동적으로 끌고 가는 수행자[乘境底人]'가 있을 뿐이다.

이 수행자가 그때그때의 상황에 따라 부처의 경지인 순수의 극치를 보이기도 하며[淸淨境] 보살성자의 경지인 자비심의 충만함을 보이기도 한다[慈悲境]. 그리고 그 어디에도 오염되지 않는 지혜[菩提]의 경지를 보이기도 하며[淨妙境] 조화의 극치에 이른 저 열반(涅槃)의 경지를 나타내 보이기도 하는 것이다[寂靜境].

이것은 저 하늘의 달이 제각기 다른 물그릇에 마치 여러 개의 달처럼 비치는 이치와 같다. 이처럼 임제는 바로 이 '상황을 끌고 가는 사람[乘境底人]'이므로 그 어떤 역할도 거뜬히 해낼 수 있는 것이다. 아니 임제가 아니라 나 자신이 이렇게 될 수가 있다. 상황을 끌고 갈 수만 있다면, 나 자신에 대한 믿음이 확고할 수만 있다면······.

[원문]

却見乘境底人이니 是諸佛之玄旨라 佛境不能 自稱我是佛境이니 還是這箇無依道人이 乘境出來라 若有人出來하야 問我求佛하면 我即應淸淨境出이라 有人問我菩薩하면 我即應慈悲境出이라 有人問我菩提하면 我即應淨妙境出이라 有人問我涅槃하면 我即應寂靜境出이라 境即萬般差別이나 人即不別이니 所以應物現形이 如水中月이라

[주(註)]

○ 승경저인(乘境底人): 객관적인 상황[境]에 끌려가지 않고 그 상황을

자기 자신이 끌고 가는 사람(주체적인 사람).

○ 문아구불(問我求佛): 나에게서 부처를 구한다면(찾는다면). 여기서 '문 (問)'은 '향(向: ~에게서)'을 뜻하는 속어임.

○ 응~출(應~出): ~으로 나타나다(~을 나타내 보이다).

○ 청정경(清淨境): 본래적으로 순수한 부처의 경지[自性清淨境].

○ 자비경(慈悲境): 자비심으로 충만한 보살성자의 경지.

○ 정묘경(淨妙境): 그 어디에도 오염되지 않는 지혜의 경지[清淨微妙境].

○ 적정경(寂靜境): 조화의 극치에 이른 열반(涅槃, nirvaṇa)의 경지.

【 13-3 】

[번역]

　수행자 여러분, 그대들이 만일 참된 수행자가 되고자 한다면 대장부의 기백이 있어야 한다. 그러나 줏대 없이 남의 말에 놀아 난다면 참된 수행자가 될 수 없다. 저 깨진 그릇에는 제호(醍醐)를 담을 수 없나니 그릇이 큰 수행자에게 가장 중요한 것은 사람들에게 미혹되지 않는 것이다. 어디서든 주체성을 잃지만 않는다면 그대 있는 바로 그곳이 본질(眞)이다. 나를 찾아오는 사람들에게 나는 절대로 미혹되지 않는다. 그대의 한 생각 속에 의문이 일어나면 그 즉시 마구니[魔]가 그대 마음속으로 들어온다. 저 보살이 의문을 품을 때 생사의 마구니[生死魔]가 그 틈을 타서 들어온다. 그러므로 생각을 쉬고 밖에서 찾지 말며 상대가 오면 즉시 간파해야 한다. 그대는 지금 사용하고 있는 바로 그대 자신에 대한 확신을 가져야 하나니 이것 이외에는 어떤 것도 중요하지 않다. 그대의 한 생각에서 삼계가 일어나 인연을 따르고 경계에 붙들려서 육진(六塵)으로 나눠졌나니 그대가 지금 사용하고 있는 것(그대 자신)에 도대체 뭣이 부족하단 말인가. 한 순간에 청정한 세계에도 들어가고 더러운 곳에도 들어가며 미륵의 누각에도 들어가고 삼안국토(三眼國土)에도 들어가는 등 이 모든 곳에서 노닐지만 이 모든 경계는 실체가 없으므로 헛된 명칭[空名, 헛된 모습]만이 있을 뿐이다.

[해설]

지금 여기서 내가 보고 듣는 이것(나 자신) 이외의 모든 것은 오직 문자 언어의 개념을 통해서만 알 수 있다. 그러므로 이 우주의 창조와 파괴는 나의 이 한 생각 속에서 비롯된다. 나의 이 한 생각은 동시에 그대의 한 생각이요, 모든 존재들의 한 생각이다.

그리고 청정함[淨]과 더러움[穢], 깨달음의 세계[彌勒樓閣]와 부처의 거주영역[三眼國土, 三身國土]은 객관적으로 실재하는 것이 아니라 오직 문자 언어의 개념을 통해서만 나타나는 것이다. "그대들의 한 생각이 이 세상을 만들어서~ 육진으로 나눠지는 것이다[爾一念心生三界~分爲六塵]"라는 본문의 말은 무슨 뜻인가. 이 세상[三界]과 여섯 가지 객관현상[六塵]은 이 마음에서 비롯된 마음의 그림자에 지나지 않는다는 뜻이다. 이에 대해서 좀 더 체계적으로 알고 싶으면 불교심층심리학[唯識論, 또는 唯識學] 계통의 책을 보기 바란다. 최근 국내에서도 몇 권의 연구서와 번역서가 나와 있

다. 아니면『불교학개론』가운데 '유식연기설(唯識緣起說)' 항목을
참고하기 바란다.

[원문]

道流여 爾若欲得如法인댄 直須是大丈夫兒始得이니라 若萎萎隨隨
地하면 則不得也라 夫如甕嗄之器는 不堪貯醍醐니 如大器者는 直
要不受人惑하나니 隨處作主면 立處皆眞이라 但有來者를 皆不得受
라 爾一念疑하면 卽魔入心이니 如菩薩疑時에 生死魔得便이라 但
能息念하고 更莫外求니 物來則照하라 爾但信現今用底니 一箇事也
無라 爾一念心生三界하야 隨緣被境하야 分爲六塵이라 儞如今 應
用處에 欠少什麼오 一刹那間에 便入淨入穢하고 入彌勒樓閣하며
入三眼國土하나니 處處遊履나 唯見空名이라

[주(註)]

○ 여법(如法): 법도가 있는 수행자. 참된 수행자.

○ 직수~시득(直須~始得): ~하지 않으면 안 된다.

○ 위위수수지(萎萎隨隨地): 줏대 없이 남의 말에 놀아나다. '지(地)'는 어
  미.

○ 사사지기(甕嗄之器) : 깨진 그릇.

○ 불감저(不堪貯): 저장하지 못하다.

○ 제호(醍醐): ① 유제품(乳製品) 가운데 최상급. ② 아주 질이 좋은 술.

○ 대기자(大器者): 그릇이 큰 수행자.

○ 직요(直要): 무엇보다 중요한 것은.

○ 단유래자(但有來者): (밖에서) 오는 모든 것.

○ 득편(得便): 득편의[~宜]. 기회를 얻다.

○ 물래즉조(物來則照): 물(物, 사물이나 존재)이 오면 즉시 간파하다.

○ 일개사야무(一箇事也無): 하나의 일도 없다. 아무 일도 없다.

○ 육진(六塵): 오관(五官)과 의식에 상대되는 여섯 객관 현상. ① 색(色): 색깔과 형태 ② 성(聲): 소리 ③ 향(香): 냄새 ④ 미(味): 맛 ⑤ 촉(觸): 촉감의 세계 ⑥ 법(法): 의식(意識)의 대상이 되는 것들. 즉 모든 문자 언어의 개념들.

○ 여금(如今): 지금.

○ 흠소십마(欠少什麼): 무엇이 부족한가?

○ 삼안국토(三眼國土): 삼신국토(三身國土). 삼신(三身: 法身, 報身, 化身)이 거주한다는 가상적인 영역[國土].

○ 공명(空名): 공허한 이름. 실체가 없는 이름.

【 13-4 】

[번역]

문: "어떤 것이 삼안국토(三眼國土, 三身國土)입니까?"

스승이 말했다. "나는 그대들과 함께 정묘국토(淨妙國土)에 들어가서 청정의(淸淨衣)를 입고 법신불(法身佛)에 대해서 말한다. 또 무차별국토(無差別國土)에 들어가서 무차별의(無差別衣)를 입고 보신불(報身佛)에 대해서 말한다. 또 해탈국토에 들어가서 광명의(光明衣)를 입고 화신불(化身佛)에 대해서 말한다. 이 삼안국토는 모두 가변적인 것[依變]이다.

그러나 경론을 연구하는 학자들의 입장에서 본다면 법신은 근본[体]이요, 보신과 화신은 그 작용[用]에 지나지 않는다. 그렇다면 산승의 입장은 어떤가. 법신은 입이 없기 때문에 설법을 할 줄 모른다. 그러므로 옛사람은 이렇게 말했다. '신(身, 三身)이란 불교 교리에 입각해서[依義] 임시로 붙여진 호칭[立]이요, 삼신국토(土)란 (三身이라는) 본체에 근거해서(據体) 논해진 것(論)이다' 그러므로 법성신(법신)과 법성토(법신토)는 임시로 설정된 것이며 가변적인 영역[依通國土]이라는 것을 알 수 있다. 이는 빈주먹을 들고 무엇인가 있는 것같이 보여 주기도 하며 누런 나뭇잎을 황금이라고 속여 우는 어린 아기를 달래는 것이다. 저 마름의 가시와 깡마른 뼈다귀에서 무슨 액즙을 찾고 있는가? 마음 이외에는 사물(과 존재)이 없으며 마음 안에서도 또한 얻을 수 없나니 그대는 지금 무엇을 찾고 있는가?"

[해설]

이 모든 형상과 소리는 이 마음에서 비롯되었다.

'마음 이외에 마음을 벗어나는 것은 아무것도 없다.' 이 마음은 찾아보면 흔적도 없지만 그러나 '지금 여기'에서 내 오관을 통하여 보고 듣고 냄새를 맡고 맛을 보고 촉감을 느끼고 있다. 생각의 발원지는 마음이요, 마음이 출렁이면(움직이면) 생각이 되고 감정이 된다. 그리고 우리가 사용하고 있는 이 모든 언어와 말은 생각과 감정에서 비롯되었다.

벗이여, 이처럼 분명한 말씀이 또 어디 있는가. 이제 더 이상 문전걸식을 하지 말자. 위빠사나의 거장인 고엥카의 말처럼 '이제 더 이상 개념의 유희를, 철학적인 게임을 하지 말자.'

[원문]

問. 如何是三眼國土닛고 師云호대 我共儞入淨妙國土中에 著淸淨衣하고 說法身佛이라 又入無差別國土中에 著無差別衣하고 說報身佛이라 又入解脫國土中에 著光明衣하고 說化身佛이라 此三眼國土는 皆是依變이라 約經論家면 取法身爲根本이며 報化二身爲用이라 山僧見處는 法身即不解說法이라 所以古人云호대 身依義立하고 土據體論이니 法性身 法性土는 明知是建立之法이니 依通國土라 空拳黃葉으로 用誑小兒라 蒺藜夌刺와 枯骨上 覓什麽汁고 心外無法이며 內亦不可得이니 求什麽物고

[주(註)]

○ 정묘국토(淨妙國土): 청정무구한 본성의 경지[自性淸淨境].

○ 법신불(法身佛): 절대불멸의 진리 그 자체를 인격화한 것.

○ 무차별국토(無差別國土): 청정함과 더러움 속에서 이 둘의 차별을 넘어선 경지.

○ 보신불(報身佛): 법신불의 능력을 최대로 활성화한 것.

○ 해탈국토(解脫國土): 해탈의 경지에 머물면서 동시에 방편의 영역에 머무는 것.

○ 화신불(化身佛): 법신불이 구체적인 한 인간의 모습(석가모니불)으로 이 세상에 태어난 것.

○ 의변(依變): 상대방의 입장이나 상황에 따라 수시로 변하는 것[變].

즉, 옷을 갈아입는 것과 같은 것.

○ 약(約): ~의 입장에서는.

○ 경론가(經論家): 경전을 공부하는 불교학자들.

○ 신의의립(身依義立): '삼신(三身)이란 불교교리[義]에 따라[依] 임시적
으로 설정된[立] 이름'이라는 뜻.

○ 토거체론(土據體論): '삼신의 국토[土]는 삼신이라는 그 본체[体]에 의
거해서[據] 논한 것[論]'이라는 뜻.

○ 법성신(法性身): 법신.

○ 법성토(法性土): 법신이 거주하는 국토. 그러나 법신은 무형(無形)적인
존재이므로 그가 거주하는 국토가 있을 리 없다. 그렇다면 법성토란
무엇인가? 법성신(법신), 그 자체를 국토라는 입장에서 본 것이다.

○ 의통국토(依通國土): 어떤 개념에 의해서 임시(임시방편)로 세워진 국
토.

○ 공권황엽 용광소아(空拳黃葉 用誑小兒): 빈주먹을 들고 무엇인가 있는
것같이 보여 주기도 하며 누런 나뭇잎을 황금이라고 속여 우는 아이
를 달래는 것. 즉 '임시방편을 베푸는 것.'

○ 용광(用誑): 속이다.

○ 질려릉자(蒺藜夌刺): 질려와 마름나무. 이 둘은 단단하고 물기가 없는
일년생 식물로서 가시가 억세다.

○ 심외무법(心外無法): '이 모든 존재와 현상[法]은 이 마음의 확장(객관
화)에 지나지 않는다'는 뜻. 그래서 '이 모든 존재는 마음에서 비롯됐
다[一切唯心造]'는 말(『화엄경』)이 나온 것이다. 이 부분에 대해서 좀
더 깊이 알고자 한다면 역시 불교심층 심리학인 '유식론(唯識論)' 관
계 서적들을 보기 바란다.

【 13-5 】

[번역]

"그대는 여기저기서 수행과 깨달음에 대해서 말한다. 그러나 착각하지 말라. 설사 수행할 것이 있다 하더라도 그것은 모두 생사윤회의 업(業)일 뿐이다. 그대는 말하길 '육도만행(六度萬行)을 골고루 닦아야 한다'고 하나 내가 보기엔 그것은 모두 업 짓는 일이다. 부처가 되려 하고 불법을 공부하는 것도 지옥의 업을 짓는 일이요, 보살(성자)이 되려는 것도 역시 업 짓는 일이요, 경전을 익히고 교학(敎學)을 공부하는 것도 업을 짓는 일이다. 그러나 부처와 조사는 무사인(無事人, 업 짓는 일을 하지 않는 사람)이다. 그러므로 부처와 조사에게 있어서는 유루유위(有漏有爲)와 무루무위(無漏無爲)가 모두 청정업(淸淨業)이 된다. 여기 바보 머저리 같은 수행자들이 있어 배부르게 밥을 먹고는 좌선수행을 하며 생각을 단단히 붙들고 더 이상 일어나지 못하게 하며 시끄러운 것을 싫어하고 고요함만 찾나니 이것은 이교도의 수행법이다. 그래서 조사[하택신회(荷澤神會)]는 이렇게 말했다. '그대 만일 마음을 한 곳에 머물게 하여 고요함을 보고[住心看靜], 마음을 움직여 밖을 관찰하며[擧心外照], 마음을 거둬들여 안으로 가라앉히며[攝心內澄], 마음을 모아 선정에 든다면[凝心入定] 이런 것들은 모두 인위조작이다.'

그대, 지금 이렇게 내 법문을 듣고 있는 사람인 그대 자신을 어떻게 수행을 시키며 깨닫게 하며 치장을 할 수 있겠는가. 그(그대 자신)는 수행해서 얻을 수 있는 존재가 아니며 치장을 해서 얻을 수 있는 존재도 아니다. 그러나 반대로 그로 하여금 이 모든 존재를 장식하도록 하면 이 모든 존재는 아주 멋진 모습으로 분장을 하고 나타날 것이다. 그러므로 그대는 착각하지 말아야 한다.

[해설]

이 얼마나 무서운 말인가? '부처가 되고자 하는 것도, 경전 공부를 하는 것도, 심지어는 좌선을 하는 그것마저도 지옥에 갈 업을 짓는 일'이라니…….

어느 종교의 어떤 경전에도 이런 말은 없다. 이토록 무서운 말은 없다. 얻을 것도 깨달을 것도 없는 이 절대고독 위에서 별처럼 반짝이고 있는 것, 그것은 바로 이 글을 읽고 있는 그대 자신이요, 이 글을 쓰고 있는 나 자신이다.

[원문]

爾諸方言道호대 有修有證이라하나니 莫錯하라 設有修得者라도 皆是生死業이라 爾言호대 六度萬行齊修라하나 我見皆是造業이라 求佛求法도 卽是造地獄業이요 求菩薩도 亦是造業이요 看經看教도 亦是造業이라 佛與祖師는 是無事人이니 所以有漏有爲와 無漏無爲도 爲淸淨業이라 有一般瞎禿子하야 飽喫飯了하고 便坐禪觀行하며 把捉念漏不令放起하고 厭喧求靜하나니 是外道法이라 祖師云호대 爾若住心看靜하고 舉心外照하며 攝心內澄하고 凝心入定하나니 如是之流는 皆是造作이라 是爾如今 與麼聽法底人을 作麼生 擬修他證他 莊嚴他리요 渠且不是修底物이며 不是莊嚴得底物이니 若教

他莊嚴하면 一切物即莊嚴得하나니 爾且莫錯하라

[주(註)]

○ 제방언도(諸方言道): 이곳저곳[諸方]에서 말하길[言道].

○ 설유(設有): ~이 있다 할지라도.

○ 육도만행(六度萬行): 육도(六度, 보시·지계·인욕·정진·선정·지혜)와 그 밖의 다양한 수행[萬行].

○ 무사인(無事人): 순리에 맞게 살아가는 사람.

○ 유루유위(有漏有爲): 번뇌 망상과 조작이 있는 행위.

○ 무루무위(無漏無爲): 청정하고 조작이 없는(순리에 맞는) 행위.

○ 청정업(淸淨業): 업(業)의 흔적을 남기지 않는 불조(佛祖)의 삶.

○ 할독자(瞎禿子): 바보 머저리 수행자.

○ 좌선관행(坐禪觀行): 좌선수행.

○ 염루(念漏): 번뇌 망상.

○ 외도법(外道法): 이교도의 수행법.

○ 여마(與麼): 이와 같이.

○ 작마생(作麼生): 어떻게?

○ 의(擬): ~하려고 하다.

○ 장엄(莊嚴): 장중하게 꾸미다. 화려하게 치장하다.

【 13-6 】

[번역]

"수행자 여러분, 그대들은 이 눈먼 노장들의 말을 '참된 도'라 하며 '부사의한 선지식의 법문'이라고 한다. '내 좁은 범부의 마음으로 저 노스님들의 말씀을 감히 헤아릴 수 없다.'고 한다. 눈먼 놈들, 그대들은 일생 동안 고작 이런 정도의 견해를 가지고 그대 자신의 바른 안목[一雙眼]을 등져 버렸단 말인가. 겁에 질려 있는 것이 마치 꽁꽁 얼어붙은 능선 위를 가는 당나귀와 같구나. 그대는 말하길 '나는 선지식을 비난할 수 없나니 구업(口業)을 지을까 두렵다.'고 한다.

수행자 여러분, 대선지식이라야만 비로소 부처와 조사를 비판할 수 있나니 천하의 스승들을 비판하고 삼장교(三藏敎)를 배척하며 저 어린애 같은 불교학자들을 욕할 수 있다. 나는 역(逆)과 순(順)의 양쪽에서 갖은 방법을 써서 오랫동안 진정한 수행자를 찾았으나 단 한 사람도 만날 수 없었다. 줏대 없이 남의 말에 끌려 다니는 수행자들은 절에서 쫓겨나 밥 먹을 데가 없을까 두려워하며 불안해하고 있다. 그러나 자고로 눈 밝은 선배들은 도처에서 사람들이 그의 말을 믿지 않았나니 절에서 쫓겨나야만 비로소 그가 귀한 존재라는 걸 알 수 있다. 그러나 만일 도처에서 사람들이 모두 그의 말을 인정해 준다면 도대체 무슨 쓸모가 있겠는가. 그러므로 옛사람은 '사자의 울음소리에 승냥이의 머리가 박살이 난다.'고 했던 것이다."

[해설]

권위에 기죽지 말라. 소위 성직자라는 사람들의 말에 놀아나지 말라. 위선에 찬 그들의 말을 믿고 그 소중한 삶을 낭비하지 말라.

벗이여, 사람들의 비난을 두려워 말라. 그들이 앞서가는 그대를 이해하지 못한다고 비탄해 하지 말라. 자고로 깨어 있는 사람 치고 비난을 받지 않은 사람은 없었다. 돌팔매를 맞지 않은 사람은 없었다. 이 비난과 수모의 한 가운데를 두 눈 똑바로 뜨고 지나가야 한다.

벗이여, 두려워 말라. 쫓겨나는 것을 두려워 말라. 무리 속에서 비굴하고 배부르게 살아가는 것보다는 차라리 허기진 파가니니로 떠도는 것이 낫다. 늙어서 떠돌이가 되어 검(劍) 대신 바이올린 하나만을 옆에 끼고 고향인 이탈리아의 제네바로 가다가 니스에서 목숨을 거둔 파가니니가 되자. 당시 사람들은 그의 바이올린 연주를 듣고 그를 틀림없는 악마라고 생각했다. 왜냐하면 악마가 아니면 그렇게 절묘하게 바이올린을 켤 수가 없기 때문이다. 그래서 니스 교회는 그의 시체가 묻힐 자리를 내 주지 않았다(당시에도 모든 묘지 터는 교회부지였다). 그래서 파가니니의 시체는 그대로 1년 반 동안이나 길가에 방치되어 있었다. 몇 백 년 뒤에 이 사실을 안 어떤 음악 해설가는 이렇게 탄식했다. '파가니니의 죽음은 몇 세기를 앞서간 한 천재의 고독하고 장렬한 죽음이다.'

[원문]

道流여 爾取這一般老師 口裏語하야 爲是眞道며 是善知識不思議라 我是凡夫心으로 不敢測度他老宿이라하나니 瞎屢生이여 爾一生秖作這箇見解하야 辜負這一雙眼이라 冷噤噤地하야 如凍凌上驢駒相似라 我不敢毀善知識이니 怕生口業이라 道流여 夫大善知識이라야

始敢毀佛毀祖니 是非天下하고 排斥三藏教하며 罵辱諸小兒라 向逆順中覓人하야 所以我於十二年中에 求一箇業性이나 如芥子許 不可得이라 若似新婦子禪師는 便即怕趁出院하고 不與飯喫하야 不安不樂이라 自古先輩는 到處人不信이니 被趁出始知是貴라 若到處 人盡肯하면 堪作什麼오 所以師子一吼에 野干腦裂이라 하니라

[주(註)]

○ 불감측탁(不敢測度): 헤아리지(추측하지) 못하다.

○ 노숙(老宿): 존숙(尊宿), 장로(長老), 덕망 있는 나이 든 스님.

○ 할루생(瞎屢生): 눈먼 바보 천치. '생(生)'은 어미.

○ 고부(辜負): 등지다.

○ 일쌍안(一雙眼): 본래부터 갖춰진 지혜의 눈.

○ 냉금금지(冷噤噤地): (겁에 질려) 떠는 모양. 지(地)는 어미.

○ 여~ 상사(如~相似): ~와 같다.

○ 동릉상려구(凍凌上驢駒): 언 땅 위를 조심스럽게 걷고 있는 당나귀. 머뭇거리는 모습.

○ 불감훼(不敢毀): 비난하지 않다.

○ 구업(口業): 말을 함부로 해서 짓는 죄.

○ 삼장교(三藏教): 삼장(~十二分教). 불교의 가르침 전체.

○ 제소아(諸小兒): 어린애 같은 불교학자들.

○ 향역순중멱인(向逆順中覓人): 역경계와 순경계 속에서 사람(진정한 구도자)을 찾다.

○ 십이년중(十二年中): 여기에서는 '긴 시간'을 말함.

○ 일개업성(一箇業性): 일개업체(~体). 한 사람의 진정한 수행자. 업성(業性)은 '진정한 수행자'를 지칭하는 임제식 호칭인 듯하다.

○ 여개자허불가득(如芥子許不可得): 개자(芥子)씨만큼[許]도 얻을 수 없다[不可得]. 진정한 수행자를 전혀 만날 수 없었다.

○ 약사(若似): 如~相似. ~와 같다.

○ 신부자선사(新婦子禪師): 갓 시집을 온 새댁[新婦子]이 어른들의 눈치를 살피고 신랑의 비위를 맞추듯 '줏대 없이 남의 말에 끌려 다니는 수행자'를 가리킴.

○ 피진출(被趁出): 쫓겨나다.

○ 감작십마(堪作什麼): 무슨 쓸모가 있는가?

○ 사자(師子): 사자(獅~).

○ 야간(野干): 들여우. 승냥이의 한 종류.

【 13-7 】

[번역]

　수행자 여러분, 제방에서 말하길 '수행해야 할 도가 있으며 증득해야 할 법이 있다.'고 한다. 그렇다면 자 그대가 어디 한번 말해 보라. 무슨 법을 증득하며 무슨 도를 닦아야 한단 말인가.

　그대가 지금 사용하고 있는 곳[用處, 보기도 하고 듣기도 하는 바로 그곳]에 무엇이 부족하며 또 어느 곳을 보수해야 한단 말인가. 늦깎이 신참 수행자들은 잘 알지 못하기 때문에 이런 들여우같이 요망한 것들의 말을 믿나니 저들은 그럴듯한 말로 사람들을 묶어 놓고는 이렇게 지껄인다. '이치와 수행이 일치하고 신구의(身口意) 삼업(三業)을 조심해야만 비로소 성불할 수 있다.' 이런 식으로 말하는 자들이 마치 가느다란 봄비처럼 무수히 많다. 옛사람은 말하길 '길에서 도에 통달한 사람을 만나면 절대로 도에 대해서 말하지 말라.'고 했나니 이 때문에 다음과 같은 말이 있게 된 것이다. '만일 도를 닦는다면 도는 나타나지 않고 오만 가지 삿된 경계가 다투어 일어난다. 그러나 지혜의 검이 나오자 단 한 물건도 없나니 상대차별의 세계[明頭]가 나타나기도 전에 절대평등의 세계[暗頭]가 드러난다.' 그래서 옛사람[마조도일(馬祖道一)]은 '평상시의 마음이 도(道)'라고 했던 것이다.

[해설]

  닦아야 할 도(道)도 없고 증득해야 할 법(法, 佛法)도 없다면 수행하는 목적이 무엇인가? '닦아야 할 도도 없고, 증득해야 할 법도 없다.'는 이 사실을 철저하게 확신하기 위해서이다. 벗이여, '지금 여기' 내 말을 듣고 있는 바로 그대 자신이면 그것으로 충분하다. 더 이상 보탤 것도 덜어낼 것도 없다……. 그러나 이를 확신하기 위하여 우리는 얼마나 많은 시행착오를 경험해야 하는가. 우리의 본성은 인위적인 노력(수행)을 통해서 나타나는 것이 아니다. 그렇다면 그냥 이대로 가만히 있으면 나타나는가. 그것은 더더욱 아니다. 왜냐하면 '아무런 노력도 하지 않고 가만히 있는 것' 역시 의도적이기 때문이다. 흘러야 한다. 물처럼, 바람처럼 흘러야 한다. 붙잡지 말아야 한다. 명예와 지식마저도 미련 없이 놓아 버려야 한다.

[원문]

道流여 諸方說호대 有道可修며 有法可證이라 爾說하라 證何法이며 修何道오 爾今用處에 欠少什麽物이며 修補何處오 後生 小阿師不會하야 便即信 這般野狐精魅하나니 許他說事하야 繫縛他人하야 言道호대 理行相應하고 護惜三業하야 始得成佛이라 如此說者는 如春細雨라 古人云호대 路逢達道人하면 第一莫向道라 하니라 所以言호대 若人修道 道不行이요 萬般邪境競頭生이라 智劍出來 無一物이니 明頭未顯 暗頭明이라 하니라 所以古人云호대 平常心是道라 하니라

[주(註)]

○ 후생소옥사(後生小阿師): 신참내기 수행자.

○ 저반(這般): 이런, 이 같은.

○ 야호정매(野狐精魅): 들여우 같은 엉터리 선승들.

○ 설사(說事): 그럴듯한 설법.

○ 언도(言道): ~을 말하다.

○ 이행상응(理行相應): 이치[理]와 수행[行]이 서로 일치하다.

○ 시득(始得): 須始~始得. 비로소 ~할 수 있다.

○ 여춘세우(如春細雨): 가는 봄비처럼 많다. 무수히 많다.

○ 달도인(達道人): 도를 통한 사람.

○ 제일(第一): 여기에서는 '절대로'의 뜻.

○ 막향도(莫向道): 도(道)에 대해서 말하지 말라.

○ 만반(萬般): 오만 가지.

○ 경두생(競頭生): 다투어 나타나다.

○ 명두(明頭): 상대차별의 세계. '두(頭)'는 어미.

○ 암두(暗頭): 절대평등의 세계. '두(頭)'는 어미.

【 13-8 】

[번역]

"대덕 여러분, 무슨 물건을 찾고 있는가? 지금 내 눈앞에서 법문을 듣고 있는 그대들은 무의도인(無依道人, 그대 자신)이 분명해서 부족한 것이 전혀 없다. 그대 만일 조불(祖佛)과 같이 되고자 한다면 이렇게 보고[如是見, 이런 식으로 통찰해 보고] 더 이상 머뭇거리지 말라. 그대의 심심불이(心心不異)가 바로 살아 있는 조사[活祖]이니 이 마음[心]에 만일 다름이 있으면 성상(性相)이 달라진다. 그러나 이 마음[心性]이 심상(心相)과 다르지 않기 때문에 성과 상은 다름이 없는 것이다."

[해설]

찾지 말라. 그대 자신을 놔두고 밖에서 찾지 말라. 그리하여 생각의 흐름에 이물질(번뇌, 거품현상)이 끼어들지 못하게 하라. 마음의 본질[心性, 体]과 작용[心識, 用]이 분리되지 않게 하라[心心不異]. 이것이 바로 부처의 경지요, 조사의 경지다.

[원문]

大德이여 覓什麼物고 現今目前 聽法無依道人이 歷歷地 分明하야 未曾欠少라 爾若欲得 與祖佛不別이면 但如是見하고 不用疑誤하라 爾心心不異가 名之活祖라 心若有異면 則性相別이라 心不異故로 即性與相不別이라

○ 역력지(歷歷地): 역력하다. '지(地)'는 어미.

○ 의오(疑誤): 의심이 나서 머뭇거리다.

○ 심심불리(心心不異): 마음의 본체[心性, 性]와 작용[心識, 相想]이 하나
  인 상태.

○ 성상(性相): '성(性)'=심성(心性, 마음의 본체, 불변적인 측면), '상(相)'=심식
  (心識, 마음의 작용, 가변적인 측면).

【 13-9 】

[번역]

문: "어떤 것이 심심불리처(心心不異處)입니까?"

스승이 말했다.

"그대가 묻는 순간 이미 마음의 본체와 작용은 달라져 버렸다.
왜냐하면 여기 성(性, 心性, 마음의 본체)과 상(相, 心相, 마음의 작용)
으로 제각각 나눠져 버렸기 때문이다.

수행자 여러분, 착각하지 말라. 세간과 출세간의 모든 존재는
본성으로서의 자성(自性)이 없으며 또한 태어남으로써의 생상(生
相)도 없다. 여기 있는 것은 다만 헛된 명칭일 뿐이니 명칭 또한 실
재하지 않는 것이다. 그대는 저 실체 없는 거짓 명칭을 실재라고
알고 있나니 이것은 큰 잘못이다. 설사 무엇인가 있다 하더라도
그것들은 모두 가변적인 경계일 뿐이다. 여기 보리라는 옷[菩提依
(衣)]이 있으며, 열반이라는 옷[涅槃衣]이 있으며, 해탈이라는 옷

[解脱衣]이 있으며, 삼신이라는 옷[三身衣]이 있으며, 경지라는 옷 [境智衣]이 있으며, 보살이라는 옷[菩薩衣]이 있으며, 부처라는 옷 [佛衣]이 있다. 그대는 이 가변적인 곳에서 무엇을 찾고 있는가?

저 삼승 십이분교(불경 전체)는 모두 대변을 닦은 휴지 조각일 뿐이다. 부처는 환화신(幻化身)이요, 조사는 늙은 비구다. 그대는 그대 어머니에게서 태어나지 않았는가. 그대, 만일 부처를 구한다 면 그 즉시 '부처라는 마구니[佛魔]'에게 포섭될 것이요, 조사가 되 고자 한다면 '조사라는 마구니[祖魔]'에게 붙잡힐 것이다. 이처럼 구하는 것이 있으면 그것은 모두 고통이 되나니 인위조작이 없음 만 같지 못하다."

[해설]

몇 해 전에 꽤 유명한 외국계 모회사의 방한복을 샀다. 입는 순 간 착용감이 좋고 디자인이 마음에 들어 벗을 생각이 나지 않았 다. 그래서 '한 번 입어나 보라'는 점원 아가씨의 말에 그대로 걸려 들고야 말았다. 옷값도 만만치가 않았다……. 그런데 5년이 지나 자 방수 처리한 옷감 안쪽의 코팅이 벗겨져서 하얀 가루가 되어 쏟아지기 시작했다. 겉은 멀쩡한 옷이 도저히 입을 수 없게 되었 다. 수선도 불가능하다는 것이다. 그래서 그만 눈물을 머금고 버 리고야 말았다. '그동안 잘 입었다. 고맙다. 잘 가라.'는 작별인사와 함께.

깨달음, 부처, 열반, 해탈. 이런 말들은 더없이 성스럽고 귀중한 말들이다. 수행자들은 이런 단어를 위해서, 이런 단어 속에 들어 있는 의미를 알기 위해서 일생을 바치고 있다. 그러나 낡은 방한 복을 버리듯 마침내는 이런 말들마저 버려야 한다. 왜냐하면 이 모든 것은 옷(가변적인 것)에 불과하기 때문이다. 깨달음이라는 옷, 부처라는 옷, 열반이라는 옷, 해탈이라는 옷에 지나지 않기 때문 이다. 부처가 되고자 하는 순간 부처는 마구니(악마)가 된다. 왜냐 하면 '부처'라는 이 장애물이 그대 앞을 가로막고 있어서 더 이상 의 진전이 어렵기 때문이다. 그대 도인이 되고자 하는가? 그렇다 면 '도인'이라는 이 단어가 그대 앞을 막아 버릴 것이다. 버려라. 부처도 버리고 도인에 대한 환상도 버려라. 버려라. 그대 자신마저 버려라. '그렇다면 나는 어떻게 되는 거지?'라는 불안감마저 과감 하게 버려야 한다. 그러나 버린다는 것은 정말 고통스럽고 어려운 일이다.

[원문]

問. 如何是 心心不異處닛고 師云호대 爾擬問 早異了也니 性相各分 이라 道流여 莫錯하라 世出世諸法은 皆無自性이며 亦無生性이라 但 有空名이며 名字亦空이라 爾秖麼 認他閑名爲實하나니 大錯了也라 設有라도 皆是依變之境이라 有箇菩提依며 涅槃依며 解脫依며 三 身依며 境智依며 菩薩依며 佛依라 爾向依變國土中에 覓什麼物고 乃至三乘十二分教는 皆是拭不淨故紙라 佛是幻化身이요 祖是老 比丘라 爾還是娘生已否아 爾若求佛하면 卽被佛魔攝이요 爾若求 祖하면 卽被祖魔縛이라 爾若有求皆苦니 不如無事라

[주(註)]

○ 의문(擬問): ~라고 묻는 순간.

○ 세출세제법(世出世諸法): 세간(世間, 상대적인 차원)과 출세간(出~, 절대적인 차원)의 모든 존재들.

○ 자성(自性): 고정 불변하는 성질.

○ 공명(空名): 헛된 이름.

○ 생성(生性): 태어나는(生起하는) 성질

○ 단유(但有): 여기서의 '단유(但有)'는 속어로 '모든'의 뜻이 아니라 '다만~이 있다'는 뜻임.

○ 지마(祇麼): 오직.

○ 한명(閑名): 실체가 없는 거짓 이름.

○ 의변(依變): 의변(衣變). 옷을 번갈아 바꿔 입듯 변하는 것. 가변적인 것. 임시방편.

○ 유개(有箇): 이[箇] ~이 있다. 그러나 굳이 해석할 필요는 없다.

○ 보리의(菩提依): 보리의(~衣). '보리'라는 옷. '보리'라는 경계.

○ 경지(境智): 객관 대상[境]과 대상을 인식하는 주관적인 지혜 작용[智, 인식력].

○ 의변국토(依變國土): 의변국토(衣~). 가변적인 영역. 인연화합으로 인하여 잠시 동안 생겨난 국토(영역).

○ 식부정고지(拭不淨故紙): 대변을 닦는[拭不淨] 화장지[故紙].

○ 환~이비(還~己否): 환~이(~否, ~不), 환~야부(~也不), 반문의 뜻을 나타낼 때 쓰는 말. ~이 아닌가?

○ 낭생(娘生): 어머니[娘]에게서 태어나다[生]. 완벽하게 태어나다.

【 13-10 】

[번역]

　"여기 무지한 독비구(禿比丘)들이 있어 수행자들에게 이렇게 말한다. '부처란 우리의 궁극적인 목표이니 3대 아승지겁 동안 수행 공덕을 쌓은 결과가 성취되어 비로소 성도(成道, 成佛)할 수 있었다.'

　수행자 여러분, 그대들이 만일 '부처(佛)란 우리의 궁극적인 목표'라고 한다면 부처는 무엇 때문에 태어나서 80년 후에 구시라성 사라쌍수 사이에서 오른쪽으로 누워 죽었는가? 부처는 지금 어느 곳에 있는가? 부처도 우리의 생사와 다르지 않다는 것을[與我生死不別, 우리처럼 태어나고 죽는다는 것을] 분명히 알아야 한다. 그대들이 말하길 '32상과 80종호가 부처'라고 한다. 그렇다면 저 전륜성왕(轉輪聖王)도 부처일 것이니 이것(32상 80종호)은 환화(幻化)임을 분명히 알아야 한다. 그렇기에 옛사람은 이렇게 말했다.

　'부처의 전신상(全身相, 擧身相)은 세상의 인정에 순응하고자 임시로 설정된 것이니 사람들이 단견(斷見, 허무주의)을 가질까 염려스러워 임시방편으로 거짓 명칭을 만든 것이다. 그러므로 32상과 80종호는 헛된 말이다. 형체가 있는 것은 각체(覺体, 부처)가 아니니 형체 없는 것[無相]이야말로 부처의 진정한 모습[眞形]이다.'"

[해설]

　여기 무수한 불상(佛像)들이 있다. 서 있는 모습에서 앉아 있는 모습에 이르기까지. 그러나 이런 형상들은 무형(無形)의 부처에 이르기 위한 우리의 염원이 형상화되었다고 보아야 한다. 그런데 여기에 무조건 복을 빌고 수명장수를 빌어서야 되겠는가. 물론 이런 기복행위는 나약한 인간의 소박한 바람이라고 봐줄 수는 있다. 그러나 이것(기복신앙)이 불교의 전체인 양 혹세무민해서는 안 된다. 진정한 수행자라면 마땅히 이런 행위를 부끄러워할 줄 알아야 한다.

[원문]

有一般禿比丘하야 向學人道호대 佛是究竟이니 於三大阿僧祇劫에 修行果滿하야 方始成道라 하나니라 道流여 爾若道호대 佛是究竟이면 緣什麼八十年後에 向拘尸羅城 雙林樹間에 側臥而死去오 佛今何在오 明知與我生死不別이라 爾言三十二相 八十種好是佛이면 轉輪聖王도 應是如來니 明知是幻化라 古人云호대 如來舉身相은 爲順世間情이라 恐人生斷見하야 權且立虛名이라 假言三十二요 八十也空聲이라 有身非覺體니 無相乃眞形이라

[주(註)]

○ 독비구(禿比丘): 승(僧)을 얕잡아 부르는 말.
○ 삼대아승지겁(三大阿僧祇劫): 성불에 소요되는 시간. 무한히 긴 시간.
○ 연십마(緣什麼): 무엇 때문에.
○ 구시라성(拘尸羅城): 부처가 입멸한 곳. 지금의 쿠시나가르(kusinagar).
○ 명지(明知): ~했다는 사실을 분명히 알아야 한다.

○ 삼십이상 팔십종호(三十二相八十種好): 부처의 몸에 있었다는 32가지 특색과 80가지의 상서로운 모습.

○ 전륜성왕(轉輪聖王): 고대 인도사람들이 말하던 이상적인 도인황제(道人皇帝).

○ 여래(如來): 부처의 다른 이름.

○ 환화(幻化): 환영처럼 나타난 일시적인 모습.

○ 거신(擧身): 전신(全身), 통신(通身), 여기에서는 '부처의 삼신(三身).'

○ 단견(斷見): 허무주의 견해.

○ 권(權): 임시방편.

○ 공성(空聲): 헛소리. 쓸데없는 소리.

○ 각체(覺體): 자기 자신을 깨달은 사람. 부처.

○ 진형(眞形): 부처의 진정한 모습[法身].

【 13-11 】

[번역]

"그대들은 말하길 '부처님에게는 육신통(六神通)이 있으니 이것은 불가사의한 것'이라 한다. 그렇다면 저 모든 천신(天神)과 아수라와 대력귀(大力鬼)도 또한 이런 신통력이 있으니 부처님이라고 해야 하지 않겠는가. 수행자 여러분, 착각하지 말라. 저 아수라는 제석천왕과 싸우다 패하면 수많은 무리들을 데리고 연뿌리의 구멍 속으로 들어가 숨나니 이 역시 육신통이 있는 성인이 아니겠는가. 산승의 입장에서 본다면 이런 능력(신통력)들은 모두 업통

(業通)이며 의통(依通)이다. 그러나 부처님의 육신통은 그렇지 않다. 물질[色界] 속에 들어가도 그 물질에 미혹되지 않으며, 소리[聲界] 속에 들어가도 그 소리에 미혹되지 않으며, 냄새[香界] 속에 들어가도 그 냄새에 현혹되지 않으며, 미각의 세계[味界]에 들어가도 이 미각에 현혹되지 않으며, 촉감의 세계[觸界]에 들어가도 이 촉감의 세계에 현혹되지 않으며, 개념의 세계[法界]에 들어가도 거기에 현혹되지 않는다. 이는 색성향미촉법(色聲香味觸法)이 모두 일시적인 모습[空相, 현상]임을 통달했기 때문이니 이런 것들은 이 무의도인(無依道人)을 구속할 수 없다. 그는 비록 물질로 구성된 이 육신을 가지고 있으나 지행선(地行仙)의 신통력(초능력)을 사용하고 있다."

[해설]

깨닫게 되면 갖가지 초능력을 얻는다고 많은 사람들은 믿고 있다. 물 위를 맨발로 걷고 허공을 날아다니며 벽을 뚫고 지나가고 병자를 고치며 죽은 이를 살려내는 등 갖가지 기적을 일으킬 수 있다고 믿고 있다. 그러나 이것은 잘못 생각한 것이다. 깨닫는다는 것은 이 일상의 삶 속에서 이 일상에 매몰되지 않고 역동적으로 살아 굽이치는 것이다. 신선의 경지를 얻었지만 그러나 평범한 인간으로 살아가는 저 지행선(地行仙)이 되는 것이다.

[원문]

爾道호대 佛有六通이니 是不可思議라 하나니라 一切諸天 神仙 阿修

羅 大力鬼도 亦有神通이니 應是佛否아 道流여 莫錯하라 秖如阿修
羅는 與天帝釋戰에 戰敗하면 領八萬四千眷屬하고 入藕絲孔中藏이
니 莫是聖否아 如山僧所擧면 皆是業通 依通이라 夫如佛六通者는
不然이라 入色界 不被色惑하며 入聲界 不被聲惑하고 入香界 不被
香惑하며 入味界 不被味惑하고 入觸界 不被觸惑하며 入法界 不被
法惑이라 所以達六種色聲香味觸法이 皆是空相이니 不能繫縛 此
無依道人이라 雖是五蘊漏質이나 便是地行神通이라

[주(註)]

○ 육통(六通): 육신통(六神通). 부처에게 있는 여섯 가지 초능력. 첫째,
  천안통(天眼通: 어디나 볼 수 있는 능력). 둘째, 천이통(天耳通: 어떤 소리든
  지 모두 들을 수 있는 능력). 셋째, 숙명통(宿命通: 전생을 알 수 있는 능력).
  넷째, 타심통(他心通: 남의 마음을 알 수 있는 능력). 다섯째, 신족통(神足
  通: 몸을 자유자재로 변화시킬 수 있는 능력). 여섯째, 누진통(漏盡通: 번뇌
  망상이 모두 없어진 상태).

○ 제천(諸天): 불교에서는 옛 인도 민족 신앙의 신들을 불교수호신으로
  받아들였는데 이를 천신(天神, 天, Deva)이라 부른다.

○ 아수라(阿修羅, Asura): 천신들과 헤게모니 쟁탈전을 벌인다는 전쟁의
  신. 우리말의 '수라장(修羅場)이 됐다'는 것은 이 '아수라'라는 말에서
  유래되었다고 한다.

○ 대력귀(大力鬼): 아귀의 우두머리.

○ 응시불부(應是佛否): 부처라고 해야 하지 않겠는가?

○ 천제석(天帝釋): 제석천신(帝釋天神).

○ 령(領): ~을 거느리다.

○ 팔만사천(八萬四千): 무수히 많은.

○ 권속(眷屬): 살붙이. 떼거리. 무리.

○ 우사공(藕絲孔): 연뿌리 속의 구멍.

○ 막시~부(莫是~否): ~이 아니겠는가? 막시~부(~不, 摩, 也無, 伊不).

○ 업통(業通): 전생의 업에 의해서 태어나면서부터 이미 갖춰진 본능의 힘.

○ 의통(依通): 주술(呪術)이나 약물, 또는 어떤 수련에 의해서 얻어진 능력.

○ 부여(夫如): 그러나, 대개[夫] ~와 같은 것[如]은.

○ 불피색혹(不被色惑): 색(色, 형체와 색깔)에 미혹되지 않다.

○ 법혹(法惑): 법(法, 개념, 관념)에 미혹되다.

○ 공상(空相): 실체가 없는 가변적인 모습.

○ 오온루질(五蘊漏質): 물질(오온)과 번뇌 망상(루질)으로 만들어진 이 육신.

○ 지행신통(地行神通): 지행선(地行仙, 모습을 숨기고 이 세상 속에서 살아가는 신선)의 신통. 일상의 삶 그대로가 신통묘용(神通妙用, 부사의한 초능력)인 경지.

【 13-12 】

[번역]

"수행자 여러분, 진불(眞佛)은 형상이 없고[無形] 진법(眞法)은 모양이 없나니 그대들은 오직 이 실재하지 않는 환영 속에서 제멋대로 지레 짐작을 하고 있다. 설령 구하는 것을 얻었다 해도 이것은 모두 삿된 것이며 진정한 부처라고 볼 수 없나니 이는 분명 이교도의 견해일 뿐이다. 진정한 수행자는 부처도 구하지 않고 보살과 아라한도 구하지 않으며 삼계에서 빼어남도 구하지 않는다. 그는 이 모든 것에서 멀리 벗어나서 그 어디에도 구속되지 않는다. 저 하늘과 땅이 뒤집어진다 해도 나는 절대 이런 이치를 의심하지 않는다. 시방제불이 내 앞에 나타나더라도 나에게는 단 한 생각의 기쁨도 없으며 삼도(三塗, 三惡道)와 지옥이 나타나더라도 나에게는 단 한 생각의 두려움도 없나니 무엇 때문에 이 같은가. 나는 이 모든 존재가 가변적이며 일시적인 모습[空相]임을 깨달았기 때문이니 가변적인 것은 유(有)요, 불변적인 것은 무(無)다. 삼계유심(三界唯心)이요, 만법유식(萬法唯識)이니 몽환공화를 어찌 붙잡으려 애쓰고 있는가."

[해설]

수행자는 그 어떤 명칭(언어)에도 그 어떤 형상에도 붙잡히지 말아야 한다. 그리하여 철저하게 독립적이어야 한다. 여기 부처마저도 인정하지 않는데 그 나머지 것을 거론해서 어쩌자는 것인가. 영원한 것은 없다. 저 바다에 이는 파도처럼 이 모든 것은 나타났다가 사라져 버린다. 찬란한 명예와 돈도, 그 많은 떼거리들도 때가 오면 흔적도 없이 사라지고야 만다. 그러므로 벗이여, 더 이상 떼거리들을 만들지 말라. 그 떼거리들을 울타리 삼아 죽음을 피하려 하지 말라. 어차피 우린 가야 한다. 때가 되면 모든 걸 버리고 혼자 가야만 한다.

[원문]

道流여 眞佛無形이요 眞法無相이니 爾祇麼 幻化上頭하야 作模作
樣이라 設求得者라도 皆是野狐精魅며 並不是眞佛이니 是外道見解
라 夫如眞學道人은 並不取佛하며 不取菩薩羅漢하며 不取三界殊
勝이라 迥然獨脫하야 不與物拘라 乾坤倒覆이라도 我更不疑라 十方
諸佛現前이라도 無一念心喜며 三塗地獄頓現이라도 無一念心怖니
緣何如此오 我見諸法空相이니 變即有요 不變即無라 三界唯心이요
萬法唯識이니 所以夢幻空花를 何勞把捉고

[주(註)]

○ 진불무형(眞佛無形): 진정한 부처는 형체가 없다.

○ 지마(祇麼): 지마(只麼), 지몰(只沒), 지물(只物). 다만 ~뿐이다.

○ 환화상두(幻化上頭): 실재하지 않는 환영(幻影) 속에서.

○ 작모작양(作模作樣): 제멋대로 짐작하다.

○ 보살(菩薩): 불교적인 성자.

○ 나한(羅漢): 아라한(阿羅漢). 깨달은 성자.

○ 건곤도복(乾坤倒覆): 하늘과 땅이 뒤집어지다.

○ 삼도지옥(三塗地獄): 삼악도(三惡道), 지옥·아귀·축생(짐승의 세계).

○ 연하여차(緣何如此): 무엇 때문에 이와 같은가?

○ 삼계유심 만법유식(三界唯心, 萬法唯識): 이 현상계(삼계)와 여기 살아
　가는 모든 존재(만법)는 예외 없이 이 마음으로부터 비롯되었다는
　것. 유식론(唯識論, 불교심층심리학)에 그 자세한 언급이 있다.

[번역]

　"내 앞에서 지금 설법을 듣고 있는 사람인 수행자 여러분이 있을 뿐이니 이 사람은 불에 들어가도 타지 않으며 물에 들어가도 빠지지 않으며 삼악도와 지옥에 들어가더라도 꽃동산에서 노니는 것과 같을 것이며, 아귀와 축생(짐승의 세계) 속에 들어가더라도 그들의 과보를 받지 않는다. 무엇 때문에 이와 같은가? 여기 혐오해야 할 존재[法]는 아무것도 없나니 그대 만일 성인을 흠모하고 범부를 싫어한다면 생사의 바다 속에서 부침하게 될 것이다. 번뇌는 이 마음 때문에 있는 것이니 마음이 없으면 어찌 번뇌에 구속되겠는가. 분별심으로 상(相)을 취하려고 애쓰지만 않는다면 자연히 도를 얻게 될 것이다. 그러나 도를 배우려고 분주하게 옆길로 쏘다니게 되면 성불에 필요한 삼아승지겁을 지나더라도 마침내 생사에서 벗어나지 못한다. 그러므로 억지로 인위조작을 하지 않고 선원에서 묵묵히 좌선수행을 하는 것만 같지 못하다."

[해설]

　이 모든 것이 나로부터 비롯되었다면 여기 혐오해야 할 어떤 것도 없다. 그러나 우린 성스러운 것을 흠모하고 속된 것을 혐오한다. 성스러운 것을 흠모하면 성스러운 것에 잡히고 속된 것을 혐오하면 속된 것에 걸려 버린다. 그러므로 흠모와 혐오감을 모두 버려야 한다. 그래야만 생각의 흐름은 제 속도를 회복하게 된다. 생각의 흐름 속도가 빨라지거나 느려지게 되면 여기 '번뇌'라는 이물질이 끼어든다. 이 번뇌의 이물질이 우리를 미망으로 몰고 간다. 부처가 되려는 의도적인 노력도 깨닫고자 하는 조작의 마음도 엄밀한 의미에서는 생각의 흐름을 방해하는 이물질이다. 그것보다는 차라리 이 모든 것을 놓아 버리고 철저히 혼자가 되어 '지금 여기' 앉아 있는 것[坐禪修行]이 훨씬 낫다.

[원문]

唯有道流 目前現今聽法底人이니 入火不燒하고 入水不溺하며 入三塗地獄이나 如遊園觀하며 入餓鬼畜生이라도 而不受報라 緣何如此오 無嫌底法이라 爾若愛聖憎凡하면 生死海裏沈浮라 煩惱由心故有니 無心煩惱何拘오 不勞分別取相이면 自然得道須臾라 爾擬傍家波波地 學得하면 於三祇劫中에 終歸生死라 不如無事向叢林中에 床角頭交脚坐라

[주(註)]

○ 원관(園觀): 유원지. 놀이터.
○ 무혐저법(無嫌底法): 혐오해야 할 것은 아무것도 없다. 물혐저법(勿嫌底法).
○ 불로(不勞): 무리하게 애쓰지 않다.
○ 분별취상(分別取相): 분별심을 일으키다. '분별'과 '취상(取相)'은 같은 말이다. 그러므로 '분별심을 일으켜 모양을 취하다'는 뜻이 아님.
○ 수유(須臾): 잠깐 사이.
○ 의(擬): ~하려고 하다[欲].

○ 파파지(波波地): 분주하게 다니다. '지(地)'는 어조사.

○ 학득(學得): 도를 배워 얻다.

○ 삼지겁(三祇劫): 삼아승지겁(三阿僧祇劫). 성불에 이르는 기나긴 시간.

○ 불여(不如): ~하는 것만 같지 못하다.

○ 총림(叢林): 여기에서는 선종사원(禪宗寺院).

○ 상각두(床角頭): 좌선용의 선상(禪床).

○ 교각좌(交脚坐): 좌선(坐禪) 수행을 하다.

【 13-14 】

[번역]

"수행자 여러분, 제방에서 수행자들이 찾아와 주인[主, 선지식]과 객(客, 수행자)이 서로 인사를 한다. 그런 다음 수행자 쪽에서 먼저 한마디 물음을 던져 앞에 있는 그대(선지식)의 안목을 점검한다. 수행자는 어떤 동작이나 언어를 선지식 앞에 들이대어 그 선지식이 이를 아는지 모르는지를 조사한다. 그대(선지식)가 만일 이것이 단순한 경계라는 걸 안다면 그대는 이것을 잡아 저 구덩이 속으로 집어던져 버린다(부정해 버린다). 그러면 수행자는 평상심으로 돌아와 선지식에게 가르침을 청한다. 그러나 선지식은 여전히 수행자를 파주(把住)의 입장에서 엄하게 대한다. 이때 수행자는 다음과 같이 말한다. "지혜로우십니다. 위대하신 선지식이여." 그대는 말한다. "자네는 좋고 나쁜 것도 모른단 말인가."

또 선지식이 어떤 구체적인 사물이나 동작을 수행자 앞에 들어

보일 경우 수행자는 이를 알아차리고 차례차례로 주체적이 되어 여기 미혹되지 않는다. 그래서 선지식이 자신의 정체를 약간 드러 내면 수행자는 즉시 할을 한다. 이번에는 선지식이 문자 언어를 자유자재로 구사하여 수행자를 점검해 본다. 그러면 수행자는 말 한다. "무엇이 좋고 무엇이 나쁜 것도 모르는 늙은 중이군." 이때 선지식은 감탄하면서 "그대는 진정한 수행자구나."라고 말한다."

[해설]

선지식과 수행자가 서로의 경지를 탐색하는 과정을 네 가지로 간추리고 있는데 여기에서는 다음의 두 가지를 언급하고 있다.

첫째, 수행자[賓]와 선지식[主]이 대등한 상태[好賓好主]. "수행 자 여러분, 이곳저곳에서…… 자네는 좋고 나쁜 것도 모른단 말인 가?"까지.

둘째, 선지식과 수행자가 모두 안목이 열린 상태[好主好賓]. "또 선지식이 어떤 구체적인 사물을…… 진정한 수행자구나."까지.

[원문]

道流여 如諸方有學人來하야 主客相見了하고 便有一句子語하야 辨 前頭 善知識이라 被學人拈出 箇機權語路하야 向善知識 口角頭 攊過하야 看爾 識不識이라 爾若識得是境하면 把得便抛向坑子裏 라 學人便即尋常하야 然後 便索善知識語하면 依前奪之라 學人云 호대 上智哉라 是大善知識이여 即云호대 爾大不識好惡라 如善知識 은 把出箇境塊子하야 向學人面前弄이나 前人辨得하고 下下作主하

야 不受境惑이라 善知識 便即現半身하면 學人便喝이라 善知識 又
入一切差別語路中擺撲이라 學人云호대 不識好惡 老禿奴라 善知
識歎曰호대 眞正道流라

[주(註)]

○ 일구자어(一句子語): 상대방의 수행력을 점검하려는 한 마디 물음.

○ 전두(前頭): 앞. 상대방.

○ 기권어로(機權語路): 몸의 동작이나 언어로 상대방의 경지를 탐색하
   는 것.

○ 구각두(口角頭): 입. 입 언저리.

○ 찬과(攛過): 쑥 내밀다. 들이밀다.

○ 경괴자(境塊子): 나무나 꽃 등 구체적인 사물.

○ 하하(下下): 하나하나. 차례차례. 당대(唐代)의 속어임.

○ 현반신(現半身): 반신(半身, 상체)을 드러내다. 자신의 본색을 약간 드러
   내다.

○ 파박(擺撲): 마음대로 조종하다. 혼란에 빠뜨리다. 당대(唐代)의 속어
   임.

○ 노독로(老禿奴): 늙은 중.

○ 진정도류(眞正道流): 참된 수행자들.

【 13-15 】

[번역]

"제방의 눈먼 선지식들은 사(邪)와 정(正)을 구분하지 못한다.

수행자가 찾아와서 보리, 열반, 삼신(三身), 경지(境智)에 대해서 물으면 이 눈먼 노장들은 그 수행자에게 엉터리로 설명해 준다. 안목 있는 수행자들로부터 "그 말은 틀렸다."고 비판을 받게 되면 그 즉시 봉(棒)으로 그를 때리며 "자네의 말에는 예의가 없다."고 호통친다. 그러나 그대 선지식 자신이 안목이 없거니 저 눈 밝은 수행자를 화나게 하지 말라.

또 좋고 나쁜 것도 분별할 줄 모르는 대머리[禿奴]들은 동쪽을 가리켜 서쪽이라는 등 황당무계한 말을 하고 있다. 그대들은 보라. 그 눈먼 선지식의 눈썹이 몇 가닥이나 남아 있는가를, 내(임제)가 지금 이렇게 말하는 것은 그만한 이유가 있기 때문이다. 그런데 (순진한) 수행자들은 아무것도 모르고 그들의 말에 심취해 버리나니, 이런 무리들은 모두 삿되고 요망한 것들이다. 그러므로 저 눈 밝은 수행자들로부터 "이 눈먼 늙은 것들이 세상 사람들을 혹세무민하고 있다."는 질책과 비웃음을 사게 된다.

[해설]

안목이 없는 승들을 비판하는 세 번째와 네 번째 대목이다.

셋째, 선지식의 안목이 수행자보다 낮은 상태[惡主好賓]. "제방의 선지식은…… 저 (눈 밝은) 수행자를 화나게 하지 말라."까지.

넷째, 수행자와 선지식이 모두 안목이 없는 상태[惡賓惡主]. "또 좋고 나쁜 것도 모르는…… 세상 사람들을 혹세무민하고 있다'까지. 이 선지식[主]과 수행자[賓]의 만남은 13-22, 23에서 보다 체계적으로 언급하고 있으니 참고하기 바란다.

[원문]

如諸方善知識은 不辨邪正이라 學人來問호대 菩提 涅槃 三身 境智하면 瞎老師便與他解說이라 被他學人罵著하면 便把棒打他하며 言無禮度라하나니 自是爾善知識無眼이니 不得嗔他라 有一般不識好惡禿奴는 即指東劃西하고 好晴好雨하며 好燈籠露柱라하나니라 爾看하라 眉毛有幾莖고 這箇具機緣이라 學人不會하야 便即心狂하나니 如是之流는 總是野狐精魅魍魎이라 被他好學人嗌嗌微笑하야 言瞎老禿奴가 惑亂他天下人이라 하나니라

[주(註)]

○ 경지(境智): 13-9 주 참조.
○ 할노사(瞎老師): 눈먼 늙은 승.
○ 매착(罵著): 비난하다.
○ 무례도(無禮度): 예의법도가 없다. 무례하다.
○ 자시(自是): 원래.
○ 독로(禿奴): 대머리. 승을 얕잡아 부르는 말.
○ 지동획서(指東劃西): 동쪽을 가리켜 서쪽이라는 등 황당무계한 말을 하다.
○ 호청호우(好晴好雨): ('날이 맑다', '비가 온다'는 등) 쓸데없이 잡담을 하다.
○ 호등롱노주(好燈籠露柱): ('이것은 등불이며 등불걸이 기둥'이라는 등) 실없는 말을 하다.
○ 미모유기경(眉毛有幾莖): 눈썹이 몇 가닥이나 남아 있는가. 거짓 법문을 하면 눈썹이 빠진다는 말이 있는데, 여기에서는 '거짓 법문을 해서 눈썹이 모두 빠져 버렸다'는 뜻.

○ 저개(這箇): 내(임제)가 이렇게 말하는 것은.

○ 구기연(具機緣): 여러 가지 뜻이 있지만 그러나 여기에서는 '그만한 이유가 있다'로 해석해야 한다.

○ 심광(心狂): 심취(心醉)하다.

○ 야호정매망량(野狐精魅魍魎): 삿되고 기괴한 무리들.

○ 호학인(好學人): 훌륭한 수행자.

○ 익익미소(嗌嗌微笑): 킥킥 웃다. 비웃다.

○ 할로독노(瞎老禿奴): 눈먼 늙은 중.

【 13-16 】

[번역]

"수행자 여러분, 출가 수행자에게 가장 중요한 것은 진정한 도를 배우는 것이다. 그래서 산승은 지난날 계율에 관심을 가진 일이 있으며 또 경전의 연구에도 몰두했다. 그러나 그 후 이런 것들은 임시방편이요, 표현지설(表顯之說)이라는 것을 알고 모두 버린 다음 도를 찾고 참선수행을 했다. 그 후 대선지식(큰 스승)을 만나 도안(道眼)이 분명해져서 천하 노화상들의 그 사(邪)와 정(正)을 식별할 수 있게 되었다. 그러나 이런 능력은 어머니 뱃속에서 태어나면서부터 알았던 것(구비했던 것)이 아니라 수행의 내공과 체험을 통해서 어느 날 문득 알게 된 것이다."

계율과 경전 공부를 끝낸 다음 참선수행으로 돌아선 임제 자신에 대한 언급이다. 참선수행은 '더 이상 배울 것이 없다.'는 자각(自覺)을 위한 것이지만 그러나 이를 체험하기 위해서는 부지런히 수행의 내공을 쌓아가야만 한다. 본래 부처인 내가 본래 부처임을 확신하기 위해서 부단히 내공을 쌓아가야만 한다.

[원문]

道流여 出家兒는 且要學道라 祇如山僧은 往日曾向毘尼中留心하고 亦曾於經論尋討라 後方知 是濟世藥이요 表顯之說하고 遂乃一時 拋却하고 即訪道參禪이라 後遇大善知識하고 方乃道眼分明이라 始 識得 天下老和尚 知其邪正이니 不是娘生下便會라 還是體究練磨 하야 一朝自省이라

[주(註)]

○ 비니(毘尼): 비나야(vinaya, 毘奈耶), 계율.
○ 제세약(濟世藥): 제세약방(濟世藥方). 세상(병)을 구하는 약 처방전. 임시방편.
○ 표현지설(表顯之說): 어떤 주장이나 개념을 설명하는 문자 언어.
○ 방도참선(訪道參禪): 도를 구하고 참선수행을 하다.
○ 시식득(始識得): 비로소 ~을 알게 되다.
○ 낭생하편회(娘生下便會): 어머니 뱃속에서 태어나면서부터 알다.
○ 체구연마(體究練磨): 직접 수행을 통해서 체험하다.
○ 일조(一朝): 어느 날 아침. 어느 날.

[번역]

　"수행자 여러분, 불법에 대한 올바른 안목을 얻고자 한다면 사람들에게 미혹되지 말아야 한다. 자기 안에서든 밖에서든 만나는 것은 모두 죽여라. 부처를 만나면 부처를 죽이고, 조사를 만나면 조사를 죽이고, 아라한을 만나면 아라한을 죽이고 친척을 만나면 친척을 죽여라. 그래야만 비로소 해탈을 얻을 수 있나니 그 어떤 것에도 구속되지 않고 자유로울 수 있다. 제방의 수행자들 가운데 어느 것에도 의존하지 않고 철저히 독립적이 되어 내게 오는 자는 단 한 사람도 없었다. 산승은 여기서 그들이 의지하고 있는 것들을 처음부터 모조리 부정해 버린다. 손의 동작을 내보이면 손 동작을 부정하고, 말이나 문자 언어를 내보이면 말과 문자 언어를 부정하고, 눈짓을 해 보이면 눈짓을 부정해 버리나니, 그 어디에도 의존하지 않고 독립적으로 오는 자는 단 한 사람도 없었다. 모두들 저 옛사람들의 쓸데없는 말이나 행동에 매달리고 있을 뿐."

[해설]

　수행자는 그 어디에도 의존하지 말아야 한다. 철저히 혼자가 되어야 한다. 벗이여, 혼자가 되는 게 그렇게 두려운가? 어차피 우린 혼자 가야만 한다. 이 분명한 사실을 외면하지 말라. 어설픈 잔재주를 부리지 말라.

　아버지 이름도 모르고 어머니 이름도 모르면 어떤가. 정확한 나

이도 모르고 생년월일도 모르면 어떤가. 어디서 태어났는지도 잘
모르면 또 어떤가.

[원문]

道流여 爾欲得如法見解면 但莫受人惑하라 向裏向外에 逢著便殺
하라 逢佛殺佛하고 逢祖殺祖하며 逢羅漢殺羅漢하고 逢父母殺父母
하며 逢親眷殺親眷하면 始得解脫이니 不與物拘하고 透脫自在라 如
諸方學道流가 未有不依物出來底라 山僧向此間에 從頭打라 手上
出來手上打요 口裏出來口裏打요 眼裏出來眼裏打니 未有一箇獨
脫出來底라 皆是上他古人 閑機境이라

[주(註)]

○ 여법견해(如法見解): 올바른 불법(佛法)을 알 수 있는 안목(眼目).

○ 봉착편살(逢著便殺): 만나는 대로 (모두) 제압하라. 여기서의 '살(殺)'
   은 '죽이다'는 뜻이 아니라 '제압하다'는 뜻이다.

○ 살불(殺佛): 부처[佛]라는 고정관념을 없애 버려라.

○ 시득해탈(始得解脫): 비로소 해탈할 수 있다.

○ 차간(此間): 여기. 이곳.

○ 종두(從頭): 처음부터.

○ 타(打): 빼앗다. 부정하다[殺].

○ 수상(手上): 손의 동작(두 손을 펴 보이거나 박수를 치는 행위).

○ 구리(口裏): 말이나 문자 언어.

○ 안리(眼裏): 눈짓(눈을 깜박이거나 감는 것).

○ 상타고인한기경(上他古人閑機境): 저 옛사람[他古人]의 쓸데없는 임시
   방편(말이나 행동, 閑機境)에 매달리다(의존하다, 上).

【 13-18 】

[번역]

"산승이 사람들에게 가르쳐 줄 수 있는 것[法]은 단 하나도 없나니 다만 병을 치료하고 속박을 풀어줄 뿐이다. 그대들, 제방의 수행자들은 그 어디에도 의존하지 말고 철저히 독립적이 되어 나와 함께 이 문제를 진지하게 생각해 보자. 15년 동안[十年五歲=오랫동안] 진정한 수행자를 단 한 사람도 만난 일이 없나니 모두들 나무나 풀에 붙어 있는 정령들이며 삿된 것들로서 미친 듯이 똥덩어리를 물어뜯고 있다. 눈먼 놈들, 저 신자들의 시주물을 잘못 사용하면서 '나는 출가 수행자'라고 떠벌리며 이런 식의 잘못된 견해를 갖고 있다. 내 그대들에게 말하노니 '구해야 할 부처도 없고, 깨우쳐야 할 법(法)도 없으며, 닦아야 할 것도 없고, 증득해야 할 것도 없다.' 그런데 이처럼 옆길로 다니면서 무슨 물건을 구하고 있는가. 눈먼 놈들, 이것은 머리 위에 머리를 얹는 격(사족)이니 그대들은 도대체 무엇이 부족해서 이러는가."

[해설]

책에서 읽은 것이나 누구에게서 얻어들은 것 말고 벗이여, 어디 그대 자신의 살림살이(독자적인 견해)를 내놔 보라. 이 모두가 주워들은 말이요, 책에서 읽은 것들일 뿐. "자기 자신의 말을 할 줄 아는 사람은 15년 동안 단 한 사람도 만날 수 없었다."고 임제는 탄식하고 있다. 그는 이 앵무새 수행자들을 '똥구덩이 속에서 똥이

166   임제록

나 처먹는 벌레들'이라며 심하게 꾸짖고 있다. "도대체 무엇이 부족해서 밖을 향해 구걸하고 있느냐?"고 호통치고 있다.

[원문]

山僧無一法與人이니 祇是治病解縛이라 爾諸方道流는 試不依物出來하라 我要共爾商量이라 十年五歲에 並無一人이니 皆是依草附葉 竹木精靈 野狐精魅라 向一切糞塊上亂咬라 瞎漢이여 枉消他十方信施하며 道我是出家兒라 하고 作如是見解라 向爾道호대 無佛無法이며 無修無證이라 祇與麼 傍家擬求 什麼物고 瞎漢이여 頭上安頭니 是爾欠少什麼오

[주(註)]

○ 무일법여인(無一法與人): 사람들에게 줄 수 있는 가르침[法]은 하나도 없다. 내(임제)가 사람들에게 새로 가르칠 수 있는 것[法]은 단 하나도 없다.

○ 요(要): ~하고자 하다[欲]. 속어에서는 하고자 할 욕(欲)을 주로 요(要)로 쓴다.

○ 의초부엽 죽목정령(依草附葉 竹木精靈): 나무나 풀에 붙어 있는 정령.

○ 분괴상난교(糞塊上亂咬): 똥 덩어리를 씹어 먹다.

○ 왕소(枉消): 잘못 사용하다. 무의미하게 사용하다. 속어(俗語)임.

○ 타시방신시(他十方信施): 저 모든[他十方] 신자들의 보시[信施].

○ 도(道): 언도(言~). ~을 말하다.

○ 지여마(祇與麼): 이처럼. 이와 같이.

○ 의구(擬求): 욕구(欲~). ~을 구하려 하다.

○ 십마물(什麼物): 무슨 물건.
○ 두상안두(頭上安頭): 머리 위에 머리를 얹다. 사족(蛇足)을 붙이다.
○ 흠소십마(欠少什麼): 도대체 무엇이 부족하단 말인가.

【 13-19 】

[번역]

"수행자 여러분, 지금 내 앞에서 보기도 하고 듣기도 하는 그것 (그대 자신)은 조불(祖佛)과 다르지 않다. 그러나 이를 믿지 않기 때문에 밖에서 구하고 있나니 착각하지 말라. 밖에서 구할 법은 없으며 안에서도 또한 얻을 수 없다. 이렇게 말하면 그대들은 산승의 말에 매달리나니, 그보다는 차라리 인위적인 조작이 없이 쉬는 게 훨씬 낫다. 이미 일어난 것[妄念]은 지속시키지 말며 아직 일어나지 않은 것은 일어나도록 방치하지 말라. 이렇게 하면 10년 행각수행을 한 것보다 훨씬 나을 것이다. 산승의 입장에서 본다면, 복잡한 것은 아무것도 없다. 다만 보통 때처럼 옷 입고 밥 먹는 것이요, 아무 일 없이 나날을 보내는 것이다. 그대들, 제방에서 나를 찾아오는 자는 모두들 의도적인 마음[有心]으로 부처를 구하고 법을 구하며 해탈을 구하고 삼계에서 벗어나기를 구한다. 어리석은 놈들! 그대여, 삼계에서 나와 어디로 가려는가? 불조(佛祖)라는 이 말은 그저 훌륭한 명칭일 뿐이다. 그대 삼계를 알고자 하는가? 삼계는 그대, 지금 내 법문을 듣고 있는 바로 그대 자신의 그 마음을 떠나지 않았다. 그대의 한 생각 속 탐욕은 욕계(欲界, 욕망의 세계)요, 그대의 한 생각 속 분노는 색계(色界, 물질의 세계)요, 그대의 한 생각 속 어리석음은 무색계(無色界, 의식의 영역)이다. 이 삼계는 그대 집안의 살림살이일 뿐이니 삼계가 스스로 '나는 삼계다.'라고 말하지 않는다. 그와 반대로 지금 내 눈앞에서 신령스럽게 모든 것을 비추고(감지하고) 이 세상을 헤아리는 그 사람인 바로 수행자 여러분 자신이 이 삼계에 삼계라는 명칭을 부여해 준 것이다."

[해설]

불법(부처님의 가르침)이란 무엇인가? '번뇌 망상을 일으키지 않고 시간의 흐름을 타는 것[無事過時]'이다. 그러므로 살아 있는 불법은 이 삶 속에 있다. 이 삶을 버리고 부처를, 깨달음을 구하지 말라. 진리는 이 삶 속에 있다. 이 삶이 바로 기적이다. '부처'라는 명칭, '성자'라는 호칭은 단지 훌륭하고 거룩한 명사일 뿐이다. 이런 이름에 묶여 이 삶을 허비해서야 되겠는가. 어떠한 이름이든 그것은 모두 인간이 붙인 언어일 뿐이다. 그러므로 벗이여, 언어의 속박에서 박차고 나와 이 삶의 파도를 타라. 비난받는 걸 두려워하지 말라.

[원문]

道流여 是爾目前用底는 與祖佛不別이라 祇麼不信 便向外求니 莫錯하라 向外無法이며 內亦不可得이라 爾取山僧口裏語니 不如休歇

無事去라 已起者 莫續하며 未起者 不要放起하라 便勝爾十年行脚
하리라 約山僧見處면 無如許多般이니 秖是平常이라 著衣喫飯이요
無事過時라 爾諸方來者는 皆是有心으로 求佛求法이며 求解脫 求
出離三界라 癡人이여 爾要出三界하야 什麼處去요 佛祖是賞繫底名
句라 爾欲識三界麼아 不離爾今聽法底心地라 爾一念心貪是欲界
요 爾一念心瞋是色界요 爾一念心癡是無色界니 是爾屋裏家具子
라 三界不自道호대 我是三界라 還是道流 目前靈靈地 照燭萬般하
고 酌度世界底人이 與三界安名이라

[주(註)]

○ 방기(放起): (생각들이) 일어나도록 방치하다.

○ 승~십년행각(勝~十年行脚): 참선수행을 10년 동안 하는 것보다 낫다.

○ 무여허다반(無如許多般): 복잡하지 않다.

○ 상계저명구(賞繫底名句): 상격저명구(賞擊底名句). 칭찬하는 말. 훌륭한
  말.

○ 심지(心地): 마음.

○ 욕계(欲界): 욕망의 차원.

○ 색계(色界): 물질의 차원.

○ 무색계(無色界): 순수의식의 차원.

○ 삼계(三界): 욕계·색계·무색계.

○ 옥리가구자(屋裏家具子): 집안의 가구. 집안 살림살이.

○ 영령지(靈靈地): 신령스럽게. '지(地)'는 어미.

○ 조촉만반(照燭萬般): 모든 사물을 비추다.

○ 작탁(酌度): 가늠하다. 헤아리다.

○ 안명(安名): 명칭(이름)을 붙이다.

[번역]

"대덕 여러분, 사대색신(四大色身)은 덧없는 것이다. 비장, 위장, 간, 쓸개와 머리카락, 털, 손톱과 발톱, 이빨 등은 모두 존재의 덧없음[諸法空相]을 나타낼 뿐이다. 무언가를 구하는 그대의 한 생각이 쉰 곳을 보리수라 하고 그대의 한 생각이 쉬지 못한 곳을 무명수(無明樹)라 한다. 이 무명은 일정한 주처(住處)가 없으며 또한 시작과 끝이 없다. 그대 만일 생각 생각이 쉬지 못하면 즉시 저 무명수에 올라가서 육도사생의 윤회 속에 들어가서 털가죽을 뒤집어쓰고 뿔을 머리에 인 짐승으로 윤회할 것이다.

그러나 그대의 이 한 생각을 쉰다면 이것이 바로 청정법신의 세계다. 그대의 한 생각이 일지 않으면[一念不生] 그 즉시 보리수에 올라가서 이 삼계에 신통 변화하여 자신의 뜻대로 화신(化身)하여 중생제도를 하며 법희와 선열을 만끽하며 자신의 몸에서 발하는 법신의 빛으로 스스로를 비출 것이다. 옷을 생각하면 천 겹의 비단옷이 입혀질 것이며, 음식을 생각하면 진수성찬이 앞에 차려질 것이다. 그리고 다시는 몹쓸 병에 걸리지 않는다. 그러나 보리는 일정한 주처가 없나니 그러므로 여기 얻을 수 있는 것은 아무것도 없다."

[해설]

치닫지 말라. 밖을 향해 치닫지 말라. 주워진 이 삶만으로도 너무 벅차다. 부질없는 꿈은 이제 꾸지 말라. 헛된 꿈을 좇아 방황하지 말라. 이쯤에서 그 기나긴 방황을 끝내야 하지 않겠는가.

　'옷을 생각하기만 하면~ 그 즉시 진수성찬이 앞에 놓이게 될 것이다[思衣羅綺千重~思食百味具足]'라는 말은 『무량수경(無量壽經)』에 나오는 극락세계에 관한 묘사다. 옷과 음식에 대한 탐욕[貪]에서 자유롭다는 말을 하기 위해서 임제는 『무량수경』의 이 구절을 잠시 빌려다 쓴 것이다.

[원문]

大德이여 四大色身是無常이라 乃至脾胃肝膽과 髮毛爪齒는 唯見諸法空相이라 爾一念心 歇得處를 喚作菩提樹요 爾一念心 不能歇得處를 喚作無明樹라 無明無住處며 無明無始終이라 爾若念念心 歇不得하면 便上他無明樹하야 便入六道四生하야 披毛戴角이요 爾若歇得하면 便是清淨身界라 爾一念不生하면 便是上菩提樹하야 三界神通變化하야 意生化身하야 法喜禪悅하며 身光自照라 思衣羅綺千重이요 思食百味具足하며 更無橫病이라 菩提無住處니 是故無得者니라

[주(註)]

○ 대덕(大德): 덕과 수행이 높은 고승. 그러나 여기에서는 '수행자에 대한 일반적인 호칭'으로 쓰고 있다.

○ 사대색신(四大色身): 사대(四大, 地水火風)로 구성된 이 육신.

○ 제법공상(諸法空相): 모든 사물(존재, 諸法)은 인연의 결합에 의해서 생성되었기 때문에 불변의 실체가 없다[空相]는 뜻.

○ 보리수(菩提樹): 부처가 이 나무 밑에서 깨달음을 성취했다. 그러나 여기에서는 '깨달음을 나무로 형상화한 것(깨달음의 나무)'이다.

○ 무명수(無明樹): 무지(無知)의 나무.

○ 무명무주처(無明無住處): 무명(無明, 無知)은 어느 특정한 장소나 시간에 국한되어 있는 것이 아니라[無住處] 밝음[明, 지혜]이 결여된 상태라는 것.

○ 육도사생(六道四生): 사생육도. •사생(四生): 존재들이 태어나는 네 가지 방식. 즉 ①태(胎)로 태어나는 것. ②알[卵]에서 태어나는 것. ③습기[濕]에서 태어나는 것. ④한 세계에서 사라졌다가 갑자기 다른 세계로 태어나는 것[化, 化生, 천상과 지옥에로의 탄생]. •육도(六道): 존재들이 윤회하는 여섯 가지 영역. 지옥·아귀·축생(짐승계)·인간·아수라·천상[天神].

○ 청정신계(清淨身界): 청정법신의 세계.

○ 의생화신(意生化身): 보살성자가 자신의 뜻대로 자신의 모습을 화현(化現)하는 것.

○ 화신(化身): 태어남.

○ 법희(法喜): 불법(佛法)을 듣는 기쁨.

○ 선열(禪悅): 수행을 통한 희열감.

○ 신광자조(身光自照): 태양 빛이 아닌 자신[法身]의 빛으로 스스로를 비추는 것.

○ 횡병(橫病): 몹쓸 병. 나쁜 병.

【 13-21 】

[번역]

"수행자 여러분, 사내대장부가 무엇을 의심하고 있는가? 지금 내 눈앞에서 보기도 하고 듣기도 하는 그것은 그대 자신이 아니고 누구란 말인가. 사용하려면 즉시 사용할 것이요, 언어 명칭에 집착하지 말라. 이를 심오한 이치[玄旨]라 하나니, 이런 이치를 알았다면 더 이상 모든 존재와 사물에 대하여 혐오감을 갖지 말라. 그러기에 옛사람은 이렇게 노래했다.

마음은 모든 경계(상황)를 따라 반응을 보이나니
구르는 곳마다 심오하네.
이 마음의 흐름을 따라 마음의 본성을 깨닫는다면
이제 더 이상 기쁠 것도 없고 근심해야 할 것도 없네."

[해설]

나는 지금 보고 있다. 나는 지금 듣고 있다. 여기에 부족한 것은 아무것도 없다. 싫어하고 혐오해야 할 것은 아무것도 없다. 내 마음은 상황에 따라 갖가지 다른 반응을 보이고 있다. 변덕스럽기 이를 데 없다. 그러나 내 마음의 이 다양한 빛깔(변덕스러움)이야말로 '나를 나이게 하는 바로 그것'이다. 벗이여, 어깨를 펴라. 저 종교를 빙자한 사기꾼들의 공갈 협박에 두려워하지 말라. 그대의 삶은 그 누구도 대신 살아줄 수 없는 그대 자신의 것이다.

[원문]

道流여 大丈夫漢이 更疑箇什麼오 目前用處는 更是阿誰오 把得便用하고 莫著名字를 號爲玄旨라 與麼見得하고 勿嫌底法하라 古人云호대 心隨萬境轉하나니 轉處實能幽라 隨流認得性하면 無喜亦無憂라하니라

○ 막착명자(莫著名字): 명칭을 붙이지 말라.
○ 물혐저법(勿嫌底法): 법(法, 존재와 사물)에 대해서 혐오감을 갖지 않는다.

【 13-22 】

[번역]

"수행자 여러분, 선종의 견해에 따른다면 죽고 사는 것[死活: 지고 이기는 것]도 일정한 순서가 있는 법이니 수행자는 이를 자세히 알아야 한다. 만일 주객(主客)이 서로 만난다면 말이 오고 갈 것이다. 혹은 상대에 따라 알맞은 모습을 나타내 보이며, 혹은 전체로 작용하며[全體作用, 본래자리 전체를 내보이며], 혹은 임시방편으로 희로(喜怒)의 표정을 지어보이며, 혹은 자신의 절반만을 드러내 보이며, 혹은 사자를 탄 문수보살의 모습(지혜의 경지)으로 나타나며, 또는 코끼리를 탄 보현보살의 모습(행동의 차원)으로 나타난다. 만일 그대가 진정한 수행자라면 할을 한 다음 우선 먼저 상대방의 '경지를 탐색할 수 있는 한 마디 말[膠盆子]'을 던질 것이다. 상대 선지식은 이것이 자신을 탐색하려는 미끼[境]인 줄을 모르고 수행자가 던진 미끼에 매달려서 분별심을 내고 있다. 이를 본 수행자가 정신 좀 차리라고 또 할을 내지르는데도 선지식이 이 미끼를 놓으려 하지 않는다면 이것은 불치의 병이니 의사조차 고칠 수 없다. 이런 경우를 일러 '눈 밝은 수행자가 눈먼 선지식을 간파했다[客看主]'고 한다.

　이번에는 선지식이 수행자를 탐색하기 위하여 어떤 전략도 펼치지 않고 그저 수행자의 물음만을 낚아챈다면(부정한다면), 수행자는 선지식에게 붙잡혔는데도 결사적으로 저항을 한다. 이런 경우를 일러 '눈 밝은 선지식이 눈먼 수행자를 간파했다[主看客]'고 한다."

[해설]

　—

[원문]

道流여 如禪宗見解댄 死活循然이니 參學之人은 大須子細라 如主客相見이면 便有言論往來라 或應物現形하며 或全體作用하며 或把機權喜怒하며 或現半身하며 或乘師子하며 或乘象王이라 如有眞正學人이면 便喝先拈出 一箇膠盆子하리라 善知識은 不辨是境하고 便上他境上 作模作樣이라 學人便喝하면 前人不肯放하나니 此是膏肓之病이니 不堪醫라 喚作客看主라 或是善知識 不拈出物하고 隨學人問處即奪하나니 學人被奪하야 抵死不放하면 此是主看客이라

[주(註)]

○ 여(如): ~에 따른다면.
○ 순연(循然): 순순연(循~). 일정한 순서가 있다.
○ 대수자세(大須子細): 아주 자세히 살피다.

○ 여주객상견(如主客相見): 만일 주객이 서로 만난다면.

○ 파기권희노(把機權喜怒): 상대의 경지를 탐색하기 위한 임시방편[機權]으로 선사가 희노(喜怒)의 감정을 나타내 보이는 것. •'把': ~을 사용하다.

○ 승사자(乘師子): 사자를 탄 문수보살.

○ 승상왕(乘象王): 코끼리를 탄 보현보살.

○ 여유(如有): 만일 ~이라면.

○ 진정학인(眞正學人): 진정한 수행자.

○ 염출(拈出): 내보이다. 내놓다.

○ 교분자(膠盆子): 아교풀이 담긴 그릇. 여기에서는 '상대방의 경지를 탐색하기 위하여 던지는 한마디 말'을 뜻한다.

○ 상타경상(上他境上): 저[他, 수행자]의 경계에 사로잡히다[上].

○ 고맹지병(膏肓之病): 불치의 병.

○ 불감의(不堪醫): 의사도 손을 쓸 수가 없다.

○ 저사(抵死): 필사적으로.

【 13-23 】

[번역]

"수행자가 하나의 청정한 경계[一箇淸淨境]로서 선지식 앞에 오면 선지식은 이것이 경계라는 걸 알고 '일고의 가치도 없다'고 호통치며 부정해 버린다. 그러면 수행자는 약간 비꼬는 듯한 말투로 '참으로 훌륭한 선지식이십니다.'라고 칭찬을 한다. 이 말을 들은 선지식은 '쯧쯧, 무엇이 좋고 나쁜 게 무엇인 줄도 모르는 놈이군.'

이라고 말한다. 이때 수행자는 선지식에게 즉시 절을 하는데 이런 경우를 일러 '눈 밝은 선지식과 눈 밝은 수행자가 서로를 간파했다[主看主]'고 한다.

수행자가 번뇌 망상의 오랏줄에 묶인 채 선지식 앞에 오면 선지식은 다시 한 번 더 단단한 번뇌 망상의 오랏줄로 수행자를 묶어 버린다. 이때 수행자는 기뻐하는데, 이는 선지식과 수행자가 서로를 판별하지 못한 경우다. 이를 '눈먼 수행자와 눈먼 선지식이 서로를 간파하지 못했다[客看客].'고 한다. 대덕 여러분, 산승이 이런 식으로 거론하는 것은 마구니를 판단하고 이단을 가려내어 [辨魔揀異] 그 사(邪)와 정(正)을 알려는 것이다."

[해설]

선지식[主]과 수행자[客, 賓]의 만남을 네 가지로 간추리고 있는데 이를 사빈주화(四賓主話)라고 한다. 이 대목(13-22, 23)은 앞(13-14, 15)과 그 내용이 겹치고 있다. 앞에서는 선지식을 '주인[主]'으로, 수행자를 '손님[賓]'으로 호칭하고 있다. 여기서도 역시 선지식을 '주인[主]'으로, 수행자를 '손님[客]'으로 호칭하고 있지만 여기에서는 '빈(賓)' 자 대신 '객(客)' 자를 쓰고 있다. 허나 그 뜻에는 별 차이가 없다.

〈13-14〉에서는 사빈주화 가운데 ②주간객(主看客)이 생략되었고 대신 ③주간주(主看主)가 두 번 중복된다(㊀好賓好主, ㊁好主好賓). 그리고 〈13-15〉에서는 ①客看主 대신 ㊂惡主好賓이, 그리고 ④객간객(客看客, 13-23) 대신 ㊃惡賓惡主가 언급되고 있다.

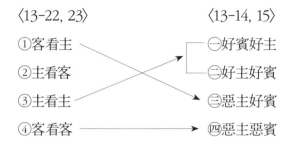

＜13-22, 23＞　　　　　＜13-14, 15＞

①客看主　　　　　㊀好賓好主

②主看客　　　　　㊁好主好賓

③主看主　　　　　㊂惡主好賓

④客看客　　　　　㊃惡主惡賓

이 사빈주화를 좀 더 구체적으로 설명하면 다음과 같다.

①눈 밝은 수행자가 눈먼 선지식을 간파하다[客看主]: 이 경우는 선지식[主]에게 하늘과 땅이 뒤집어지는[翻天動地] 강한 충격이 있어야만 선지식의 안목이 열릴 수 있다. 왜냐하면 선지식은 모두가 받드는 윗자리에 있기 때문이다. 윗자리에 있는 사람이 아랫사람[客]에게 가르침을 받기란 참 어려운 일이다. 자존심을 비롯하여 그의 모든 걸 내려놔야만 하기 때문이다.

②눈 밝은 선지식이 눈먼 수행자를 간파하다[主看客]: 이 경우는 수행자[客] 쪽이 꾸준히 수행의 내공을 쌓으면서 때를 기다려야만 한다[當觀時節因緣]. 선지식[主] 쪽에서도 수행자의 수행이 익어가는 걸 눈여겨보며 기다려 줘야 한다.

③눈 밝은 선지식과 눈 밝은 수행자가 서로를 간파하다[主看主]: 이 경우는 선지식[主]과 수행자[客→主]가 모두 안목이 열렸으므로 노랫가락과 박자가 척척 들어맞는다[唱拍相隨]. 비로소 수행의 일이 끝났으므로 최상의 상태(제1 최상급)라 할 수 있다.

④눈먼 수행자와 눈먼 선지식이 서로를 간파하지 못하다[客看客]: 이 경우는 수행자와 선지식[主→客]이 둘이 모두 안목이 없으

므로 가장 절망적인 상태다. 여기에서는 깨달음의 날을 영영 기약
할 수가 없다[有什麼了期].

①客看主 → 翻天動地 → 강한 충격 → 제3 중간급
②主看客 → 當觀時節因緣 → 가능 → 제2 상급
③主看主 → 唱拍相隨 → 參學事畢 → 제1 최상급
④客看客 → 有什麼了期 → 불가능 → 제4 최하급

[원문]

或有學人이 應一箇淸淨境하야 出善知識前하면 善知識辨得是境
하고 把得抛向坑裏라 學人言호대 大好善知識이라하면 卽云 咄哉라
不識好惡로다 學人便禮拜하나니 此喚作主看主라 或有學人이 披枷
帶鎖하고 出善知識前에 善知識更與 安一重枷鎖하면 學人歡喜하나
니 彼此不辨이라 呼爲客看客이라 大德이여 山僧如是所擧는 皆是辨
魔揀異며 知其邪正이라

[주(註)]

　—

【 13-24 】

[번역]

"수행자 여러분, 진정한 구도심을 내기란 참으로 어렵다. 불법은

심오하기 이를 데 없으나 노력하면 어느 정도까지는 이해가 가능하다. 산승은 온종일 수행자들에게 불법을 말해 주지만 그들은 별로 내 말에 귀를 기울이지 않는다. 천 번 만 번(千遍萬遍, 언제나 늘) 발로 밟고 다니면서도 그것을 전혀 모르고 있다. 그것은 단 하나의 형체도 없지만 그러나 역력하며 스스로 빛을 발한다[孤明]. 그러나 수행자들이 자기 자신에 대한 확신이 없기 때문에 문자 언어상에서 분별심을 내나니 나이 50이 되어서까지 죽은 시체를 짊어지고 옆길[邪道]로 가고 있다. 그는 이렇듯 관념의 짐을 짊어지고 천하를 바삐 쏘다니고 있으니 저승에 가면 염라대왕이 짚신값을 청구할 날이 있을 것이다."

[해설]

불법(佛法)이란 관념적인 이해가 아니라 온몸과 마음으로의 체험이다. '지금 여기'서 빛을 발하고 있지만 그러나 찾아보면 흔적도 없는 것. 바로 이것을 체험하자는 것이다. 이것은 무엇인가? 그대 자신이요, 나 자신이다. 어떤 것에도 오염되지 않은 순수로서의 그대요, 나다. 벗이여, 언제까지나 관념적인 이해의 수준에만 머물 것인가. 이제 곧 이 육신을 벗어 버리고 그대 홀로 떠나야 할 날이 온다. 가고 싶지 않아도 이 세상을 떠나야 할 날이 온다. 가을바람만이 쓸쓸하게 나를 따라 오겠지……

만일 오늘의 일을 논한다면
물이 물로 되돌아가는 것 같네.

우수수 잎 지는 소리

달빛은 희고 바람은 맑네.

若論今日事 如水歸于水

蕭蕭落木聲 月白淸風裏

– 환성 노사(幻惺老師)의 임종게(臨終偈)

[원문]

道流여 寔情大難이요 佛法幽玄이나 解得 可可地라 山僧竟日與他
說破나 學者總不在意라 千遍萬遍脚底踏過나 黑沒焌地니 無一箇
形段하야 歷歷孤明이라 學人 信不及하야 便向名句上生解하나니 年
登半百에 秖管傍家 負死屍行하야 擔却擔子天下走하나니 索草鞋
錢有日在라

[주(註)]

○ 식정대난(寔情大難): 진정대난(眞情大難). 간절한 구도심을 내기란 참
  으로 어렵다.
○ 해득가가지(解得可可地): 어느 정도까지는 이해하여 알 수 있다. '지
  (地)'는 어미.
○ 경일(竟日): 하루 종일.
○ 설파(說破): ~을 말하다. '파(破)'는 어미.
○ 재의(在意): 주의를 기울이다. 관심을 갖다.
○ 흑몰준지(黑沒焌地): 아주 캄캄하다. 생각으로 헤아릴 수가 없다. '지
  (地)'는 어미.
○ 연등반백(年登半百): 나이 오십.
○ 지관(秖管): 지관(只管). 오직. 오로지.

○ 부사시행(負死屍行): 죽은 시체를 짊어지고 다니다.

○ 담각담자(擔却擔子): (관념의) 짐을 짊어지다.

○ 색초혜전(索草鞋錢): (저승에 가면 염라대왕이) 짚신 값을 청구하다.

【 13-25 】

[번역]

"수행자 여러분, 산승이 말하길 '법[佛法]이 없다'고 하면 수행자들은 이 말뜻을 알지 못하고 안에 법이 있다고 생각하면서 벽에 기대앉아 혀를 입천장에 대고 움직이지 않으며 '이것이 조사문하의 불법'이라고 한다. 그러나 이는 크게 잘못된 것이다. 그대들이 만일 부동청정경(不動淸淨境)을 불법이라고 생각한다면, 그대는 저 무명(無明)을 주인으로 착각하는 것이다. 옛사람은 말하길, '담담한 어둠의 깊은 구덩이[湛湛黑暗深坑]가 정말 두렵다.'고 했는데, 이게 바로 그것이다. 그대가 만일 저 움직이는 것[動者]을 이것으로 안다면 초목들은 모두 흔들릴 줄 아나니, 이것을 도(道)라 해야 하지 않겠는가. 움직이는 것은 풍대(風大)이며 움직이지 않는 것은 지대(地大, 대지)인데, 움직이는 것[動]과 움직이지 않는 것[不動]은 모두 자성(自性, 고유한 성질)이 없다. 그대가 동처(動處)에서 이것을 포착하려 하면 이것은 부동처(不動處)에 서 있으며, 또 부동처에서 이것을 포착하려 하면 이것은 동처에 서 있다. 이는 마치 연못 속의 물고기가 물결을 일으키며 물 밖으로 튀어 오르는 것과 같다.

대덕 여러분, 동과 부동은 두 가지 경계에 지나지 않나니 실은 이 무의도인(無依道人)이 동을 사용하고 또 부동을 사용하고 있다."

[해설]

밖을 향해 치닫지 말라. 안에서도 찾지 말라. 안에서 찾으면 그 것은 밖에 있고 밖을 향해 찾으면 그것은 안에 있다. 그러나 마음 을 일으켜 찾지 않으면 그것은 안에도 있고 동시에 밖에도 있다. 동처에도 있고 동시에 부동처에도 있다.

[원문]

大德이여 山僧說向外無法이라하면 學人不會하야 便即向裏作解하야 便即倚壁坐하고 舌拄上齶하고 湛然不動하고 取此爲 是祖門佛法 也라하나니라 大錯 是爾若取不動淸淨境爲是라 하면 爾即認他無明 爲郎主라 古人云호대 湛湛黑暗深坑이 實可怖畏라하니 此之是也라 爾若認他動者是면 一切草木皆解動하나니 應可是道也라 所以動者 是風大며 不動者 是地大라 動與不動이 俱無自性이라 爾若向動處 捉他면 他向不動處立하며 爾若向不動處捉他면 他向動處立이라 譬 如潛泉魚는 鼓波而自躍이라 大德이여 動與不動은 是二種境이라 還 是無依道人이 用動 用不動이라

[주(註)]

○ 설주상악(舌拄上齶): 혀를 입천장(상악)에 대다. 좌선할 때의 자세.

○ 위시(爲是): ~이라고 하다.

○ 대착(大錯): 크게 잘못되다.

○ 낭주(郞主): 주인.

○ 담담(湛湛): 깊고 깊은.

○ 풍대(風大): 바람. '대(大)'는 '원소(元素, element)'라는 뜻.

○ 지대(地大): 흙.

○ 잠천어(潛泉魚): 잠연어(潛淵魚), 연못 속에 숨어 있는 물고기. 물 밑에 있는 물고기. 물고기의 활동 범위는 물 밑과 물 위다. 여기서의 물 밑은 '부동(不動)의 상태'를, 그리고 물 위는 '동(動)의 상태'를 말한다. 이처럼 동과 부동은 우리 마음[無位眞人]의 활동 범위다. 그러므로 부동청정경(不動淸淨境)에만 머물러 있는 것은 한쪽으로만 치우쳐 있기 때문에 잘못된 것이다. 마음의 완전한 작용이라고 볼 수가 없다.

○ 환시(還是): 다름 아닌 ~이다.

【 13-26 】

[번역]

"제방에서 수행자들이 오면 산승은 여기서 그들의 자질과 능력을 세 종류로 나누어[三種根器] 판단한다. 중간 아래 급의 수행자[中下根器]가 오면 나는 그 경계를 부정하고 법은 부정하지 않는다. 중간급보다 상급의 수행자[中上根器]가 오면 나는 그 경계와 법[境法]을 모두 부정한다. 그러나 최상급 수행자[上上根器]가 오면 나는 그 경계와 법과 당사자[境法人]를 부정하지 않는다. 그러나 정말 뛰어난 수행자[出格見解人]가 오면 산승은 문자 언어에 구애

받지 않고 나 자신 전체를 드러내 맞이하며 자질이나 능력 따위는 더 이상 문제시하지 않는다.

대덕 여러분, 이런 경지는 수행자가 전력투구하는 곳으로서 바람조차 들어갈 틈이 없으며, 전광석화처럼 빨라서 순식간에 지나가 버려 그 흔적조차 없다. 그러나 수행자가 이를 알아차리지 못하고 두 눈을 두리번거린다면 이는 잘못된 것이다. 마음을 일으키면 빗나가고[擬心卽差] 생각을 움직이면 어긋나지만, 이를 아는 자에게는 지금 여기 내 눈앞을 떠나지 않았다.

대덕 여러분, 그대들은 육체라는 이 똥자루에 배낭을 짊어지고 옆길로 치달으며 부처를 구하고 법을 찾는다. 그러나 지금 이렇게 찾고 있는 그것이 무엇인 줄 그대는 알고 있는가? 그것(바로 그대 자신)은 활발하게(역동적으로) 활동하고 있지만 찾아보면 그 뿌리가 없나니 한곳으로 모아도 모이지 않고 사방으로 흩어도 흩어지지 않는다. 그것은 찾으면 점점 멀어지고 찾지 않으면 눈앞에 있나니, 그것의 신령스러운 소리[靈音]는 언제나 귀에 들린다. 그러나 그대들이 이 사실을 믿지 않는다면 한평생의 수행도 헛고생이 되어 버리고 말 것이다."

[해설]

법[佛法]을 찾고 도를 구하는 그대 자신이야말로 법의 근원이요, 도의 본질이다. 무엇인가를 찾아 헤매는 바로 그 장본인이야말로 그대가 찾고 있는 바로 그것이다. 벗이여, 이 글을 읽고 있는 그대 자신이야말로 부처의 발원지요, 신(神)이라는 개념이 나온 근원이다. 이렇게 말하면 유신론자들은 화를 내겠지. 그렇다면 잠깐! 화를 내고 있는 그 장본인은 누구인가? 그 장본인이야말로 신(神)이라는, 부처(佛)라는 개념어를 만들었다. 벗이여, 정신 바짝 차려야 한다. 이 사람 말 듣고 저 사람 말 듣다가는 죽도 밥도 안 된다. 그대의 삶은 그대만의 것, 그 누구도 그대의 삶을 대신 살 아줄 수는 없다. 사랑이라는 이름으로, 가족이라는 이름으로, 친 구라는 이름으로 그대를 그들 방식대로 끌고 가려는 이 어리석은 자들을 믿지 말라. 좌선, 참선수행은 깨닫기 위해서 하는 것이 아 니다. 그것은 깨닫기 위해서가 아니라 깨닫고자 하는 의도적인 그 마음을 없애기 위해서 하는 것이다.

[원문]

如諸方學人來면 山僧此間에 作三種根器斷이라 如中下根器來면 我 便奪其境하고 而不除其法하며 或中上根器來면 我便境法俱奪하고 如上上根器來면 我便境法人俱不奪하고 如有出格見解人來면 山 僧此間에 便全體作用하야 不歷根器라 大德이여 到這裏하야 學人著 力處不通風이니 石火電光即過了也라 學人若眼定動하면 即沒交涉 이라 擬心即差요 動念即乖나 有人解者는 不離目前이라 大德 爾擔 鉢囊屎擔子하고 傍家走 求佛求法하나니 即今與麼馳求底를 爾還 識渠麼아 活鱍鱍地나 秖是勿根株라 擁不聚하고 撥不散이라 求著 即轉遠이요 不求還在目前이니 靈音屬耳라 若人不信하면 徒勞百年이 니라

[주(註)]

○ 여(如): 만일(若).

○ 근기(根器): 수행자의 자질과 능력.

○ 단(斷): 판단.

○ 변탈(便奪): 즉시 ~을 빼앗다.

○ 경(境): (주관에 대한) 객관현상.

○ 법(法): 불법(佛法).

○ 출격견해인(出格見解人): 아주 뛰어난 능력을 가진 사람.

○ 전체작용(全體作用): ①전체를 드러내 보이다. ②본래 자리를 그대로 드러내 보이다. ③언어 문자에 떨어지지 않다.

○ 불력(不歷): 차례를 정하지 않다. 문제 삼지 않다.

○ 착력처(著力處): 전력투구한 곳.

○ 안정동(眼定動): 안목정동(眼目定動). 놀라서 두 눈을 두리번거리다.

○ 몰교섭(沒交涉): 서로 공감하지 못하다.

○ 의심즉차(擬心卽差): 마음을 일으키면 빗나간다.

○ 유인해자(有人解者): 이런 사실을 아는 사람.

○ 발랑(鉢囊): 밥그릇과 밥그릇 넣는 주머니.

○ 시담자(屎擔子): 똥자루(육체).

○ 즉금(卽今): 지금 현재.

○ 여마(與麼): 이렇게.

○ 환식~마(還識~麼): ~을 알 수 있겠는가?

○ 활발발지(活鱍鱍地): 활발하게. '지(地)'는 어미.

○ 지시(祇是): 다만.

○ 물근주(勿根株): 뿌리를 내리지 않다.

○ 영음속이(靈音屬耳): 신령스러운 소리(영음, 法音)를 귀로 듣다.

○ 백년(百年): 인간의 일생.

【 13-27 】

"수행자 여러분, 한 찰나 간에 화장세계에 들어가고 비로자나 국토에 들어가며 해탈국토에 들어가고 신통국토에 들어가며 청정한 국토에 들어가고 이 모든 세계[法界]에 들어가며 더러운 곳에 들어가고 청정한 곳에 들어가며 범부의 경지에 들어가고 성인의 경지에 들어가며 아귀 축생의 세계에 들어가서 도처에서 찾아봐도 나는 생과 사[生死]가 있음을 보지 못했나니, 여기 오직 헛된 명칭[空名]만이 있을 뿐이다. 그러므로 실재하지 않는 것을 붙잡으려 애쓰지 말고 득실시비를 모두 놔 버려라."

[해설]

나(내 마음)는 이 우주 어디든 안 가는 곳이 없다. 나는 빛보다 빠르고 굼벵이보다 느리다. 나는 밝음보다 더 밝고 어둠보다 더 어둡다. 나는 성자보다 더 성스러우며 속인보다 더 속되다. 벗이여, 깨끗하기 이를 데 없음과 동시에 더럽기 그지없는 이 '나'를 버리고 어디로 가는가? 어디 가서 문전걸식을 하고 있는가? 돌아오라 소렌토가 아니라 그대 자신에게로.

[원문]

道流여 一刹那間에 便入華藏世界하며 入毘盧遮那國土하며 入解脫國土하며 入神通國土하고 入淸淨國土하며 入法界하고 入穢入淨

하며 入凡入聖하고 入餓鬼畜生하며 處處討覓尋이나 皆不見 有生有
死하나니 唯有空名이라 幻化空花를 不勞把捉이니 得失是非를 一時
放却하라

[주(註)]

○ 화장세계(華藏世界): 연화장세계(蓮華藏世界). 법신 비로자나불의 정토
　(淨土).
○ 비로자나(毘盧遮那): 법신 비로자나불. 불멸의 진리를 인격화한 명칭.
○ 신통국토(神通國土): 초능력에 의해서 일시적으로 건설된 국토(거주
　처).
○ 토멱심(討覓尋): ~을 찾다.
○ 공명(空名): 헛된 이름.
○ 환화공화(幻化空花): 몽환공화(夢幻空花), 꿈, 환영(幻影), 공화(空花).
　'실재하지 않는 것'의 비유.
○ 불로파착(不勞把捉): 굳이 붙잡으려고 애쓰지 말라.
○ 일시방각(一時放却): 한꺼번에 모두 놓아 버리다.

【 13-28 】

[번역]

　"수행자 여러분, 산승의 불법은 그 법맥이 정통으로 이어져 내
려왔다. 마곡 화상, 단하 화상, 도일 화상, 여산 및 석공 화상이 동
일한 수행을 해서 이 정통으로 이어져 내려온 불법을 천하에 두

루 전파했다. 그러나 이를 믿는 사람이 없어 모두들 비난만 하고 있다. 저 도일 화상의 종풍(宗風, 가풍)은 순수하기 이를 데 없어서 300~500명의 수행자들이 하나같이 그의 참된 뜻을 간파할 수가 없었다. 여산 화상의 경우는 생각대로 행동해도 그 올바름을 잃지 않았으므로 순(順)과 역(逆)의 전략을 사용하는 곳에서는 수행자들이 도무지 그의 의중을 헤아릴 수가 없어서 망연자실했다. 저 단하 화상의 경우는 지혜의 구슬을 숨겼다 드러냈다 하기를 자유자재로 했기 때문에 그를 찾아오는 수행자들은 모두 혼이 났다. 마곡 화상의 가르침[用處]은 그 쓴맛이 마치 황벽나무와도 같아서 누구도 가까이 접근할 수가 없었다. 또 석공 화상은 화살을 겨누며 눈 밝은 사람을 찾았기 때문에 그를 찾아오는 자는 모두 두려움에 떨었다.”

[해설]

이 대목에서 임제는 마조와 황벽으로부터 자신에게로 전해 내려온 선(禪)의 정통법맥에 대하여 언급하고 있다. 시종일관 좌충우돌하면서 기존의 불교인들을 마구 비판하고 있는 임제의 가풍은 달마로부터 정통으로 전해 내려오는 가르침이라는 것이다. 부처님의 가르침은 이토록 역동적인데 제자들은 왜 이렇게 식은 재처럼 활기가 없는가. 역동적이지 못하고 권력에 달라붙고 돈에 머리 숙이고 있는가.

道流여 山僧佛法은 的的相承이니 從麻谷和尚과 丹霞和尚과 道一
和尚과 廬山與石鞏和尚이 一路行遍天下라 無人信得하야 盡皆起
謗이라 如道一和尚用處는 純一無雜하야 學人三百五百이 盡皆不見
他意라 如廬山和尚은 自在眞正하야 順逆用處에 學人不測涯際하야
悉皆忙然이라 如丹霞和尚은 翫珠隱顯하야 學人來者가 皆悉被罵라
如麻谷用處는 苦如黃蘗하야 近皆不得이라 如石鞏用處는 向箭頭上
覓人이니 來者皆懼라

[주(註)]

○ 적적상승(的的相承): 정통으로 법맥을 이어오다.

○ 마곡(麻谷): 마곡보철(麻谷宝徹). 마조(馬祖)의 제자.

○ 단하(丹霞): 단하천연(丹霞天然, 739~824). 석두(石頭)의 제자.

○ 도일(道一): 마조도일(馬祖道一, 709~788). 당대(唐代) 선(禪)의 중흥조.

○ 여산(廬山): 여산의 귀종지상(歸宗智常). 마조의 제자.

○ 석공(石鞏): 석공혜장(石鞏慧藏). 마조의 제자.

○ 일로행(一路行): (선배들과) 똑같은 수행을 하다.

○ 편천하(遍天下): 온 누리에 두루 펴다.

○ 무인신득(無人信得): 믿는 사람이 없다. '득(得)'은 어미.

○ 진개기방(盡皆起謗): 모두들 비난하다.

○ 용처(用處): 종풍(宗風), 종풍을 펼치는 방법.

○ 자재진정(自在眞正): 생각대로 마구 행동해도 올바름[眞正]을 잃지 않
  다.

○ 불측애제(不測涯際): 추측할 수가 없다.

○ 망연(忙然): 망연(茫然). 넓고 멀어 아득한 모양. 멍한 모양.

○ 완주은현(翫珠隱顯): 지혜의 구슬(珠)을 보였다가 감췄다가 마음대로 가지고 노는 것. 지혜력(智慧力)을 마음대로 구사하는 것.

○ 황벽(黃蘗): 황벽나무. 껍질은 한약재로 사용하는데 그 맛이 몹시 쓰다.

○ 근개부득(近皆不得): 개근부득(皆近不得). 누구든 가까이 갈 수가 없다.

○ 향전두상(向箭頭上): 화살[箭頭] 위에서. '향(向)'은 '어(於, ~에서)'의 뜻임.

【 13-29 】

[번역]

"산승이 오늘 수행자 여러분을 지도하는 곳은 거짓이 없어서 성립과 파괴(주고 뺏음)를 자유자재로 한다. 산승은 이 모든 경계에 들어가나 가는 곳마다 인위조작이 없나니, 어떤 경계도 이런 나의 심경을 잡아 흔들 수 없다.

나는 가르침을 받고자 나를 찾아오는 이들을 간파하지만 그들은 나를 알지 못한다. 내가 갖가지 개념의 옷을 입으면 수행자는 이 개념의 옷에 분별심을 일으켜 나의 언구(言句) 속으로 들어온다. 참으로 한심하구나. 안목이 없는 이 눈먼 수행자들이여 내가 입고 있는 개념의 옷에 집착해서 '푸르다, 누르다, 붉다, 희다'라고 분별심을 내고 있다. 내가 이 모든 개념의 옷을 벗어 버리고 청정한 경계에 들어가면 수행자들은 그것을 보고 몹시 기뻐한다. 그러나 내가 이 청정한 경계마저 벗어 버리면 수행자들은 혼비백산하여 미친 듯이 뛰어다니며 '임제는 더 이상 불법의 옷을 입지 않았다.'고 말한다. 그러면 나는 그들에게 이렇게 말한다. '그대는 〈나〉라는 옷을 입고 있는 이 사람을 아는가?' 내 말을 듣고 그대들은 문득 고개를 돌리며 '나(임제)를 모두 알았다.'고 말한다."

[해설]

'말에 놀아나지 말라'고 임제는 호통을 치고 있다. 말끝을 따라 쥐 불알처럼 왔다 갔다 하지 말라고 주의를 주고 있다.

우린 곧잘 종교지도자라는 사람들의 말에 현혹되어 이 삶을 망치고 있다. 그들의 엉터리 예언에 혹해 이 삶을 망가뜨리고 있다.

[원문]

如山僧今日用處는 眞正成壞 翫弄神變이라 入一切境이나 隨處無事니 境不能換이라 但有來求者를 我即便出看渠나 渠不識我라 我便著數般衣하면 學人生解하야 一向入我言句라 苦哉라 瞎禿子 無眼人아 把我著底衣하야 認靑黃赤白이라 我脫却 入淸淨境中하면 學人一見 便生忻欲이요 我又脫却하면 學人失心하야 忙然狂走하며 言我無衣라하나니라 我即向渠道호대 爾識我著衣底人否아하면 忽爾回頭하고 認我了也라

[주(註)]

○ 성괴(成壞): 주기도 하고 살리기도 하고[成] 뺏기도 하고 죽이기도 하는 것[壞].

○ 완롱신변(翫弄神變): 수행자를 지도하는 방법이 자유로운 것.

○ 단유(但有): 모든. 당대(唐代)의 속어임.

○ 변(便): 즉시.

○ 착수반의(著數般衣): 여러 가지 옷을 입다. 여러 종류의 문자 언어를 사용하다.

○ 고재(苦哉): 참 난처하다. 참 한심하다.

○ 할독자(瞎禿子): 눈먼 수행자.

○ 파아착저의(把我著底衣): 내가 입고 있는 옷에 집착해서.

○ 흔욕(忻欲): 기뻐하는 마음을 내다.

○ 망연광주(忙然狂走): 멍청하게 미친 듯이 돌아다니다.

○ 식~비(識~否): ~을 알고 있는가?

○ 아착의저인(我著衣底人): '나'라는 옷을 입고 있는 사람.

【 13-30 】

[번역]

"대덕 여러분, 그대들은 이 개념이라는 옷에 대해 잘못 알지 말라. 옷은 스스로가 움직이지 못하나니 사람이 옷을 입는 것이다. 옷에는 어떤 것이 있는가? 청정이라는 옷[淸淨衣], 불생불멸이라는 옷[無生衣], 보리라는 옷[菩提衣], 열반이라는 옷[涅槃衣], 조사라는 옷[祖衣], 부처라는 옷[佛衣] 등이 있다. 대덕 여러분, 모든 문자 언어는 의변(衣變)이다. 배꼽 주변에 퍼져 있는 기(氣)의 바다가 진동하고 이빨이 서로 부딪혀 말이 되고 개념이 생기나니 이것들은 모두 환화(幻化)라는 걸 분명히 알아야 한다. 대덕 여러분, 밖으로는 음성과 말이 나가고 안으로는 생각의 흐름[心所法]이 시작된다. 그러므로 이 생각과 흐름은 모두 옷(가변적인 것)일 뿐이다. 그대들은 이런 식으로 '누군가가 입고 있는 이 개념의 옷'을 실재하는 것이라 알고 있다. 그러나 이런 식이라면 오랜 세월 동안 수행을 하더라도 의통(衣通) 수준에 머물 뿐이다. 이 수준에서는 삼계에 떠돌면서 생사윤회를 거듭하나니 인위조작이 없는 것[無事]만 같지 못하다. 그러므로 서로 만나도 서로를 알지 못하고 더불어 이야기를 하면서도 상대의 이름을 모른다."

[해설]

마음이 움직이면 생각이 되고 생각의 물결이 일면 개념이, 언어가 된다. 그러므로 이 모든 언어는 옷, 즉 일시적이며 가변적인 것에 불과하다. 옷에는 어떤 것이 있는가? 부처라는 옷, 열반이라는 옷, 신(神)이라는 옷, 깨달음이라는 옷, 수행이라는 옷 등이 있다. 벗이여, 옷이 제아무리 훌륭하고 멋지다 해도 옷이 그대 자신이 될 수는 없다. 그리고 어느 한 벌의 옷만을 마냥 입고 있을 수도 없다. 입은 옷이 더러워지거나 해지면 새 옷으로 바꿔 입어야 한다. 부처라는 옷, 열반이라는 옷, 깨달음이라는, 신이라는, 수행이라는 옷은 사람들이 너무나 많이 입어서 더러워질 대로 더러워졌다. 벗이여, 어서 그 헌옷을 벗어 버려라. 그 낡은 언어의 틀 속에서 나오라. 단 한 번뿐인 이 삶을 그런 언어 속에 가두지 말라.

[원문]

大德이여 爾莫認衣하라 衣不能動이니 人能著衣라 有箇清淨衣며 有
箇無生衣며 菩提衣며 涅槃衣며 有祖衣며 有佛衣라 大德이여 但有
聲名文句는 皆悉是衣變이라 從臍輪氣海中鼓激하고 牙齒敲磕하야
成其句義니 明知是幻化라 大德이여 外發聲語業이요 內表心所法이
라 以思有念은 皆悉是衣라 爾秖麼 認他著底衣 爲實解면 縱經塵
劫이라도 秖是衣通이라 三界循環하야 輪回生死하나니 不如無事라
相逢不相識이며 共語不知名이라

[주(註)]

○ 인의(認衣): 옷에 집착하다. 옷을 자기 자신으로 잘못 알고 있다

○ 유개청정의(有箇清淨衣): 이[箇] 청정이라는 옷[清淨衣]이 있다[有].

○ 무생의(無生衣): 불생불멸의 진리(無生)라는 옷.

○ 열반의(涅槃衣): 열반이라는 옷.

○ 유조의(有祖衣): 조사(祖師)라는 옷이 있다.

○ 의변(衣變): 옷을 번갈아 바꿔 입듯 변하다. 즉 가변적인 것.

○ 제륜기해(臍輪氣海): 배꼽(제륜) 주변에 퍼져 있는 기(氣)의 바다[丹田].

○ 고격(鼓激): 진동하다.

○ 고개(敲磕): (이빨이) 서로 부딪쳐 소리를 내다.

○ 성어업(聲語業): 말(언어)의 작용.

○ 환화(幻化): 실재하지 않는 것.

○ 심소법(心所法): 마음의 작용(생각의 흐름).

○ 의통(衣通): 옷에 대해서 통달하다. 표면적인(개념적인) 이해의 수준에 머물다.

○ 타착저의(他著底衣): 누군가[他]가 입고 있는 옷.

○ 종경(縱經): 비록 ~이 지나더라도.

○ 진겁(塵劫): 티끌처럼 많은 시간(1겁은 13억 4천 4백만 년). 즉 '기나긴 시간.'

【 13-31 】

[번역]

"지금의 수행자들이 진정한 깨달음을 얻지 못하는 것은 언어 문자상의 이해를 깨달음으로 착각하고 있기 때문이다. 큼직한 노트에 안목 없는 노장[死老漢]들의 말을 기록한 다음 보자기로 세 겹 다섯 겹을 싸서 다른 사람이 보지 못하게 하며 '이것은 현묘한 이치를 말한 것이며 소중한 것'이라고 한다. 그러나 이는 착각이다. 무지한 놈들이여, 그대(들)는 깡마른 뼈다귀에서 도대체 무슨 즙(汁)을 찾고 있는가. 여기 또 좋고 나쁜 것도 분간할 줄 모르는 한 무리가 있으니 그들은 경전 속의 말들을 제멋대로 해석하여 하나의 자기주장(학설)을 만든 다음 이것을 사람들에게 가르친다. 그러나 이것은 마치 똥 덩어리를 집어 자기 입에 넣은 다음 다른 사람의 입에 토해 넣어 주는 것과 같다. 또한 저 세인들의 전구령(傳口令) 놀이를 하는 것과 같나니 일생을 허송세월할 뿐이다. 그러면서 '나는 출가 수행자'라 말하나니 누군가에게 불법에 대한 질문을 받으면 입을 다문 채 아무 말도 못한다. 그 눈알은 마치 시커먼 굴뚝처럼 튀어나왔고 입은 굳게 붙어서 도무지 열릴 줄을 모른다. 이런 무리들은 미륵불이 출현하더라도 다른 세계로 옮겨가서 지옥에 머물며 고통을 받게 될 것이다."

[해설]

내가 나에게 주어진 이 삶을 만끽하지 못하는 것은 오로지 문자 언어의 해석에만 매달리기 때문이다. 이 삶을 개념적으로만 이해하려 하기 때문이다. 정말 값진 삶이 어떤 것인지도 모르면서 '1+1=2'식의 교과서적인 답을 가지고 역동적인 이 삶을 살려 하기 때문이다. 종교인들은 경전의 교과서적인 해설을 대대로 전해 주고 받으며 '이러이러한 해석이야말로 정통성과 권위가 있다.'고 말한다. 그러나 그들은 이 삶이, 깨달음이 뭔지를 전혀 모르고 있다. 이 삶은 교과서가 아니다. 1+1=2가 아니다. 1+1=1도 될 수 있고, 3도 4도 100도 1000도 될 수 있는 게 바로 이 삶이다. 벗이여, 관념론자가 되지 말라. 정통적인 해석에만 매달리는 그들은 '관념이라는 똥 덩어리를 물고 있다가 다른 사람의 입 속에 토해내는 것과도 같다.'고 임제는 지독한 말을 하고 있다. 임제의 이 말은 듣기가 좀 거북하지만 그러나 틀린 말은 아니다.

[원문]

今時學人不得은 蓋爲認名字爲解라 大策子上에 抄死老漢語하야 三重五重複子裏하야 不敎人見하고 道호대 是玄旨라하며 以爲保重

이니 大錯이라 瞎屢生이여 爾向枯骨上에 覓什麼汁고 有一般不識好
惡는 向敎中取意度商量하고 成於句義라 如把屎塊子 向口裏含了
하야 吐過與別人이라 猶如俗人 打傳口令相似니 一生虛過라 也道호
대 我出家라하고 被他問著 佛法하면 便即杜口無詞며 眼似漆突이요
口如匾擔이라 如此之類는 逢彌勒出世라도 移置他方世界하야 寄地
獄受苦라

[주(註)]

○ 부득(不得): 선(禪)의 진수를 깨닫지 못하다.

○ 대책자(大策子): 대책자(大冊子), 큼직한 노트.

○ 초(抄): 기록하다.

○ 사노한(死老漢): 안목이 없는 노장(늙은 승).

○ 복자(複子): 보자기.

○ 이위보중(以爲保重): 매우 소중하게 여기다.

○ 할루생(瞎屢生): 무지한 녀석. '생(生)'은 어미.

○ 향교중(向敎中): 경전 가운데서[於經典中].

○ 취의탁상량(取意度商量): 상상하고 추측하다. '취(取)'는 연자(衍字, 불
　필요하게 들어간 글자)일 것이다[入矢義高].

○ 시괴자(屎塊子): 똥 덩어리. '자(子)'는 어미.

○ 과여(過與): 건네다.

○ 여~상사(如~相似): 약사(若似). 마치 ~와 같다.

○ 타(打): 실행하다. ~을 행하다[行].

○ 전구령(傳口令): 발음하기 어려운 말을 옆 사람에게 똑같이 발음하도
　록 전달하는 놀이. 흔히 주연을 베풀 때 흥을 돋우기 위해서 이 놀이
　를 행했다. 그러나 여기에서는 '뜻이 부정확한 말을 옆 사람에게 전

달하다.' 정도의 뜻임.

○ 야도(也道): 수도(雖道). '그래도~'라고 말하지만. 당송(唐宋)의 시문(詩文)에 이런 용례가 많다[入矢義高].

○ 문착(問著): ~을 묻다.

○ 피타문착(被他問著): ~에 대하여 질문을 받다.

○ 두구무사(杜口無詞): 두구무언(杜口無言). 입을 굳게 다물고 말을 하지 않다.

○ 칠돌(漆突): 시커먼 굴뚝처럼 튀어나온 눈. 생기를 잃은 눈.

○ 변담(匾擔): 천평(天平, 저울의 한 가지)의 저울대. 입을 ∧모양으로 굳게 다문 모습에 비유한 것.

○ 기(寄): ~에 머물다.

【 13-32 】

[번역]

"대덕 여러분, 그대(들)는 이곳저곳으로 분주하게 다니며 도대체 무슨 물건을 찾고 있기에 그대 발바닥은 이렇게 평발이 되었는가? 여기 구해야 할 부처도 없고 성취해야 할 도(道)도 없으며 얻어야 할 법(法)도 없다. 밖으로 형상이 있는 부처를 구한다면 그대와 같지 않나니 그대의 본심(本心, 本性)을 알고자 한다면 본심에 합하는 것도 없고 또한 분리되는 것도 없다는 이 사실을 알아야 한다. 수행자 여러분, 진정한 부처는 형상이 없으며[眞佛無形] 진정한 도는 본체가 없고 진정한 법은 모양이 없나니 이 세 가지는 서

로 섞여서 하나로 합친다. 그러나 이런 이치를 알지 못하는 자를
일러 '업식(業識)이 망망한 중생'이라고 한다."

[해설]

진정한 부처를 찾고 있는가? 부처는 형상(모습)이 없다. 참된 도
를 찾고 있는가? '도'는 '이것이 도'라는 것이 없는 바로 그것이다.
불멸의 불법(佛法)을 구하고 있는가? '이것이 불멸이다'라고 정해
진 것이 없는 그것이 바로 불멸의 불법이다. 그러므로 벗이여, 그
대 생명의 흐름이 이끄는 대로 가라. 관념이 아니라 조직이 아니
라 그대 심장이 이끄는 대로 가라. 사람들에게 비난받는 것을 두
려워 말라. 자기 자신의 길을 갔던 이들 가운데 비난받지 않은 사
람은 단 한 사람도 없었다. 가시밭길을 가지 않은 사람은 단 한 사
람도 없었다.

[원문]

大德이여 爾波波地 往諸方하야 覓什麽物컨데 踏爾脚板闊고 無佛
可求며 無道可成이며 無法可得이라 外求有相佛이면 與汝不相似라
欲識汝本心인댄 非合亦非離라 道流여 眞佛無形이며 眞道無體며
眞法無相이라 三法混融하야 和合一處니 辨既不得하면 喚作 忙忙
業識衆生이라

[주(註)]

○ 파파지(波波地): 파파(波波), 바쁘게. 분주하게. '지(地)'는 어미.

○ 답~각판활(踏~脚板闊): 쓸데없이 돌아다녀서 발바닥이 평평해지다 (평발이 되다).

○ 유상불(有相佛): 형상 있는 부처.

○ 비합역비리(非合亦非離): 나 자신이 본래 부처[本來佛]이기 때문에 새삼스럽게 다시 부처가 될(合할) 필요가 없으며 또한 부처와 분리[離] 될 수도 없다는 뜻.

○ 삼법혼융(三法混融): 세 가지가 서로 뒤섞이다.

○ 변기부득(辨既不得): 이러한 사실을 알지 못하다.

○ 망망(忙忙): 망망(茫茫). 아득하다. 잘 파악할 수가 없다.

【 13-33 】

[번역]

문: "진정한 부처, 진정한 법[眞法], 진정한 도[眞道]는 무엇입니까? 저희들에게 가르침을 내려 주십시오."

스승은 말했다.

"부처[佛]란 '마음이 청정한 것[心淸淨]'이며 그 가르침[法]이란 '마음의 광명[心光法]'이 이것이다. 그리고 도란 '이 모든 곳에서 걸림이 없는 청정한 빛[處處無礙淨光]'이다. 이 세 가지는 하나인데 모두 헛된 이름[空名]이며 실지로 있는 것[實有]은 아니다. 참된 수행자는 그 마음의 흐름이 끊어지지 않는다[念念心不間斷, 잡념이 끼어들지 않는다]. 저 달마 대사가 서쪽(인도)으로부터 중국에 온 것도 다만 이 '사이비들의 잘못된 가르침에 현혹되지 않는 사람[不

受人惑底人]'을 찾고자 함이었으니, 그 후 2조(二祖, 혜가)를 만났다. 2조 혜가는 달마 대사의 한 마디 말에 문득 깨닫고 나서 지금까지의 수행공부가 잘못되었다는 것을 알게 되었다. 산승의 오늘 견처(見處)는 조불(祖佛)과 다르지 않다. 만일 제1구에서 깨달으면 조불의 스승이 되고 제2구에서 깨달으면 인천(人天)의 스승이 된다. 그러나 제3구에서 깨달으면 자기 자신조차 구제할 수 없다."

[해설]

진정한 부처[眞佛]란 무엇인가? 진정한 가르침[眞法]이란 무엇인가? 진정한 도[眞道]란 무엇인가? 부처란 '마음이 청정한 상태[心淸淨]'요, 부처의 가르침이란 '마음이 지혜의 빛을 발함[心光明]'이요, 도란 '마음이 그 어디에도 걸리지 않는 것[處處無礙淨光]'이다.

이렇게 하기 위해서는 벗이여, 그대 마음의 흐름(생각)에 이물질(번뇌 망상)이 끼어들지 못하게 해야 한다. 이물질이란 무엇인가? 마음의 흐름(생각)이 그 균형을 잃은 상태다. 마음의 흐름이 균형을 잃으면 부풀거나 움츠러든다. 부푼 상태는 과대망상이요, 움츠러든 상태는 의기소침이다.

벗이여, 그대 의식이 직관의 상태(제1구)에 있으면, 그대는 조불(祖佛)의 스승이 될 수 있다. 그대 의식이 상대의 눈높이에 따라 움직이고 있으면(제2구), 그대는 인간과 신들[人天]의 스승이 될 수 있다. 그러나 그대 의식이 개념(언어)의 상태에 머물러 있으면(제3구), 그대 자신조차 구제하기가 힘들 것이다.

問. 如何是眞佛眞法眞道닛고 乞垂開示하소서 師云호대 佛者 心淸
淨是며 法者 心光明是며 道者 處處無礙淨光是라 三卽一이니 皆是
空名이며 而無實有니라 如眞正學道人은 念念心 不間斷이니라 自達
磨大師從西土來는 秖是覓箇 不受人惑底人이니 後遇二祖라 一言
便了에 始知 從前虛用功夫라 山僧今日見處는 與祖佛不別이라 若
第一句中得하면 與祖佛爲師요 若第二句中得하면 與人天爲師요 若
第三句中得하면 自救不了라

[주(註)]

○ 공명(空名): 헛된 이름.

○ 진정학도인(眞正學道人): 진실한 수행자.

○ 염념심불간단(念念心 不間斷): 염념상속(念念相續). 마음의 흐름이 끊어
　지지 않다. 잡념이 생기지 않다.

○ 지시(秖是): 지시(只是). 다만. 오직.

○ 멱개(覓箇): ~을 찾다. '개(箇)'는 어미.

○ 인혹(人惑): 사이비들의 잘못된 가르침에 현혹되는 것.

○ 불수인혹저인(不受人惑底人): 잘못된 가르침에 현혹되지 않는 사람.

○ 제1구(第一句): 듣는 즉시 깨달을 수 있는 언어[直觀語].

○ 제2구(第二句): 상대의 눈높이에 맞추는 언어[方便語].

○ 제3구(第三句): 개념 이해의 수준에 머무는 언어[觀念語].

○ 3구(三句): 선사가 수행자를 지도하기 위하여 편의상 선(禪)의 종지(宗
　旨)를 세 단계[三句]로 나눈 것. 임제3구, 운문3구(臨濟~, 雲門~) 등이
　잘 알려져 있다.

【 13-34 】

　문: "달마 대사가 서쪽(인도)에서 온 뜻[西來意]은 무엇입니까?"

　스승이 말했다.

　"여기 무슨 뜻이 있다면[有意] 자기 자신조차 구제할 수 없다."

　문: "아무런 뜻이 없다[無意]면 2조는 어떻게 달마 대사에게서 법(法)을 얻었습니까?"

　스승이 말했다.

　"(法을) 얻었다는 것은 아무것도 얻지 않았다는 뜻이다."

　문: "만일 (法을) 얻지 않았다면 '얻지 않았다는 그 뜻'이 무엇입니까?"

　스승이 말했다.

　"이런 의문을 갖는 것은 그대(들)가 이 모든 곳에서 치달는 마음[馳求心]을 쉬지 못했기 때문이다. 그래서 조사는 이렇게 말했다. '딱하구나, 대장부여. 머리를 가지고 있으면서 머리를 찾고 있구나.' 그대는 조사의 이 말 아래 스스로 회광반조(回光返照)할 것이요, 다시는 별다른 것을 구하지 말라. 그대 자신과 조불(祖佛)은 다르지 않다는 걸 알고 그 즉시 아무 일 없게 되면[無事, 인위조작이 없음] 이것을 일러 '법을 얻었다'고 말하는 것이다."

[해설]

　조불(祖佛)은 무엇을 서로 전해 주고 받았는가. '전해 주고 받을

　　　　　　　　　　　　　　　　　　　임제록

것이 없다'는 바로 이것을 전해 주고 받았다. 벗이여, 지금 이 글을 읽고 있는 그대 자신이 누구인가를 되돌아보라[回光返照], 그것은 조불과 다르지 않나니 이를 깨닫는다면 비로소 부처의 참된 가르침[眞法]을 알았다고 할 수 있다. '지금 여기' 분명하지만 그러나 막상 찾아보면 흔적도 없는 것('不離當處常湛然 覓卽知君不可見'-證道歌). 이것이 바로 그대 자신의 마음이요, 나 자신의 마음이다.

[원문]

問. 如何是西來意닛고 師云호대 若有意면 自救不了라 云既無意인댄 云何二祖得法고 師云호대 得者是不得이니라 云호대 既若不得이면 云何是不得底意닛고 師云호대 爲爾向一切處 馳求心不能歇이라 所以祖師言호대 咄哉丈夫여 將頭覓頭라 하니라 儞言下에 便自回光返照하고 更不別求하라 知身心 與祖佛不別하면 當下無事하리니 方名得法이라

[주(註)]

○ 신심(身心): 자기 자신.
○ 당하무사(當下無事): 즉시 깨달아서 어떤 흔적도 남지 않은 상태.

【 13-35 】

[번역]

"대덕 여러분, 산승은 오늘 어쩔 수 없이 쓸데없는 말을 두서없이 지껄여대고 있나니 그대(들)는 착각하지 말라. 나의 견처(見處)에서 본다면 복잡한 이치는 전혀 없나니 사용하고 싶으면 지금 즉시 사용할 것이요, 사용하고 싶지 않으면 그만 두면 되는 것이다. 제방(諸方)에서는 육도만행(六度萬行)을 하는 것으로 불법을 삼으나 '이런 것들은 모두 불법을 치장하는 것이요, 불사(佛事)의 수준일 뿐이라'고 나는 말하겠으니 이런 것들은 진정한 불법이 아니다. 계율을 엄수하고 몸을 근신하는 것과 기름이 담긴 그릇을 머리에 이고 가면서 단 한 방울의 기름을 흘리지 않더라도(뛰어난 집중력이 있다 해도) 도의 안목[道眼]이 밝지 못하면 신자들에게 신세진 빚을 갚아야 하나니 염라대왕이 밥값을 독촉할 날이 있을 것이다. 왜 그런가. 도(道)의 문에 들어와서 그 이치에 통달하지 못하면 다시 몸을 받아 태어나 신도들에게 받은 보시[信施]를 되갚아야만 한다. 그래서 장자(長者)가 81세 되던 해 그의 정원에 있는 나무에서는 더 이상 목이버섯[耳]이 자라나지 않았던 것이다."

[해설]

제아무리 많은 총알을 낭비했다고 해도 그 총알들이 목표물에 명중하지 못했다면 목표물에 명중한 단 한 방의 총알보다 못하다.

우리가 수행을 하는 것은 올바른 안목을 갖기 위해서이다. 그러

임제록

나 올바른 안목이 열리지 않은 상태에서의 모든 노력은 결국 장식이며 치장일 뿐이다. 경전 공부도 계율을 지키는 것도 절을 크게 짓는 것도 결국은 불법(佛法, 불교)에 대한 장식이며 과시일 뿐이다. 불법에 대한 안목이 열리지 않는다면 신도들에게서 받아먹은 시주물(施主物)을 고스란히 되갚아야 한다. 공짜로 먹은 밥값을 갚지 않으면 안 된다. '고목나무에서 자라난 버섯 이야기(『寶林傳』)'를 통해서 임제는 어느 수행자가 신도에게 진 빚을 되갚은 예를 들어 보이고 있다.

[원문]

大德이여 山僧今時 事不獲已하야 話度說出 許多不才淨이니 爾且莫錯하라 據我見處댄 實無許多般道理니 要用便用이요 不用便休하라 秖如諸方 說六度萬行 以爲佛法이나 我道호대 是莊嚴門 佛事門이니 非是佛法이라 乃至持齋持戒와 擎油不㵉이나 道眼不明하면 盡須抵債하리니 索飯錢有日在라 何故如此오 入道不通理하면 復身還信施라 長者八十一에 其樹不生耳라

[주(註)]

○ 사불획이(事不獲已): 어쩔 수 없이.
○ 화탁설출(話度說出): 쓸데없는 말(화탁)을 지껄이다(설출). '출(出)'은 동사 뒤에 붙어서 동작의 완료를 나타내는 어조사.
○ 부재정(不才淨): 쓸데없는 말.
○ 허다반도리(許多般道理): 복잡한 이치.

○ 요(要): ~하고자 하다[欲].

○ 육도(六度): 육바라밀(六波羅蜜, 성불하기 위한 여섯 가지 선행), 보시(베풂)·지계(자기 단속)·인욕(인내심 기르기)·정진(꾸준한 수행)·선정(마음의 고요)·지혜(직관력의 활성화).

○ 만행(萬行): 성불에 이르기 위한 온갖 선행과 고행들.

○ 장엄문(莊嚴門): 장식하는 것. '문(門)'은 어조사.

○ 불사문(佛事門): 중생교화(불교 포교)를 위한 수단. '문'은 어조사.

○ 지재지계(持齋持戒): 계율을 잘 지키고 몸을 근신하는 것.

○ 경유불섬(擎油不灒): 『대반열반경』(제23권, 高貴德王品)에 나오는 이야기—인도의 어느 왕이 신하에게 다음과 같이 어명을 내렸다. '기름이 가득 담긴 그릇을 머리에 이고[擎油] 복잡한 군중 사이를 헤치고 25리를 뛰어갔다 오라. 단 기름 한 방울도 흘려선 안 된다[不灒].' 이는 수행자도 이처럼 수행에 전심전력하라는 비유다.

○ 진수(盡須): 이 모두가.

○ 지체(抵債): 빚을 지다.

○ 색반전(索飯錢): (공짜로 먹은) 밥값을 청구 받다.

○ 입도불통리 부신환신시(入道不通理 復身還信施): 불도(불교)에 들어와 도리에 통달하지 못하면 다시 몸을 받아 태어나 신자에게 받은 보시를 되갚아야 한다.

○ 장자팔십일 기수불생이(長者八十一 其樹不生耳): 『보림전(寶林傳)』에 나오는 이야기—제15조 가나제바(迦那提婆) 존자가 어느 신자의 집을 방문하여 한 장자(長者, 신심 있고 덕망 높은 신자)를 만났는데 그가 이렇게 말했다. "저의 집 정원의 고목나무에서 어느 날부터 맛있는 버섯이 나서 매일 그것을 따먹고 있습니다." 가나제바 존자는 이 말을 듣고 이렇게 말했다. "이 버섯은 장자께서 극진히 공양을 올렸던 어느 비구가 환생한(버섯으로 태어난) 것입니다. 왜냐하면 그 비구는 장자의 공양만 받고 도의 눈을 뜨지 못했기 때문입니다. 그래서 지금

장자에게 빚진 밥값을 되갚으려고 버섯으로 태어난 것입니다." 이 버섯은 장자가 81세 되던 해까지 계속 솟아났다고 한다.

○ 이(耳): 목이(木耳)버섯. 모양이 사람의 귀처럼 생긴 데서 얻은 이름이다.

【 13-36 】

[번역]

"깊은 산중에서 홀로 수행하며 하루 한 끼만 먹으며 장좌불와(長坐不臥)와 하루에 여섯 번씩 불전(佛前)에 절하더라도 이것은 모두 업(業) 짓는 사람의 행위일 뿐이다. 머리와 눈, 골수(骨髓)와 뇌, 그리고 국성(國城)과 처자 권속, 코끼리, 말, 일곱 보배 등을 모두 사람들에게 나눠준다 해도 이 같은 태도와 견해[如是等見]는 모두 몸과 마음을 괴롭게 하므로 고과(苦果)를 불러온다. 그러므로 이보다는 아무 일 없이[無事, 번뇌 망상을 일으키지 않고] 순수한 본연의 상태를 지키는 것이 훨씬 낫다. 저 성불의 경지에 가까이 간 보살도 이런 수행자의 자취를 찾으나 찾을 수가 없다. 그래서 천신(天神)들은 이런 수행자를 보면 기뻐하고, 지신(地神)들은 이런 수행자의 발을 받들어 모시며, 시방제불은 이런 수행자를 칭찬하지 않는 분이 없다. 왜 그런가? 지금 내 법문을 듣고 있는 수행자(그대 자신)의 그 행동은 전혀 흔적이 없기 때문이다[用處無蹤跡]."

깊은 산 속에서 토굴을 짓고 홀로 수행하며 하루에 한 끼만 먹고 계율을 엄격히 지키는 것은 정말 어려운 일이다. 게다가 장좌불와(長座不臥, 밤에 눕지 않고 앉아서 좌선하는 것)를 한다는 것은 보통 수행자들은 도저히 해 낼 수 없는 고행이다. 그러나 이런 수행조차도 안목이 열리지 않았다면 결과적으로 자신을 속박하는 사슬일 뿐이다. 저 거룩한 자선사업조차도 안목이 열리지 않은 상태에서는 고통의 원인이 된다. 왜냐하면 '난 착한 일을 하는 사람'이라는 생각이 도사리고 있기 때문이다. 다른 사람으로부터 칭찬받고자 하는 마음이 남아 있기 때문이다. 그리하여 그 칭찬이 자신이 기대했던 것에 미치지 못하게 되면 마음이 편치 않다. 마음이 편치 않으면 그것은 결국 고통이다. 그러므로 이런 의도적인 수행이나 자선사업을 하는 것보다는 차라리 타고난 순수를 지키며 조용히 살아가는 것이 훨씬 현명하다. 그리하여 그 마음에 그 어떤 찌꺼기도 남게 하지 않는 것, 이것이 바로 저 모든 선각자들이 하나같이 권장하고 있는 진정한 수행이다. 수행 따로, 이 삶 따로가 아닌 수행과 이 삶이 하나가 된 '삶의 수행'이다.

'머리와 눈, 나라와 처자식, 그리고 코끼리와 말과 일곱 가지 보배 등을 모두 사람들에게 나눠준다 하더라도……'라는 본문의 구절은 『법화경』「제바달다품」에 나오는 부처님(석가모니)의 전생 수행자 시절 이야기다.

乃至孤峯獨宿과 一食卯齋와 長坐不臥와 六時行道가 皆是造業底
人이라 乃至頭目髓腦와 國城妻子와 象馬七珍을 盡皆捨施라도 如是
等見은 皆是苦身心故로 還招苦果라 不如無事하야 純一無雜이라 乃
至十地滿心菩薩도 皆求此道流蹤跡이나 了不可得이라 所以諸天歡
喜하고 地神捧足하나니 十方諸佛이 無不稱歎이라 緣何如此오 爲今
聽法道人의 用處無蹤跡이라

[주(註)]

○ 고봉독숙(孤峯獨宿): 깊은 산중에서 홀로 살며 수행에 전념하는 것.

○ 일식묘재(一食卯齋): 하루에 한 끼 식사만 하는 것(오후불식).

○ 육시행도(六時行道): 하루 여섯 번 불전(佛前)에 예배하는 수행.

○ 여시등견(如是等見): 이런 행동. '견(見)'은 행동.

○ 무사(無事): 번뇌 망상을 일으키지 않다.

○ 십지만심보살(十地滿心菩薩): 성불의 열 단계[十地]를 거쳐 거의 성불
   에 가까이 간 보살성자.

○ 차도류(此道流): 이런 수행자들.

○ 제천(諸天): 모든 천신(天神)들.

○ 지신(地神): 대지를 관장하는 신.

○ 용처무종적(用處無蹤跡): 활동을 하되 그 흔적이 전혀 남지 않는 것.
   모든 집착심이 사라진 상태.

[번역]

문: "'대통지승불(大通智勝佛)은 10겁 동안 도량에 앉아 수행을 했으나 불법은 나타나지 않고 불도(佛道)를 성취하지도 못했다'고 하는데 이게 무슨 뜻인지요. 스승님께서는 가르침을 내려 주십시오."

스승이 말했다.

"'대통(大通)'이란 자기 자신이니 이 모든 곳에서 만법이 무성무상(無性無相)한 것에 통달한 것을 '대통(大通)'이라 한다. '지승(智勝)'이란 이 모든 곳(경계)에서 의심이 없어 단 일법(一法)도 얻을 수 없음을 '지승(智勝)'이라 한다. '불(佛)'이란 '마음이 청정한 상태'이니 그 빛이 온 누리[法界]에 투철한 것을 말한다. '10겁 동안 도량에 앉아 수행을 했다'는 것은 '10바라밀을 닦았다'는 말이다. '불법은 나타나지 않았다'는 것은 불(佛)은 본래부터 태어나지 않았으며[不生] 법(法) 또한 본래부터 소멸하지 않았나니[不滅] 또다시 무엇이 나타나겠는가. '불도를 성취하지 못했다'는 것은 나 자신이 부처인데 또다시 부처가 된다는 것은 맞지 않는다는 말이다. 그래서 옛사람은 이렇게 말했다. '부처는 언제나 이 세상에 있으나 이 세상의 법(法)에 오염되지 않는다.'"

[해설]

부처를 찾고자 하는가? 부처가 되고자 하는가? 그렇다면 이 삶 속으로 들어오라. 부처는 이 삶 속에 있다. 아니 이 삶 자체가 바로 부처다. 만나고 헤어지고 울고 웃는 이 삶이야말로 부처다. 부처가 태어나는 곳이다. 그러므로 어떤 일이 있더라도 이 삶을 거부해서는 안 된다. 죽은 부처(관념적인 부처)를 찾아서는 안 된다.

'완전무결한 것'을 부처라 생각해서는 안 된다. 이 삶을 완전무결한 것으로 만들려 하지 말라. 완전무결이란 죽음을 뜻한다. 살아 있는 한, 이 생명의 맥박이 뛰고 있는 한, 이 육체를 가지고 있는 한 우린 결코 완전무결할 수가 없다. '완전무결'이란 위선자들의 사전 속에만 있는 단어다.

이 부분은 공안으로도 아주 훌륭한 공안이다. 그래서 여기 조사선(祖師禪)의 입장에서 다음과 같이 또 하나의 평창(評唱, 필자의 비평과 보충설명)을 덧붙일 수 있다.

대통지승불은 10겁이라는 기나긴 시간 동안 도량에 앉아 좌선수행을 했지만 불법은 나타나지 않고 성불도 할 수 없었다.

그럼 10겁이라는 기나긴 시간 동안 도량에 앉아 좌선수행을 하지 않았다면 어찌 되었겠는가. 역시 불법은 나타나지 않고 성불도 할 수 없었을 것이다. 그렇다면 도대체 어찌해야 불법이 나타나고 성불도 할 수 있겠는가.

대나무 그림자가 뜰을 쓰는데 먼지는 일지 않고
달이 연못 속으로 들어갔으나 물 위에는 그 흔적 없네.

大通智勝佛이 十劫坐道場故로 佛法不現前이요

不得成佛道라.

大通智勝佛이 十劫不坐道場이라도

亦是佛法不現前이요 不得成佛道라

畢竟如何오.

竹影掃堦塵不動이요 月穿潭底水無痕이니라.

[원문]

問. 大通智勝佛이 十劫坐道場이나 佛法不現前이요 不得成佛道라
하니 未審케라 此意如何닛고 乞師指示하소서 師云호대 大通者는 是自
己니 於處處 達其萬法無性無相을 名爲大通이라 智勝者는 於一切
處不疑니 不得一法을 名爲智勝이라 佛者는 心淸淨이니 光明透徹法
界를 得名爲佛이라 十劫坐道場者는 十波羅密是라 佛法不現前者는
佛本不生이요 法本不滅이니 云何更有現前고 不得成佛道者는 佛不
應更作佛이라 古人云호대 佛常在世間이나 而不染世間法이라하니라

[주(註)]

○ 대통지승불(大通智勝佛): 『법화경』 「화성유품(化城喩品)」에 나오는 부
처. 아주 오래전에 출현했다는 부처.

○ 10겁(十劫): 130억 4만 4천만 년.

○ 도량(道場): 수행하는 장소.

○ 미심(未審): 도대체 ~인가?

○ 만법무성무상(萬法無性無相): '모든 존재[萬法]는 본래부터 실체[性]도
없고 형체[相]도 없다'는 뜻. 왜냐하면 이 모든 존재는 오직 상대적으

임제록

로만 존재할 수 있기 때문이다. 이를 인연생기(因緣生起, 緣起)라 한다.

○ 10바라밀(十波羅密): 6바라밀(六波羅密)에 원(願, 소망)·력(力, 의지)·지(智, jnana, 지혜)·방편(方便, 우회적인 편법)을 더한 것.

○ 세간(世間): 이 세상.

○ 세간법(世間法): 고통[苦]과 집착[集]을 유발시키는 모든 것. 희로애락(喜怒哀樂) 등…….

【 13-38 】

[번역]

"수행자 여러분, 그대 부처가 되고자 한다면 만물을 따라가지 말라. 마음이 일어나면 갖가지 법(法, 존재)이 태어나고 마음이 소멸하면 갖가지 법도 소멸한다. 그러나 마음이 일어나지 않으면 만법(萬法, 모든 존재)에게도 잘못이 없다. 이 세상[世間]에서도 이 세상을 초월한 영역[出世間]에서도 불(佛)도 없고 법(法)도 없으며 나타나지도 않고 소멸하지도 않는다. 설령 여기 무엇인가가 있다 하더라도 그것들은 모두 명칭과 언어일 뿐이다. 어린 아기를 유인하는 임시방편의 약일 뿐이며 무엇인가를 표현하는 명칭과 언어[名句]일 뿐이다. 이 명구(名句)가 스스로 '나는 명구다'라고 주장할 수는 없는 것이니 그대 지금 내 눈 앞에서 소소영령(昭昭靈靈)하며 분명하게 알아차리고 듣는 바로 그것(그대 자신)이 이 모든 명구를 만들었다. 대덕 여러분, 5무간업(五無間業)을 지어야만 비로소 해탈을 얻을 수 있다."

[해설]

　벗이여, 끌려가는 자가 되지 말라. 이 사기꾼들의 온갖 감언이설에 끌려가지 말라. 이 종교를 빙자한 사기꾼들의 술수에 놀아나지 말라. 부족하면 부족한 대로 못났으면 못난 대로 지금 그대 자신이면 그것으로 충분하다. 여기 잘못된 것, 더 얻어야 할 것은 아무것도 없다. 해탈이니 깨달음이니 영원이니 신(神)이니……. 이런 명칭들은 단지 언어일 뿐이다. 사람들이 만들어 놓은 선전문구일 뿐이다. 있다면 여기 지금 이 글을 읽고 있는 바로 그대 자신이 있을 뿐이다. 그대 자신이야말로 이 모든 언어와 명칭의 발원지다.

[원문]

道流여 爾欲得作佛이면 莫隨萬物하라 心生種種法生하며 心滅種種法滅이라 一心不生하면 萬法無咎라 世與出世에 無佛無法이며 亦不現前이며 亦不曾失이라 設有者라도 皆是名言章句니 接引小兒施設藥病이며 表顯名句라 且名句 不自名句며 還是爾 目前昭昭靈靈 鑒覺聞知 照燭底가 安一切名句라 大德이여 造五無間業하면 方得解脫이니라

[주(註)]

○ 소아(小兒): 어린아이.
○ 표현명구(表顯名句): 언어의 표현.
○ 환시이(還是爾): 그대야말로 ~이다.

○ 소소영령(昭昭靈靈): 밝고 신령스러움. 본성(本性)을 뜻함.
○ 감각문지(鑒覺聞知): 견문각지(見聞覺知). 눈으로 보고[見], 귀로 듣고
　　[聞], 깨달아[覺] 아는 것[知].
○ 5무간업(五無間業): 극악무도한 다섯 가지 죄업 ①아버지를 죽임, ②
　　어머니를 해침, ③부처님 몸에 피를 냄, ④수행승단을 파괴함, ⑤불
　　상을 부수고 경전을 태움.

【 13-39 】

[번역]

문: "5무간업(五無間業)이란 무엇입니까?"

스승이 말했다.

"아버지를 죽이고[殺父] 어머니를 해치며[害母] 부처님 몸에 피를 내는 것[出佛身血], 화합승단을 파괴하고[破和合僧], 경전과 불상을 불살라 버리는 것[焚燒經像], 이것이 5무간업이다."

문: "어떤 것이 아버지입니까?"

스승: "무명(無明)이 아버지다. 그대의 한 생각[一念心]은 일어나고 사라지는 곳[起滅處]을 파악하려 해도 파악할 수 없는 것이 마치 메아리가 허공에 울리는 것과 같다. 이처럼 이 모든 곳에서 일 없음[無事, 인위조작이 없음]을 일러 '아버지를 살한다[殺父]'고 하는 것이다."

문: "어머니란 누구입니까?"

스승: "탐애(貪愛)가 어머니다. 그대 한 생각이 욕망의 세계[欲

界]에 들어가서 활동할 때 탐애를 찾아봤으나 찾을 수가 없었으며 모든 존재는 공(空)으로서 실체가 없다는 것[諸法空相]을 깨달았을 뿐이다. 그리하여 이제부터는 어떤 곳에도 더 이상 집착하지 않는 것. 이것을 일러 '어머니를 해친다[害母]'라고 한다."

문: "어떤 것이 부처님 몸에 피를 내는 것[出佛身血]입니까?"

스승: "그대가 저 청정법계에서 단 한 생각도 분별심을 내지 않고 도처에서 절대 평등의 경지[黑暗]에 머무는 것. 이것을 일러 '부처님 몸에 피를 내는 것'이라고 한다."

문: "화합승단을 파괴하는 것[破和合僧]은 어떤 것입니까?"

스승: "그대 한 생각이 '번뇌란 저 허공과 같아서 더 이상 의존할 바가 못 된다'는 경지에 도달하는 이것을 일러 '화합승단을 파괴하는 것'이라 한다."

문: "경전과 불상을 불살라 버리는 것[焚燒經像]은 어떤 것입니까?"

스승: "인연공(因緣空), 심공(心空), 법공(法空)의 이치를 깨달아서 단 한 생각에 결단을 내려 이 모든 걸 초월하여 인위조작이 없게[無事] 되면 이것을 일러 '경전과 불상을 불살라 버리는 것'이라 한다."

[해설]

5무간업(五無間業)이란 무엇인가? '절대로 용서받을 수 없는 다섯 가지 죄악'이라는 뜻이다.

첫째, 아버지를 살해하는 것[殺父].

둘째, 어머니를 죽이는 것[殺母].

셋째, 부처님 몸에 피를 내는 것[出佛身血].

넷째, 수행승단을 파괴하는 것[破和合僧].

다섯째, 경전을 불태우고 불상을 부수는 것[焚燒經像].

그러나 지금 여기서 임제는 이 5무간업을 전혀 다른 시각으로 보고 있다. 그는 번뇌 망상과 집착심을 제거해 가는 다섯 과정으로 보고 있다. 그리하여 "깨닫고자 하면 반드시 5무간업을 지어야만 한다."고 역설적으로 말하고 있다.

[원문]

問. 如何是五無間業고 師云호대 殺父害母하고 出佛身血하며 破和合僧하고 焚燒經像等을 此是五無間業이라 云호대 如何是父오 師云호대 無明是父라 爾一念心은 求起滅處不得이니 如響應空하야 隨處無事를 名爲殺父라 云호대 如何是母닛고 師云호대 貪愛爲母라 爾一念心 入欲界中에 求其貪愛나 唯見諸法空相하야 處處無著를 名爲害母라 云호대 如何是出佛身血이닛고 師云호대 爾向淸淨法界中에 無一念心生解하야 便處處黑暗이 是出佛身血이라 云호대 如何是破和合僧이닛고 師云호대 爾一念心이 正達煩惱結使가 如空無所依를 是破和合僧이니라 云호대 如何是焚燒經像이닛고 師云호대 見因緣空하고 心空法空하야 一念決定斷하야 迴然無事면 便是焚燒經像이라

[주(註)]

○ 제법공상(諸法空相): '모든 사물[존재, 諸法]은 인연화합(상호의존)으로 인하여 일시적으로 존재하기 때문에 불변의 실체가 없다[空相]'는 뜻.

○ 처처흑암(處處黑暗): 명암(明暗, 평등과 차별)의 판단을 내리기 이전의 본래적인 상태.

○ 번뇌결사(煩惱結使): 번뇌를 말함. 번뇌는 사람들을 미망(迷妄)의 세계에 묶어 두기 때문에 '결사(結使)'라고도 부른다.

○ 인연공(因緣空): 인연화합(상호의존)으로 생겨난 것은 영원하지 않다[空]는 뜻.

○ 심공(心空): 우리의 마음(생각과 감정)도 영원하지 않다는 뜻.

○ 법공(法空): 이 모든 사물(존재)도 영원하지 않다는 뜻.

○ 일념결정단(一念決定斷): 한 순간에 분명하게 결정해 버리다. '단(斷)' 은 강조 어미.

【 13-40 】

[번역]

"대덕 여러분, 만일 이 같은 경지에 도달한다면 저 '범부나 성인' 이라는 그 명칭에 더 이상 사로잡히지 않을 것이다. 그대 한 생각 이 다만 이 빈주먹과 달을 가리키는 손가락 위에서 있지도 않은 것을 진짜 있다고 생각하여 6근(六根), 6경(六境), 6법(六法, 六識) 속에서 헛되이 분별심을 일으키고 있다. 그리하여 자신을 비하하 고 비굴해져서 이렇게 말한다. '나는 범부요, 저분은 성인이다' 눈 먼 놈들, 뭣이 그렇게 급해서 사자의 가죽을 뒤집어쓰고 승냥이

222

임제록

울음을 울고 있는가. 사내대장부가 사내대장부의 기백이 전혀 없어서 자기 자신에게 있는 것은 신뢰하지 않고 오직 밖에서 저 옛사람(들)의 쓸데없는 말에 매달려 찾고 있다. 상상과 분별의 수준에 머물러 있기 때문에 도무지 자립을 할 수가 없다. 그리하여 경계를 만나면 거기 얽히고 사물을 만나면 거기 집착하며 닿는 곳[觸處]마다 번뇌 망상을 일으켜 자기 자신의 확실한 견해가 없다.

수행자 여러분, 산승의 이런 말도 취하지 말라. 왜냐하면 내 말은 임시방편으로서 확실한 근거가 없기 때문이다. 잠시 동안 허공에 그림을 그리는 것이요, 환쟁이(화가)가 종이 위에 그림을 그리는 것과 같기 때문이다."

[해설]

벗이여, 그대는 여우가 아니라 정글의 사자다. 그러므로 더 이상 들여우의 흉내를 내며 비굴하게 굴지 말라. 소위 성인이라는 사람들의 그럴듯한 말에 기죽지 말라. 그들의 말은 대부분 유효기간이 지났거나 사탕발림일 뿐이다. 도대체 뭐가 부족해서 그렇게 굽신거리고 있는가.

[원문]

大德이여 若如是達得하면 免被他凡聖名礙라 爾一念心이 秖向空拳指上生實解하며 根境法中虛捏怪라 自輕而退屈言호대 我是凡夫며 他是聖人이라 禿屢生이여 有甚死急하야 披他師子皮하고 却作野干鳴고 大丈夫漢이 不作丈夫氣息이라 自家屋裏物을 不肯信하고 秖

麼向外覓 上他古人閑名句하며 倚陰博陽하야 不能特達이라 逢境
便緣하고 逢塵便執하며 觸處惑起하야 自無准定이라 道流여 莫取山
僧說處하라 何故오 說無憑據니 一期間圖畫虛空하고 如彩畫像等
喩라

[주(註)]

○ 달득(達得): 경지에 도달하다.

○ 근경법(根境法): 인간의 감각[根]과 현상계의 모든 사물[境]과 의식의
　식별작용[法, 識].

○ 날괴(捏怪): 분별심을 일으키다.

○ 퇴굴(退屈): 뒷걸음질하다.

○ 독루생(禿屢生): 승(僧)을 비난하는 말. 할루생(瞎屢生). 할독자(瞎禿
　子).

○ 유심사급(有甚死急): 무엇이 이리 다급한가?

○ 사자(師子): 사자(獅子).

○ 야간(野干): 들여우. 여우.

○ 상타고인한명구(上他古人閑名句): 저 옛사람[他古人]의 쓸데없는 말[閑
　名句]에 매달리다[上].

○ 의음박양(倚陰博陽): 음양의 변화를 보고 점(占)을 치다. '박(搏)'은 '박
　(博, 의지하다)의 오기(誤記)임. 상상하고 분별하다.

○ 특달(特達): 벗어나다. 홀로서다.

○ 혹기(惑起): 번뇌를 일으키다.

○ 준정(准定): 확실한 견해. 확실하게 결정하다.

○ 무빙거(無憑據): 선(禪)은 불립문자(不立文字)를 지향하지만 그러나 가
　르칠 때는 상대의 눈높이에 알맞게 하므로 정형화된 틀(형식)이 없
　다. 이 '틀(형식)이 없음'을 일러 '근거가 없다(무빙거)'고 한다.

○ 일기간(一期間): 잠시 동안. 잠깐 동안.

○ 채화상등유(彩畵像等喩): 선사(선지식)가 수행자의 수준에 알맞게 가르침을 베푸는 것이 마치 화가가 캠퍼스에 그림을 그리고 색칠을 하는 것과 같다는 뜻. 『능가경(楞伽經)』 권1에 나오는 비유다.

【 13-41 】

[번역]

　"수행자 여러분, 부처를 궁극적인 것으로 생각지 말라. 내가 보기엔 똥통과 같나니 보살과 아라한은 쇠고랑이요, 사람을 얽어매는 물건이다. 그래서 문수보살은 검으로 구담(부처)을 죽이려 했고 앙굴마라는 칼을 들고 석씨(부처)를 해치려 했던 것이다.

　수행자 여러분, 얻을 수 있는 부처가 없나니 저 삼승오성(三乘五性)과 원돈교(圓頓敎)의 가르침에 이르기까지 이 모두가 잠시 동안 필요한 약 처방전이요, 진실한 가르침[實法]은 없다. 여기 설령 무엇인가가 있다고 하더라도 그것은 모두 '비슷한 것[相似]'이며 포고문이요, 문자의 나열이라고 할 수 있다. 수행자 여러분, 저 엉터리들은 내공을 쌓아서 출세간의 진리[佛法]를 구하려 하고 있으나 이는 잘못된 것이다. 부처를 구한다면 이 사람은 부처를 잃어버릴 것이요, 도를 구한다면 이 사람은 도를 잃어버릴 것이며, 조사를 구한다면 이 사람은 조사를 잃어버릴 것이다."

가르침[示衆]

[해설]

　이 얼마나 무서운 말인가. 거룩하신 부처님을 저 변소의 똥통과 같다니……. 벗이여, 등골이 오싹하지 않는가. 경전의 그 거룩한 말씀들은 모두 선전 문구에 지나지 않는다니…….

　이 『임제록』이 불에 타지 않고 남아 있는 것이 기적이다. 이 '반역의 책'이 고스란히 남아 이렇게 내 손에까지 오다니…….

　'깨닫고자 애쓰는 것은 어리석은 짓이요, 부처가 되고자 하는 자는 모두 부처가 될 수 없다' 하니……. 그렇다면 우린 지금 무엇을 해야 하는가? 오직 '지금 여기'를 살아가면 된다. '무엇이 되고자 하는' 그 마음을 놓아 버리고 겸허한 한 인간으로서 '지금 여기'를 살아가면 된다. 그러나 이것은 절대로 쉬운 일이 아니다. 왜냐하면 사람들은 모두 '~이 되고자' 앞으로만 뛰어가고 있기 때문이다. '~이 되고자 하는' 그 마음을 놓아 버리는 순간 나는 낙오자가 되기 때문이다. 아무짝에도 쓸모없는 밥벌레, 무용지물이 되기 때문이다.

　그러나 '지금 여기'에 철저하다는 것은 무위도식과는 다르다. 무위도식자에게는 이 삶의 굽이침(역동성)이 없다. '지금 여기'에 철저하다는 것은 그러므로 이 역동적인 삶을 뜻한다. 내가 밥 먹을 때는 우주 전체가 밥을 먹고 내가 잠잘 때는 우주 전체가 잠자는 그런 역동적인 삶을 뜻한다.

　본문에서 '문수보살이 장검(仗劍)으로 부처를 죽이려 했고 앙굴마라는 칼을 들고 석씨를 해치려 했다'는 것은 무슨 뜻인가. 진정한 구도자라면 저 부처의 권위마저 넘어가야만 한다는 것을 극적으로 표현한 장면이다.

[원문]

道流여 莫將佛爲究竟하라 我見猶如廁孔이니 菩薩羅漢은 盡是枷
鎖요 縛人底物이라 所以文殊仗劍하야 殺於瞿曇하고 鴦掘持刀하야
害於釋氏라 道流여 無佛可得이니 乃至三乘五性과 圓頓敎迹이 皆
是一期藥病相治니 並無實法이라 設有라도 皆是相似며 表顯路布며
文字差排니 且如是說이라 道流여 有一般禿子는 便向裏許著功하야
擬求出世之法이니 錯了也라 若人求佛하면 是人失佛이요 若人求道
하면 是人失道며 若人求祖하면 是人失祖라

[주(註)]

○ 측공(廁孔): 변소의 똥통.
○ 앙굴(鴦掘): 앙굴마라. '백 명의 사람을 죽여 그 손가락을 잘라 오면 깨달을 수 있다'는 이교도 스승의 말을 믿고 아흔아홉 명을 죽인 젊은이. 마지막 백 명째에 부처님(석가모니)을 만나서 마음이 열려 부처님의 제자가 됐다.
○ 삼승(三乘): 세 종류의 수행자. ①성문(聲聞)-듣는 수행을 주로 하는 수행자, ②연각(緣覺)-인연의 이치를 관찰하는 수행자, ③보살(菩薩)-이타(利他) 수행을 주로 하는 수행자.
○ 오성(五性): 존재(중생)에게 본래적으로 구비되어 있는 다섯 단계 성불(成佛)의 가능성.
○ 원돈교(圓頓敎): 이 모든 단계를 뛰어넘어 단 한 번에 부처의 경지에 오르는 가르침.

○ 약병상치(藥病相治): 병을 치료하는 약 처방전.

○ 노포(路布): 옛날식 대자보(大字報). 원래는 승전(勝戰)을 알리기 위한 일종의 게시판.

○ 문자차배(文字差排): 문자 나열.

○ 독자(禿子): 할독자(瞎禿子). 할독노(瞎禿奴). 할루생(瞎屢生). 승(僧)을 얕잡아 부르는 말.

○ 향리허착공(向裏許著功): 어리허착공(於裏許著功). 안으로[裏許] 공을 드리다[着功]. 내공(內功)을 쌓다.

【 13-42 】

[번역]

"대덕 여러분, 착각하지 말라. 나는 그대(들)가 경론에 해박한 것을 인정하지 않는다. 나는 또한 그대가 국왕대신인 것을 인정하지 않는다. 나는 그대의 폭포 같은 말솜씨도 인정하지 않는다. 나는 그대의 지혜와 총명함도 인정하지 않는다. 나는 오직 그대의 올바른 견해[眞正見解]만을 바랄 뿐이다. 수행자 여러분, 설사 이 모든 경론에 통달했다고 하더라도 한 사람의 아무 일 없는 수행자[無事阿師]만은 못하다. 그대가 경론에 통달하게 되면 다른 사람을 얕잡아보고 아수라처럼 승부 다투기를 좋아하여 이 자타(自他)의 대립심이 미망을 키워 이것이 마침내는 지옥의 업을 증가시킬 뿐이다. 저 선성(善星) 비구는 모든 불경에 통달했으나 산 채로 지옥에 떨어져서 이 대지에 몸 둘 곳조차 없었던 것이다. 그러므로 아무 일 없이 모든 걸 내려놓고 쉬는 것만 못하나니 배고프면 먹고 잠이 오면 잘 뿐이다. 어리석은 이는 내 말을 듣고 웃겠지만 그러나 지혜로운 이는 내 말뜻을 이해할 것이다.

수행자 여러분, 문자 언어 속에서 찾지 말라. 마음(생각)을 움직이면 피곤하고 경전을 읽느라고 냉기를 마시면 건강에 이익 될 것이 없다. 이 한 생각에 연기의 무생한 이치[緣起無生]를 깨닫고 삼승의 권학보살[三乘權學菩薩]을 초월하는 것만은 못하다.”

[해설]

올바른 수행을 하기 위해서는 수행지침서인 경전과 조사어록을 읽을 수 있도록 언어공부를 해야 한다. 그러나 언제까지나 문자 언어만을 붙들고 있어서는 안 된다. 수행의 길은 결코 학문이나 지식의 길이 아니다. 총명의 길도 아니요, 권력의 길은 더욱 아니다. 올바른 안목을 갖추는 것이 무엇보다 중요하다. 문자 언어는 중요하지만 그러나 문자 언어에 먹혀서는 안 된다. 책벌레가 되어선 안 된다. 흔히 선수행자들은 ‘경전이 필요 없다’고 한다. 경전을 읽는 것은 망상을 피우는 것이라고 통렬하게 비난하고 있다. 그러나 ‘경전이 필요 없다’는 이 말도 결국은 경전(임제록)을 통해서 배우지 않았는가. 벗이여, 경전은 필요 없는 것이지만 그러나 경전을 나침반 삼지 않으면 그대는 결코 올바른 길을 갈 수 없다. 『임제록』에서 임제는 시종일관 문자 언어와 경전을 부정하고 있다. 그런데 문제는 본 『임제록』에서 임제가 인용하고 있는 경전(경전, 조사어록, 論書, 기타)이 무려 50여 종이나 된다는 사실이다.

大德이여 莫錯하라 我且 不取爾解經論하고 我亦不取爾國王大臣하
며 我亦不取爾辯似懸河하며 我亦不取爾聰明智慧하나니 唯要爾眞
正見解라 道流여 設解得百本經論이나 不如一箇無事底阿師라 爾
解得 即輕蔑他人하야 勝負修羅하야 人我無明이 長地獄業이라 如
善星比丘는 解十二分敎나 生身陷地獄에 大地不容이라 不如無事
休歇去니 飢來喫飯이요 睡來合眼이라 愚人笑我나 智乃知焉이라 道
流여 莫向文字中求하라 心動疲勞하나니 吸冷氣無益이라 不如一念
緣起無生하야 超出 三乘權學菩薩이니라

[주(註)]

○ 변사현하(辯似懸河): 강물이 흐르듯 거침없이 말을 잘하다.

○ 진정견해(眞正見解): 올바른 안목.

○ 옥사(阿師): 스님. 그러나 여기에서는 '선승'을 일컫는 말임. '옥(阿)'은
남을 부를 때 친근함을 나타내기 위하여 붙이는 글자임. 예) 옥형(阿
兄).

○ 승부수라(勝負修羅): 아수라(阿修羅 asura, 전쟁의 신)처럼 승부 다투기
를 좋아하다.

○ 장지옥업(長地獄業): 지옥에 떨어질 죄업을 기르다.

○ 선성비구(善星比丘):『열반경』「가섭품」에 나오는 비구(수행자). 불경
전체[十二分敎]를 암송했지만 교만심 때문에 산 채로 지옥에 떨어졌
다고 한다.

○ 대지불용(大地不容): 대지가 그를 용납하지 않다. 있을 곳이 없다.

○ 흡냉기무익(吸冷氣無益): 소리 내어 경문(經文)을 읽기 때문에 입으로
냉기를 마시게 되는데 이는 건강에 이로울 것이 없다는 뜻.

○ 연기무생(緣起無生): 상호의존[緣起]적인 사물과 현상 이대로가 절대적인 진실상(眞實相, 無生之理)인 입장.
○ 삼승권학보살(三乘權學菩薩): 삼승의 방편을 배우는 수행자.

【 13-43 】

[번역]

"대덕 여러분, 허송세월하지 말라. 산승은 지난날 아직 안목이 열리지 않았을 때 아주 캄캄했었다. 허송세월하는 것이 옳지 않은 줄 알았기 때문에 가슴은 답답하고 마음은 바빠서 분주하게 선지식을 찾아다녔다. 그 후 선지식의 도움을 받아 비로소 안목이 열려 오늘에 이르러 수행자 여러분과 이렇게 이야기할 수 있게 되었다.

수행자 여러분에게 권하노니 입고 먹는 데만 너무 신경 쓰지 말라. 보라. 세상은 덧없이 지나가며 선지식은 만나기 어렵나니 그것은 우담발화가 삼천 년에 한 번 피는 것과 같은 것이다. 그대들은 이곳저곳에서 '임제라는 늙은이가 있다'는 말을 듣고 나를 찾아와서는 도를 묻고자 하나 단 한마디도 꺼내지 못한다. 산승이 전체를 내보이면 그대들 수행자는 눈만 크게 뜨고는 단 한마디 말도 꺼내지 못한다. 내가 묻는 말에 어떻게 대답해야 할지 알지 못해서 멍청하게 있다.

내 그대들에게 말하노니, 눈 밝은 수행자의 빠른 걸음을 저 나귀(눈먼 수행자)는 감당할 수 없다. 그런데도 그대들은 도처에서 뽐내며 "나는 선을 알고 도를 안다."고 말한다. 그러나 이런 무리들이 셋이나 둘이 여기 와서는 속수무책이다. 쯧쯧. 그대들은 이렇게 멋진 몸과 마음을 가지고 도처에서 쓸데없는 말을 지껄여 세인들을 속이고 있으니 염라대왕의 철퇴에 얻어맞을 날이 있을 것이다. 이런 무리들은 진정한 출가수행자가 아니므로 모두들 저 아수라의 세계로 들어가게 될 것이다."

[해설]

'허송세월하기엔 인생이 너무 짧다'고 임제는 우리를 일깨우고 있다. 먹고 입는 데만 정신이 팔려 수행의 길을 게을리해서는 안 된다고 주의를 주고 있다. 쥐꼬리만큼 아는 것을 가지고 떠벌리고 다니며 '나는 도인이다'라고 우쭐대서는 안 된다고 말하고 있다. 밥이 다 되었으면 이제 뜸 들기를 기다리지 않으면 안 된다. 뜸이 제대로 들지 않으면 설익은 밥이 된다.

벗이여, 너무 조급하게 생각지 말라. 도인대접을 받고 싶은 그 유혹을 떨쳐 버려라. 그저 죽은 듯이 없는 듯이 숨어서 뜸 들기를 기다려라. 저 황벽의 말처럼.

이 매서운 추위를 견디지 않으면
그 짙은 매화 향기는 나지 않는다.

大德이여 莫因循過日하라 山僧往日 未有見處時에 黑漫漫地라 光
陰不可空過하야 腹熱心忙하야 奔波訪道라 後還得力하야 始到今日
이니 共道流 如是話度이라 勸諸道流하노니 莫爲衣食하라 看世界易
過며 善知識難遇니 如優曇花時一現耳이라 儞諸方聞道 有箇臨濟
老漢하고 出來便擬問難이나 敎語不得이라 被山僧全體作用하면 學
人空開得眼하고 口總動不得이라 懵然不知 以何答我라 我向伊道
호대 龍象蹴踏은 非驢所堪이라 하니라 爾諸處 秖指胸點肋하야 道호
대 我解禪解道라 하며 三箇兩箇가 到這裏不奈何라 咄哉라 爾將這
箇身心하야 到處簸兩片皮하야 誑諑閭閻이니 喫鐵棒有日在라 非出
家兒니 盡向阿修羅界攝이라

○ 인순과일(因循過日): 아무 하는 일 없이 나날을 보내다.

○ 흑만만지(黑漫漫地): 아주 깜깜하다. '지(地)'는 어미.

○ 복열심망(腹熱心忙): 가슴이 답답하고 심장이 터질 것 같다.

○ 분파방도(奔波訪道): 분주하게 도(道, 도인, 선지식)를 찾아다니다.

○ 득력(得力): 다른 사람의 도움을 받다. 당대(唐代)의 속어임.

○ 화탁(話度): 이야기하다. 두서없이 지껄이다.

○ 막위의식(莫爲衣食): 옷과 음식에 너무 신경 쓰지 말라.

○ 우담화(優曇花): 우담발화(優曇鉢花). 3000년에 한 번씩 핀다는 전설
상의 꽃. 흔히 '성인의 탄생'에 비유한다. '희귀하다', '만나기 어렵다'
는 의미가 있다

○ 문도(聞道): 듣다. '도(道)'는 어미. 예) ·언도(言道): 말하다. ·지도(知

道): 알다. ·신도(信道): 믿다.

○ 문난(問難): 이치를 캐묻다. 따지듯이 묻다.

○ 교어부득(敎語不得): 말을 할 수 없게 하다.

○ 몽연(懜然): 멍청하다.

○ 용상(龍象): 우두머리 코끼리. 여기서는 '안목이 열린 수행자'를 뜻함.

○ 축답(蹴踏): 빨리 뛰어가다. 빠른 걸음.

○ 지흉점륵(指胸點肋): 가슴을 내밀며 뽐내다.

○ 도(道): ~라고 말하다.

○ 불내하(不奈何): 어찌할 바를 모르다.

○ 파양편피(簸兩片皮): 입술을 나불대다. 쓸데없는 말을 하다.

○ 광호(誑譀): 속이다.

○ 여염(閭閻): 시골. 시골사람.

○ 끽철봉(喫鐵棒): 염라대왕의 무쇠 방망이에 얻어맞다.

○ 섭(攝): ~하기로 이미 결정되다.

【 13-44 】

[번역]

　"불교의 궁극적인 이치는 논쟁으로 위세를 과시하거나 큰소리로 이교도를 굴복시키는 그런 것이 아니다. 불조의 전법상승(傳法相承)은 특별한 뜻이 없다. 설령 여기 어떤 가르침이 있다 해도 그것은 모두 중생교화의 양식과 규범으로서 삼승오성(三乘五性)과 인과의 세계에 국한된 것이다. 저 대승의 최고 가르침[圓頓之敎]은 그렇지 않나니 선재동자는 자기 자신의 밖에서 도를 찾지 않았다. 대덕 여러분, 마음을 잘못 쓰지 말라. 저 바다가 시체를 마냥 그대로 방치해 두지 않고 모래사장으로 밀어내듯 할지니 그대는 시체와도 같은 이 언구교의(言句敎義, 관념)를 짊어지고 천하를 누비려 하는가. 그대 스스로가 올바른 견해에 장애를 일으켜 자신의 본심이 빛을 발하지 못하도록 방해하고 있다. 저 태양이 떠오름에 구름이 없으면 그 빛은 허공 전체를 두루 비추고 이 눈에 티끌이 없으면 눈병이 나지 않으며 허공에 공화(空花, 꽃무늬의 환영)가 보이지 않는다. 수행자 여러분, 그대 여법(如法)코자 한다면 의심을 일으키지 말라. 펼치면 온 세상에 가득 차고 거두면 실끝만큼도 존재하지 않는 그대 자신의 마음은 분명하고 홀로 밝아서[孤明] 조금도 부족함이 없다. 그러나 이를 눈으로 볼 수 없고 귀로 들을 수 없으니 무슨 물건이라고 불러야 하겠는가. 그래서 옛사람은 '그것은 한 물건이라 해도 맞지 않다'고 했나니 그대 스스로 보라. 이것 이외에 다시 무엇이 있는가를. 말로는 다할 수 없나니 각자가 이를 깨닫도록 노력해야 한다. 밤이 깊었으니 이제 돌아들 가라[珍重]."

[해설]

올바른 안목[眞正見解]을 갖기 위해서는 어찌해야 하는가. 고정관념을 깨버려야 한다. 이 삶은 단 한 순간도 머물지 않고 흐르고 있다. 이 흐르는 물은 어떤 틀(고정관념)에도 가둘 수 없다. 가두는 순간 그 물은 썩어 버린다.

벗이여, 모든 열쇠는 그대 자신의 마음속에 있다. 펼치면 이 우주를 감싸 안지만 오므리면 바늘 끝 하나도 들어갈 수 없는 것. '지금 여기' 분명하지만 그러나 찾아보면 흔적도 없는 것. 체험은 할 수 있지만 언어(관념)로 설명은 할 수 없는 것. 그것이 바로 그대의 마음이다. 아니 '마음'이라는 이 단어 속에 그대의 마음을 가둘 수는 없다. 이것을 체험하는 것이 바로 수행의 길이요, 득도(得道)의 길이다.

[원문]

夫如至理之道는 非諍論而求激揚이며 鏗鏘以摧外道라 至於佛祖相承은 更無別意라 設有言教라도 落在化儀三乘五性이며 人天因果라 如圓頓之教는 又且不然이니 童子善財는 皆不求過라 大德이여 莫錯用心하라 如大海 不停死屍니 秖麼擔却하야 擬天下走라 自起見障하면 以礙於心이라 日上無雲하면 麗天普照요 眼中無翳면 空裏無花라 道流여 爾欲得如法이면 但莫生疑하라 展則彌綸法界며 收則絲髮不立이니 歷歷孤明하야 未曾欠少라 眼不見 耳不聞커니 喚作什麼物고 古人云호대 說似一物則不中이라하니 爾但自家看하라 更有什麼오 說亦無盡이니 各自著力하라 珍重

[주(註)]

○ 지리지도(至理之道): 불교의 궁극적인 이치.
○ 갱장(鏗鏘): 금과 옥이 낭랑하게 울리다. 말에 힘이 있어 상대를 제압하다.
○ 화의(化儀): 중생을 교화하기 위한 양식과 규범.

○ 원돈교(圓頓敎): 대승 최고의 가르침.

○ 동자선재(童子善財): 선재동자.『화엄경』「입법계품(入法界品)」에 등장하는 소년 구도자. 53명의 스승을 찾아뵙고 깨달음을 얻었다.

○ 불구과(不求過): 불구외(不求外). 자기 자신 밖에서 (스승을) 찾지 않았다.

○ 견장(見障): 올바른 견해[正見]에 장애를 일으키다.

○ 무화(無花): 공화(空花)가 없다. •'공화': 눈병이 나서 허공에 꽃 같은 무늬가 보이는 것.

○ 설사(說似): ~라고 말하더라도. '사(似)'는 어조사.

○ 자가간(自家看): 스스로 보라.

○ 설역무진(說亦無盡): 아무리 말해도 다 말할 수 없다.

○ 착력(著力): 노력하다.

○ 진중(珍重): 구립진중(久立珍重). 헤어질 때의 인사말.

선문답[勘辨]

【 14-1 】

[번역]

황벽이 부엌에 들어와서 반두(飯頭, 공양주)에게 물었다. "뭣을 하고 있는가?"

반두는 말했다. "대중스님들의 밥을 짓기 위하여 쌀에서 돌을 가려내고 있는 중입니다."

황벽: "하루에 얼마나 먹는가?"

반두: "두 섬 다섯 말입니다."

황벽: "너무 많지 않은가?"

반두: "오히려 적을까 걱정입니다."

이 말을 듣고 황벽이 반두를 한 방 먹였다.

반두는 스승(임제)에게 자초지종을 말했다.

스승이 말했다. "내 그대를 위해서 이 노인네의 경지를 탐색해 보겠노라."

스승(임제)이 황벽에게 가서 황벽을 모시고 서 있는데 마침 황벽이 예전의 일[前話]을 거론했다.

스승: "반두는 스님의 말뜻을 몰랐습니다. 스님께서 대신 일전

어(一轉語)를 해 주십시오."

스승이 황벽에게 물었다. "너무 많지 않습니까?"

황벽: "'내일 다시 한 번 더 먹는다' 하고 왜 말하지 않는가?"

스승: "내일을 말할 필요까지 있습니까. 지금 당장 먹어 버리지요."

이렇게 말한 다음 스승이 황벽을 손바닥으로 쳤다.

황벽: "이 미친놈이 또 여기 와서 범의 수염을 잡는구나."

스승이 할(喝)을 하고 나가 버렸다.

[해설]

황벽과의 선문답이다. 여기서 우리는 임제의 예리한 칼(지혜의 검, 般若劍) 솜씨를 볼 수 있다. 백전노장 황벽에게 도전하고 있는 젊은 검객 임제의 칼 솜씨가 돋보인다. 황벽은 지금 임제를 호통치고 있지만, 그러나 그 불호령 속에는 제자의 칼 솜씨에 감탄하고 있는 스승의 기쁨이 있다.

[원문]

黃蘗이 因入廚次에 問飯頭호대 作什麼오 飯頭云호대 揀衆僧米니다 黃蘗云호대 一日喫多少오 飯頭云호대 二石五니다 黃蘗云호대 莫太多麼아 飯頭云호대 猶恐少在니다 黃蘗便打라 飯頭却擧似師하니 師云호대 我爲汝 勘這老漢하리라 纔到侍立次에 黃蘗擧前話라 師云호대 飯頭不會니 請和尚代一轉語하소서 師便問호대 莫太多麼닛가 黃蘗云호대 何不道 來日更喫一頓고 師云호대 說什麼來日이닛고 即今

便喫하소서 道了하고 便掌이라 黃檗云호대 這風顚漢이 又來這裏捋

虎鬚로다 師便喝出去라

[주(註)]

○ 감변(勘辨): 선문답. 선 수행자들이 문답을 통해서 서로의 견해를 확
　　인하고 깨달음의 깊고 옅음을 점검하는 것.

○ 두(厨); 부엌.

○ 차(次): ~했을 때.

○ 반두(飯頭): 선원에서 식사를 담당하는 직책(공양주).

○ 간중승미(揀衆僧米): 수행승들의 밥을 짓기 위하여 쌀에서 돌을 가
　　려내다.

○ 끽다소(喫多少): 얼마나[多少] 먹는가?

○ 이석오(二石五): 두 섬 다섯 말.

○ 막태다마(莫太多麽): 너무 많지 않은가?

○ 유공소재(猶恐少在): 오히려 적을까 걱정이다. '재(在)'는 강조 어미.

○ 거사(擧似): 거론하다. '사(似)'는 어조사.

○ 감(勘): 상대의 경지를 탐색하다.

○ 재(纔): ~할 바로 그때.

○ 일전어(一轉語): 깨달음의 계기가 될 수 있는 한 마디의 말.

○ 일돈(一頓): 일회(一回), 한 번 더.

○ 도요편장(道了便掌): 말을 마치자 즉시 손바닥으로 때리다.

○ 풍전한(風顚漢): 미치광이. 선에서는 이 말을 '상대방을 인정해 주는
　　반어'로 곧잘 사용하고 있다.

【 14-2 】

[번역]

그 후 위산(潙山)이 앙산(仰山)에게 물었다.

"이 두 존숙(尊宿)의 의중은 어떤 것인가?"

앙산: "스님은 어떻게 생각하십니까?"

위산: "자식을 키워 봐야 비로소 부모의 사랑을 알 수 있다네."

앙산: "저는 그렇게 생각하지 않습니다."

위산: "자넨 어떻게 생각하는가?"

앙산: "도적을 끌어들여 집안이 망한 것과 같습니다."

[해설]

앞의 선문답을 놓고 위산과 앙산이 평을 가하고 있다. 위산은 스승 황벽에게 뒤지지 않는 임제의 칼 솜씨를 칭찬하고 있다. 그러나 앙산은 좀 다른 각도에서 임제를 보고 있다. 임제를 대단한 도적으로 보고 있다. 황벽은 지금 도둑(임제)을 집안으로 끌어들여 집안의 재산을 몽땅 털린 꼴이 되었다는 것이다. 이는 반어적으로 임제의 기백을 칭찬한 것이다.

[원문]

後潙山問仰山호대 此二尊宿 意作麼生고 仰山云호대 和尙作麼生이닛고 潙山云호대 養子方知父慈니라 仰山云호대 不然이니다 潙山云호대 子又作麼生고 仰山云호대 大似勾賊破家니다

[주(註)]

○ 존숙(尊宿): 선배 선승에 대한 존칭.

○ 작마생(作麼生): 어떤가. '생(生)'은 어미.

○ 양자방지부자(養子方知父慈): 자식을 키워 봐야 비로소 부모의 사랑(마음)을 알 수 있다.

○ 불연(不然): 그렇지 않다.

○ 대사(大似): 마치 ~와 같다.

○ 구적파가(勾賊破家): 도적을 끌어들여서 집안이 망하다. '구(勾)'는 '구(句, 끌어들이다)의 속자(俗字).

【 15 】

[번역]

스승이 승에게 물었다. "어디서 왔는가?"

승이 즉시 할을 하자 스승이 가볍게 인사를 한 다음 이 승을 자리에 앉게 했다. 승이 머뭇거리자 스승이 즉시 한 방 먹였다.

스승은 또 승이 오는 걸 보고는 불자(拂子)를 세우자 승이 절을 했다. 스승이 즉시 한 방 먹였다.

또 다른 승이 오는 걸 보고는 역시 불자를 세우자 승은 쳐다보지도 않았다. 스승은 이 승을 한 방 먹였다.

[해설]

세 명의 승이 임제를 찾아와 선문답을 하고 있다. 그러나 임제는 이 승들의 제각기 다른 공격에 아랑곳하지 않고 마구잡이로 몽둥이질을 하고 있다. 여기에서 우리는 험악하기로 이름난 임제의 가풍을 엿볼 수 있다.

[원문]

師問僧호대 什麼處來오 僧便喝하니 師便揖坐라 僧擬議하니 師便打라 師見僧來에 便竪起拂子하니 僧禮拜에 師便打라 又見僧來에 亦竪起拂子하니 僧不顧에 師亦打라

[주(註)]

○ 읍좌(揖坐): 가볍게 인사하고 (승을) 앉게 하다.
○ 의의(擬議): 머뭇거리다.

【 16-1 】

[번역]

스승이 보화(普化)를 보고 이렇게 말했다.

"내가 남방에 있을 때 황벽 스님의 편지를 전하려고 위산에 갔는데 앙산이 미리 말해 줘서 그대가 먼저 여기 머물면서 내가 오기를 기다린다는 걸 알았다. 이제 내가 여기 왔으니 그대는 나를 도와줘야겠다. 나는 지금 황벽 스님의 종지(宗旨, 가르침)를 세우려 하니 그대는 반드시 나를 도와줘야겠다."

이 말을 듣자, 보화는 '안녕히 계십시오' 인사를 하고는 그대로 가 버렸다.

뒤에 극부(克符)가 오자 스승이 또 이런 식으로 말했다. 극부 역시 "안녕히 계십시오."라며 인사를 하고는 가 버렸다. 3일 후에 보화가 올라와 물었다. "스님은 지난번에 저에게 뭐라고 하셨습니까?" 스승이 봉(棒, 주장자)으로 그를 때렸다.

또 3일 후에 극부가 올라와 물었다. "스님은 3일 전에 왜 보화를 때렸습니까?" 스승은 역시 봉으로 극부를 때렸다.

[해설]

위산의 제자 앙산은 예언을 잘하기로 이름난 선승이었다. 어느 때 임제가 황벽의 편지를 가지고 위산에게 갔을 때 임제를 맞이한 사람도 이 앙산이었다. 황벽과 위산은 모두 백장의 제자이므로 앙산(위산의 제자)과 임제(황벽의 제자)도 사촌뻘이 되는 셈이다. 임제가 '장차 하북 지방에서 교화를 펼 적에 보화(普化)라는 선승이 임제를 도울 것'이라고 앙산은 예언했다. 그 후 임제가 하북의 진주 지방에 이르자 과연 앙산의 예언대로 보화가 이미 그곳에서 교화를 펼치고 있었다. 그래서 임제는 보화를 알아보고는 자기를 도와달라고 했다.

보화란 누구인가? 기이한 행적으로 널리 소문나 있던 반미치광이 선승으로서 후대에는 보화종(普化宗)의 종조(宗祖)로 추대되었던 인물이다. 그는 언제나 묘지 옆에서 자고 아침이면 시장에 나와 요령을 흔들며 다니곤 했다. 그는 '오직 한쪽 눈만 있는 애송이

[臨濟小廝兒 只具一隻眼]'라고 임제를 비판했던 유일한 선승이기도 했다. 보화는 기이한 방법으로 임제의 교화를 돕다가 스스로 관 속에 들어가 흔적도 없이 사라져 버렸다고 한다.

여기서는 임제가 보화와 극부(克符)를 만나는 장면을 언급하고 있다. 극부는 임제의 법을 이은 제자인데 늘 종이옷[紙衣]을 입었으므로 사람들은 그를 지의도자(紙衣道者)라고 불렀다. 그는 조산 본적(曹山本寂, 846~901)과 선문답을 한 후 조산본적의 면전에서 그대로 입적했던 선승이다.

〈p.s.〉이 부분(16-1)은 명판(明版)『고존숙어록(古尊宿語錄)』에 의해서 증보했다.

[원문]

師見普化하고 乃云호대 我在南方馳書 到溈山時에 知爾先在此 住待我來라 乃我來하니 得汝佐贊하라 我今欲建立 黃檗宗旨니 汝切須爲我成褫하라 普化珍重下去라 克符後至에 師亦如是道하니 符亦珍重下去라 三日後에 普化卻上問訊云호대 和尙前日 道什麼닛고 師拈棒便打下라 又三日에 克符亦上 問訊하야 乃問호대 和尙前日 打普化作什麼오 師亦拈棒打下라

[주(註)]

○ 보화(普化): 보화종(普化宗, 虛無僧)의 종조(宗祖)로 추앙 받았던 선승. 기이한 행적이 많다.

○ 치서(馳書): 편지를 전하다.

○ 좌찬(佐贊): 도와주다.

○ 절수(切須): 대수(大須). 사수(事須). 시수(是須). 직수(直須). 경수(俓須).
   반드시~하지 않으면 안 된다.

○ 성치(成褫): 성지(成持), 돌봐 주다.

○ 극부(克符): 늘 종이옷[紙衣]을 입었기 때문에 지의도자(紙衣道者)라
   불리던 선승. 임제의 법을 이었다.

○ 문신(問訊): ~을 묻다.

○ 작십마(作什麼): 작마(作麼). 왜, 무엇 때문에.

【 16-2 】

[번역]

스승이 어느 날 보화와 함께 공양청(식사 초대)을 받고 시주(신
자) 집에 가게 되었다.

스승: "한 오라기 털끝 속에 큰 바다가 들어가고 겨자씨 속에
수미산이 들어가는 이것은 부사의한 초능력의 힘[神通妙用]인가?
본래의 이치가 이와 같은가?"

보화가 밥상을 발로 차서 뒤엎어 버렸다.

스승: "너무 거칠구나."

보화: "여기 뭐가 있기에 거칠고 섬세함을 지껄인단 말인가."

[해설]

보화와 임제의 선문답이다. 여기서 보화는 거칠기로 이름난 임제를 단 한 방에 제압하고 있다. '한 오라기 털끝 속에 큰 바다가 들어가고 겨자씨 속에 수미산이 들어간다[毛呑巨海 芥納須彌]'라는 것은 무슨 뜻인가? 이는 크고 작고 넓고 좁음[大小廣狹]의 차별을 초월한 세계를 묘사한 대목으로서 『유마경(維摩經)』 「부사의품(不思議品)」에 있는 구절이다.

[원문]

師 一日同普化 赴施主家齋次에 師問호대 毛呑巨海요 芥納須彌니 爲是神通妙用가 本體如然가 普化踏倒飯床이라 師云호대 太麤生이로다 普化云호대 這裏是什麼所在컨대 說麤說細오

[주(註)]

○ 시주가재(施主家齋): 신도(信徒, 불교신자)가 승려를 초청하여 식사 대접을 하는 것.
○ 개(芥): 개자(芥子)씨. '아주 미세한 것'의 비유.
○ 수미(須彌): 수미산(Me, Sumeru). 우주의 중심에 있다는 전설 속의 산.
○ 답도(踏倒): 발로 차 뒤엎다.
○ 태추생(太麤生): 너무 거칠다. '생(生)'은 어미.

【 16-3 】

[번역]

스승은 그 다음날 또 보화와 함께 공양 초청을 받아 가게 되었다.

스승: "오늘 공양은 어제와 비교해서 어떤가?"

보화는 어제처럼 또 발로 차서 밥상을 뒤엎어 버렸다.

스승: "옳긴 하나 너무 거칠구나."

보화: "이 눈먼 친구 같으니……. 불법 속에서 무슨 거칠고 섬세함을 논한단 말인가."

보화의 이 말을 듣고 스승은 깜짝 놀라서 혀를 내둘렀다.

[해설]

보화와 임제의 세 번째 진검승부다. 임제는 함정을 파놓고 보화를 유인하고 있지만 보화를 사로잡기엔 역부족이다. '눈먼 놈[瞎漢]'이라고 보화는 임제를 비판하고 있는데, 이것이 임제에 대한 직설적인 유일한 비판이다. 그 누구도 임제를 이런 식으로 비판한 사람이 없었다. 그렇기에 임제는 지금 놀라서 혀를 내두르고 있다.

[원문]

師來日 又同普化赴齋에 問호대 今日供養은 何似昨日고 普化依前 踏倒飯床이라 師云호대 得即得이나 太麁生이로다 普化云호대 瞎漢

佛法說什麼麁細오 師乃吐舌이라

【 17 】

[번역]

　스승은 어느 날 하양(河陽), 목탑(木塔) 두 장로와 함께 승당의 화롯가에 앉아 있었다. 그때 누군가가 말했다.
　"보화는 매일 시장 바닥에 나가 미치광이 짓을 하고 있는데 그가 범부인지 성인인지 도대체 알 수가 없네 그려."
　이 말이 채 끝나기도 전에 보화가 승당 안으로 들어왔다. 스승이 물었다.
　"그대는 범부인가? 성인인가?"
　보화: "자네가 말해 보게. 내가 범부인가? 성인인가?"
　스승이 할을 하자 보화가 손으로 세 사람을 가리키며 말했다.
　"하양(하양 장로의 선)은 신부자선(新婦子禪)이요, 목탑(목탑 장로의 선)은 노파선이며 임제 조무래기는 도리어(다만) 한쪽 눈을 구비했을 뿐이다."

스승: "이런 도둑놈."

보화가 "도둑놈, 도둑놈"이라 말하고는 즉시 승당을 나가 버렸다.

[해설]

임제, 하양(河陽), 목탑(木塔), 세 사람의 선승이 화롯가에 앉아 담소를 하고 있는데 보화가 나타나 이 세 사람을 박살내고 있다. 하양의 선(禪)은 갓 시집온 신부처럼 줏대가 없고, 목탑의 선은 늙은 노파처럼 너무 말이 많고 임제는 '한쪽 눈밖에 없는 애송이'라고 기염을 토하고 있다. 본문의 '각구일척안(却具一隻眼, 도리어 한쪽 눈이 있다)'은 '지구일척안(只具一隻眼, 다만 한쪽 눈밖에 없다)'이 후대로 내려오면서 변형된 형태라고 한다. 자세한 것은 주(註)를 보기 바란다.

[원문]

師一日 與河陽木塔長老와 同在僧堂 地爐內坐라 因說 普化每日 在街市하야 掣風掣顚하니 知他 是凡是聖이라 言猶未了에 普化入來라 師便問호대 汝是凡是聖가 普化云호대 汝且道하라 我是凡是 聖가 師便喝하니 普化以手指云호대 河陽新婦子요 木塔老婆禪이며 臨濟小廝兒는 却具一隻眼이로다 師云호대 這賊이라 하니 普化云호대 賊賊이라 하고 便出去라

[주(註)]

○ 하양목탑장로(河陽木塔長老): 사람 이름. 하양 장로와 목탑 장로. 이

두 사람에 대한 자세한 것은 알 수 없다.

○ 장로(長老): 수행력과 덕이 있고 나이가 든 수행자.

○ 지로(地爐): 중국 승당(僧堂)의 중앙에 땅을 파서 설치해 놓은 화로.

○ 체풍체전(掣風掣顛): 미치광이 짓을 하다.

○ 지타(知他): 도대체 ~인가(알 수가 없다).

○ 하양신부자(河陽新婦子): 하양 장로의 신부자선(新婦子禪). 갓 시집온 색시(신부)가 눈치를 보며 말을 조심하듯 너무 소심하고 줏대가 없는 선풍(禪風).

○ 목탑노파선(木塔老婆禪): 목탑 장로의 노파선. 할머니(노파)가 손자를 보살피듯 자상한 선, 즉 '너무 말이 많은 선풍(禪風).'

○ 소시아(小廝兒): 조무래기.

○ 각구일척안(却具一隻眼): 가장 오래된 텍스트인 『조당집(祖堂集)』 권 17에는 '只具一集眼'으로 되어 있는데 이 둘의 차이는 다음과 같다.

① 지구일척안(只具一隻眼): 다만 한쪽 눈밖에 없다(임제를 얕잡아 봄).

② 각구일척안(却具一隻眼): 도리어 한쪽 눈이 있다(대단한 안목이 있다-임제를 추켜 세움). 이로 미뤄 본다면 원래는 '지구일척안'이었던 것이 후대로 내려오면서 '각구일척안'으로 바뀐 것 같다. 그러므로 본문의 문장 앞뒤로 보면 '지구일척안'이라야 문맥이 통한다.

○ 자적(這賊): 이 도둑놈. 여기에서는 '안목이 열린 수행자[明眼人]'를 역설적으로 칭찬하는 말이다.

【 18 】

[번역]

하루는 보화가 승당 앞에서 날채소를 먹고 있었다.

그걸 보고 스승이 말했다.

"마치 한 마리 당나귀 같군."

보화가 즉시 당나귀의 울음소리를 냈다.

스승이 말했다. "이런 도둑놈."

보화가 '도둑놈 도둑놈'이라 말하고는 즉시 가 버렸다.

[해설]

다시 보화와 임제의 한판 대결이다. 선제공격은 임제, 보화는 방어하는 입장이다. 그러나 임제가 총공세를 펼치자 보화는 임제의 총공세에 맞불을 지르며 비호같이 퇴각하고 있다. 말하자면 퇴각과 공격 전술을 동시에 구사하고 있는 것이다.

[원문]

一日 普化在僧堂前 喫生菜라 師見云호대 大似一頭驢로다 普化便作驢鳴하니 師云호대 這賊이라하니 普化云賊賊이라하고 便出去라

[주(註)]

○ 생채(生菜): 날채소. 생야채.

○ 일두려(一頭驢): 한 마리 당나귀.

【 19 】

[번역]

보화는 늘 길거리에서 이렇게 말했다.

"밝게 오면[明頭來] 밝게 치고 어둡게 오면[暗頭來] 어둡게 치고 사방팔방으로 오면 회오리바람으로 치고 허공으로 오면 도리깨로 칠 것이다."

스승이 시자에게 이렇게 지시했다.

"그가 이런 식으로 말하는 걸 보는 즉시 다짜고짜 멱살을 잡고 이렇게 물어보라. '모두 이렇지 않게 올 때는 어떻게 하겠는가?'"

시자가 이렇게 묻자 보화가 멱살 잡힌 시자의 손을 뿌리치며 말했다.

"내일 대비원(大悲院)에서 대중공양이 있다."

시자가 돌아와서 스승에게 이 사실을 말하자 스승이 말했다.

"나는 오래전부터 이 친구를 의심했었다(이 친구가 예사 사람이 아니라는 것을 알고 있었다)."

[해설]

시장 바닥에서 펼치고 있는 보화의 거침없는 행동을 묘사하고 있다. 그러나 그런 보화도 임제의 사정권을 벗어날 수는 없었다. 임제가 보낸 시자(侍者, 수행비서)에게 보화는 그만 덜미가 잡혀 버리고 말았다. 그래서 "내일 대비원에서 대중공양이 있다."는 한 마디를 남기고 뺑소니를 치고 있다. 마치 주문과도 같은 이 활구를 남기고 보화는 36계 줄행랑을 쳤다. 그러나 천리 밖의 장막 안에서 임제는 이 모든 걸 훤히 보고 있다. 보화의 36계 작전을 이미 꿰뚫어 보고 있다. 이런 식으로 보화는 임제의 교화를 도왔던 것이다. 임제를 깎아내리기도 하고 추켜올리기도 하면서…….

[원문]

因普化 常於街市搖鈴云호대 明頭來 明頭打요 暗頭來 暗頭打요 四方八面來 旋風打요 虛空來 連架打라 師令侍者去 纔見如是道에 便把住云호대 總不與麼 來時如何오 普化托開云호대 來日大悲院 裏有齋라 侍者回 擧似師하니 師云호대 我從來 疑著這漢이로다

[주(註)]

○ 명두(明頭): 밝음. 상대 차별. '두(頭)'는 어미.

○ 암두(暗頭): 어두움. 절대 평등.

○ 선풍(旋風): 회오리바람.

○ 연가(連架): 도리깨(보리, 콩 등을 내리쳐서 탈곡할 때 사용하는 기구).

○ 연가타(連架打): 도리깨질을 하듯 계속적으로 반복해서 내리치다.

○ 파주(把住): 꽉 붙잡다.

○ 탁개(托開): 밀쳐내다. 떠밀어 버리다.

○ 유재(有齋): 대중공양(식사 초대)이 있다.

○ 종래(從來): 오래전부터

○ 의착(疑著): 의심하다. '착(著)'은 어미.

【 20-1 】

[번역]

한 노숙(老宿)이 스승을 찾아와서 절을 하지 않고 이렇게 물었다.

"절을 하는 것이 옳습니까? 절하지 않는 것이 옳습니까?"

스승이 할을 하자 노숙이 즉시 절을 했다.

스승이 말했다.

"훌륭한 도둑이로군."

노숙이 "도둑, 도둑"이라 외치고는 나가 버렸다.

스승이 말했다. "아무 일 없는 것이 좋다고 말하지 말라."

[해설]

한 노승(노숙)과 임제의 선문답이다. 노승이 선제공격을 하자 임제가 즉시 반격으로 맞받아쳤다. 노승이 퇴각하자 임제는 화해의 신호를 보냈다. 그러나 노승은 화해의 신호로 위장을 한 임제의 속임수를 간파, 임제를 그냥 묵사발을 만들고 있다.

[원문]

有一老宿參師에 未曾人事하고 便問호대 禮拜即是아 不禮拜即是아 師便喝하니 老宿便禮拜라 師云호대 好箇草賊이로다 老宿云호대 賊賊이라하고 便出去라 師云호대 莫道無事好하라

○ 노숙(老宿): 존숙(尊~). 장로(長老). 덕망 있고 나이 드신 수행자.

○ 호개(好箇): 훌륭한. '개(箇)'는 형용사 뒤에 붙는 접미사.

○ 초적(草賊): 초야(草野)의 도둑. 원래는 당 왕조(唐王祖)의 실정(失政)
에 반기를 들고 일어났던 각 지방의 민중봉기대(民衆蜂起隊)를 일컫
는 말이었다.

○ 막도~호(莫道~好): ~이 좋다고 말하지 말라.

【 20-2 】

[번역]

수좌(首座) 승이 스승을 모시고 서 있을 때 스승이 말했다.

"여기 잘못이 있는가?"

수좌승: "잘못이 있습니다."

스승: "그(〈20-1〉의 노숙, 賓家)에게 잘못이 있는가? 나(임제, 主家)
에게 잘못이 있는가?"

수좌승: "두 사람 모두에게 잘못이 있습니다."

스승: "잘못이 어디에 있는가?"

이 말을 듣고 수좌승은 즉시 나가 버렸다.

스승: "아무 일 없는 것이 좋다고 말하지 말라."

그 뒤 어떤 승이 이 일을 남전(南泉)에게 거론하자 남전은 이렇
게 말했다.

"명마(名馬)들이 서로 우열을 다투고 있군."

[해설]

참으로 꿰뚫기 어려운 공안이다. 임제는 왜 수좌에게 느닷없이 "여기 잘못이 있는가? 없는가?"라고 물었는가? 수좌는 왜 "잘못이 있다."고 대답했는가? "아까 질문을 한 노승[賓家]과 나[主家] 가운데 누구에게 잘못이 있느냐?"고 임제가 묻자 수좌는 왜 "둘 다 잘못이 있다."고 말했는가? "그럼 잘못이 어디에 있느냐?"고 임제가 묻자 수좌는 왜 즉시 나가 버렸는가? 벗이여, 첩첩산중과도 같은 이 공안의 관문을 어떻게 하면 뚫을 수 있겠는가? "아무 일 없는 것이 좋다고 말하지 말라[莫道無事好]."는 임제의 말은 또 무슨 뜻인가? 여기 이 공안에 대한 남전의 촌평에서 힌트를 얻어야 한다. "명마들이 서로 우열을 다투고 있다."는 이 말에서 실마리를 찾아야 한다.

[원문]

首座侍立次에 師云호대 還有過也無아 首座云호대 有니다 師云호대 賓家有過아 主家有過아 首座云호대 二俱有過니다 師云호대 過在什麼處오 首座便出去에 師云호대 莫道無事好하라 後有僧 擧似南泉하니 南泉云호대 官馬相踏이로다

[주(註)]

○ 환유~야무(還有~也無): ~이 있는가?
○ 과(過): 잘못. 과오.
○ 빈가(賓家): 나그네. 수행자.

○ 주가(主家): 주인. 선사.

○ 남전(南泉): 남전보원(南泉普願, 748~834). 남전은 조주의 스승으로서 임제보다 한 시대 앞선 사람이기 때문에 남전의 이 말, 즉 '官馬相踏'에 의문을 품는 견해도 있다.

○ 관마상답(官馬相踏): 명마상답(名馬相踏). 명마들이 서로 우열을 다투다. '막상막하'의 뜻.

【 21 】

[번역]

스승이 식사 초대를 받고 병영으로 들어가다가 문 앞의 장교를 보자, 노주(露柱)를 가리키며 물었다. "이것이 범부인가? 성인인가?"

장교는 아무 말이 없었다. 스승은 노주를 치면서 "비록 한 마디 했더라도 이것은 단지 나무토막일 뿐이다."라고 말하고는 병영 안으로 들어가 버렸다.

[해설]

공양청(식사 초대)을 받고 군(軍)의 진영에 들어가다가 임제가 문을 지키고 있는 장교에게 물음을 던졌다. 그러나 장교는 임제의 의중을 알 수가 없어 잠자코 있었다. 이를 보자 임제가 나무 기둥을 치면서 말했다.

"자네가 멋진 대답을 했다 하더라도 이건 역시 나무토막일 뿐

임제록

이다."

임제의 이 말을 들은 장교는 어처구니가 없었을 것이다. 그러나 임제의 이 말 속에 반야검(般若劍)의 예지가 전광석화처럼 번뜩이고 있다는 이 사실을 잊어서는 안 된다.

[원문]

師因入軍營赴齋에 門首 見員僚하고 師指露柱問호대 是凡가 是聖가 員僚無語하니 師打露柱云호대 直饒道得이라도 也秖是箇木橛이라하고 便入去라

[주(註)]

○ 군영(軍營): 병영(兵營). 군대가 주둔하는 곳.
○ 문수(門首): 문의 입구.
○ 원료(員僚): 장교.
○ 노주(露柱): 건물 앞에 세워 놓은 등불 걸이 나무 기둥.
○ 직요도득(直饒道得): 비록 ~라고 말하더라도.
○ 야지시개(也秖是箇): 또한 역시.
○ 목궐(木橛): 나무토막.

【 22-1 】

[번역]

스승이 원주에게 물었다.

"어디 갔다 오는가?"

원주: "관가에 가서 좁쌀을 내다 팔고 오는 길입니다."

스승: "모두 내다 팔았는가?"

원주: "모두 내다 팔았습니다."

스승이 주장자로 (원주의) 면전에 한 획을 그으며 말했다.

"이것도 내다 팔 수 있는가?"

원주가 할(喝)을 하자 스승이 (그를) 한 방 먹였다.

[해설]

원주와의 문답이다. 임제는 일상의 대화로 원주를 끌어들인 다음 즉시 본질적인 문제로 대화를 끌어올렸다. 그 순간 원주의 기습 공격이 시작되었다. 그러나 임제는 원주의 이 기습 공격을 미리 예측했던 참이라 즉시 반격을 개시했다.

[원문]

師問院主호대 什麼處來오 主云호대 州中糶黃米去來니다 師云호대 糶得盡麼아 主云호대 糶得盡이니다 師以杖 面前畫一畫云호대 還糶得 這箇麼아 主便喝하니 師便打라

[주(註)]

○ 원주(院主): 선원에서 안살림을 관장하는 직책.

○ 주(州): 여기에서는 관가(官家, 관청).

○ 조(糶): (쌀을) 관가에 팔다. 당대(唐代)에는 풍년이 되면 정부가 쌀을

사서 저장했다가 흉년이 들면 일반 서민에게 싸게 팔았다. 이때 농민
쪽에서 정부에 쌀을 내다 파는 것을 '조(糶)'라 하고 정부에서 사들
이는 것을 '적(糴)'이라 한다.
○ 황미(黃米): 좁쌀의 한 가지.
○ 환~마(還~麼): ~할 수 있겠는가?
○ 저개(這箇): 이것.

【 22-2 】

[번역]

전좌(典座)가 오자 스승이 앞의 이야기를 했다. 전좌가 말했다.
"원주는 스님의 말뜻을 몰랐습니다."

스승: "자네는 어떻게 생각하는가?"

전좌가 즉시 절을 하자 스승이 그를 한 방 먹였다.

[해설]

전좌와의 선문답이다.

앞에 있었던 원주와의 대화를 거론하자 전좌는 즉시 임제의 연
막전술을 간파, "원주는 스님의 참 뜻을 몰랐다."고 연막을 쳤다.
"그럼 자넨 어떻게 알고 있는가?"라는 임제의 재차 물음에 전좌는
조용히 퇴각했다(절했다). 그러나 임제는 퇴각하는 전좌를 끝까지
추격, 사로잡아 버렸다. 그럼에도 불구하고 임제와 전좌는 무승부
로 끝났다. 벗이여, 왜 무승부인가를 간파하는 것은 그대 자신의

몫이다.

[원문]

典座至에 師擧前話하니 典座云호대 院主不會和尙意니다 師云호대
爾作麼生고 典座便禮拜하니 師亦打라

[주(註)]

○ 전좌(典座): 선원에서 식사와 반찬 일체를 담당하는 직책.

【 23-1 】

[번역]

　어떤 강사승이 스승을 찾아와서 서로 인사를 하는데 스승이
물었다. "강사스님은 무슨 경론(經論)을 강의하고 있습니까."
　강사승: "저는 부끄럽게도 『백법론(百法論)』을 공부하고 있는 중
입니다."
　스승: "여기 한 사람은 불경 전체에 통달했고 또 한 사람은 불
경 전체에 통달하지 못했다면 이 둘의 경지는 같습니까? 다릅니
까?"
　강사승: "통달했다면 같을 것이요, 통달하지 못했으면 다를 것
입니다."

　임제와 불경 강사[座主]와의 문답이다. 우선 임제의 물음을 보자. "불경 전체[三乘十二分教]에 통달한 사람과 불경 전체에 통달하지 못한 사람이 있다면 이 둘은 같은가 다른가?"

　물론 다를 수밖에 없다. 그러나 불경 강사는 보다 더 높은 차원에서 이렇게 말하고 있다.

　"불경 전체에 통달한 입장에서 본다면 통달함과 통달하지 못함은 다르지 않습니다. 그러나 불경 전체에 통달하지 못한 입장에서 본다면 통달함과 통달하지 못함은 엄연히 다릅니다."

　그러나 여기 아직 '다르지 않다[同]'와 '다르다[不同]'의 흔적이 남아 있기 때문에 불경 강사의 입장은 선(禪)의 입장이라고 볼 수 없다.

[원문]

有座主來 相看次에 師問호대 座主 講何經論고 主云호대 某甲荒虛 粗習百法論이니다 師云호대 有一人은 於三乘十二分教에 明得이요 有一人은 於三乘十二分教에 明不得이면 是同가 是別가 主云호대 明得即同이요 明不得即別이니다

[주(註)]

○ 좌주(座主): 경전을 가르치는 학승. 강사스님.
○ 황허(荒虛): 자신을 낮추는 말. '부끄럽지만.'
○ 조습(粗習): 대강 ~을 공부하고 있다.

○ 백법론(百法論): 대승백법명문론(大乘百法明門論), 유식학(唯識學)의 기본 이념을 해설해 놓은 책.

○ 삼승(三乘): 성문(聲聞)·연각(緣覺)·보살(菩薩).

○ 12분교(十二分敎): 불교 경전을 그 성질상 12갈래로 나눈 것. 그러나 여기에서는 '불교 경전 전체'라는 뜻이다.

○ 명득(明得): 통달하다.

○ 명부득(明不得): 통달하지 못하다.

【 23-2 】

[번역]

그때 마침 낙보(樂普)가 스승의 시자로 있었는데 스승의 뒤에서 있다가 강사승에게 말했다. "강사스님, 여기가 어디라고 감히 같고 다름을 논한단 말입니까?"

스승이 고개를 돌려 시자인 낙보에게 물었다.

"그대라면 어찌 하겠는가?"

시자는 할(喝)을 했다.

스승이 강사승을 배웅하고 돌아와서 시자에게 물었다. "아까 자네는 노승(老僧, 임제)에게 할(喝)을 했는가?"

시자: "그렇습니다."

이 말을 듣고 스승이 시자를 한 방 먹였다.

[해설]

앞(23-1)에서 임제와 불경 강사가 문답을 할 적에 낙보라는 선승이 임제 뒤에 서 있다가 이렇게 끼어들었다. "강사스님, 여기가 어디라고 감히 같고 다름[同, 不同]을 이야기한단 말입니까?"

임제가 낙보를 돌아보며 말했다. "자네는 어떻게 보는가?" 낙보가 즉시 할을 했다. 이렇게 하여 이야기는 일단 여기서 끝났다. 임제가 불경 강사를 배웅하고 돌아와서 시자인 낙보에게 미끼를 던졌다. "아까 자네는 나한테 할을 했는가?" 과연 낙보는 임제의 미끼를 덥석 물어 버리고 말았다.

선승의 냄새를 풍기고야 말았다. 그래서 임제가 낙보를 한 방 먹인 것이다. 선승의 냄새마저 지워 버려야 한다는 것을 일깨워 주기 위해서.

[원문]

樂普爲侍者하야 在師後立云호대 座主 這裏是什麼所在컨대 說同說別고 師回首問侍者호대 汝又作麼生고 侍者便喝이라 師送座主하고 回來遂問侍者호대 適來是汝喝老僧가 侍者云호대 是니다 師便打라

[주(註)]

○ 낙보(樂普): 낙포원안(洛浦元安, 834~898). 협산선회(夾山善會)의 법을 이은 선승.
○ 시자(侍者): 수행비서.
○ 저리시십마소재(這裏是什麼所在): 여기가 어디라고 감히.

○ 적래(適來): 조금 전에. 아까.

【 24 】

[번역]

　스승은 제2대 덕산이 문하의 수행자들에게 다음과 같이 설법
한다는 말을 들었다.

　"한 마디 하더라도 30방망이요, 한 마디 하지 않더라도 역시 30
방망이다."

　스승은 덕산의 경지를 탐색해 보기 위하여 낙보에게 덕산을 찾
아가서 다음과 같이 물어보라고 했다. "한마디 하면 뭣 때문에 30
방망이입니까?" 그런 다음 스승은 이런 말을 덧붙였다. "덕산이
자네를 때리려 하면 그 주장자를 움켜쥐고 한 번 밀어 봐서 그가
어떻게 하는지를 보라."

　낙보는 덕산을 찾아가서 임제가 시키는 대로 물어봤다. 덕산은
즉시 낙보를 때렸다. 그 찰나 낙보는 재빨리 덕산의 주장자를 움
켜쥐고는 뒤로 밀어 버렸다. 그러자 덕산은 방장실로 되돌아가 버
렸다. 낙보는 돌아와서 스승에게 이를 말했다.

　스승: "나는 애초부터 이 사람을 의심했었다. 그렇긴 하나 자네
는 덕산을 보기나 했는가?"

　낙보가 머뭇거리자 스승은 즉시 낙보를 한 방 먹였다.

[해설]

　임제는 낙보를 시켜 덕산을 탐색했다. 덕산은 봉(棒)으로 유명한 선사였는데 임제의 할(喝)과 더불어 쌍벽을 이루던 사람이었다. 덕산이 봉으로 때리는 순간 낙보는 임제가 시키는 대로 그 봉을 잡고는 두 번 밀어 버렸다. 그 순간 덕산은 낙보가 임제의 첩자(간첩)라는 것을 간파, 더 이상 공격을 하지 않고 즉시 퇴각해 버렸다. 낙보는 의기양양하게 돌아와서 임제에게 이 사실을 보고했다. 임제는 덕산이 자신의 기만전술을 간파했다는 것을 알았다. 그래서 "자네는 덕산이 누군지 아는가?"라고 낙보에게 창을 겨눴다. 기습을 당한 낙보가 머뭇거리자 그대로 임제의 봉이 날아갔다.

　여기에서 우린 두 마리 토끼를 잡는 임제의 전략을 볼 수 있다. 첫 번째는 낙보를 시켜 덕산의 경지를 탐색하고, 두 번째는 전황(戰況) 보고를 하고 있는 낙보를 사로잡는 임제의 전략을 볼 수 있다. 그러나 "자네는 덕산이 누군지 아는가?"라고 임제가 물었을 때 낙보가 만일 할을 했다면 어찌 되었겠는가. 임제는 즉시 봉을 날렸을 것이다. 그러나 낙보가 임제의 봉을 움켜잡고 임제의 가슴팍 쪽으로 연달아 세 번 밀어 버렸다면 또 어찌 되었겠는가. 진땀이 나는 한 장면이다.

[원문]

師聞 第二代德山垂示云호대 道得 也三十棒이요 道不得 也三十棒이라 師令樂普去問호대 道得 爲什麼 也三十棒고 待伊打汝에 接住

棒送一送하고 看他作麼生하라 普到彼하야 如敎而問하니 德山便打라 普接住 送一送하니 德山便歸方丈이라 普回하야 擧似師하니 師云호대 我從來疑著這漢이로다 雖然如是나 汝還見德山麼아 普擬議에 師便打라

【 25 】

[번역]

어느 날 왕상시가 스승을 찾아왔다. 승당 앞에서 스승과 만나 이렇게 물었다. "여기 승당에 있는 승들은 경전 공부를 합니까?"

스승: "경전 공부를 하지 않는다네."

왕상시: "그러면 참선수행을 합니까?"

스승: "참선수행도 하지 않는다네."

왕상시: "경전 공부도 하지 않고 참선수행도 하지 않는다면 도대체 뭣을 하고 있는 겁니까?"

스승: "모든 수행자들이 부처를 이루고 조사가 되고자 한다네."

왕상시: "황금가루가 비록 귀하긴 하지만 그것이 눈에 들어가면 눈병이 나는데 이를 어찌 하시럽니까?"

스승: "나는 지금까지 그대가 평범한 속인이라고만 알고 있었는데 그게 아니었군."

[해설]

왕상시는 『임제록』 첫 부분에 나오는 성덕부(成德府)의 지방 장관인 왕상시를 말한다. 임제와의 문답으로 봐서 그는 어느 선승 못지않게 안목이 열린 거사(居士)라는 걸 알 수 있다.

"경전 공부도 하지 않고 참선 수행도 하지 않는다."는 임제의 말에 "그럼 무엇을 하느냐?"고 왕상시가 물었다. 임제가 "부처가 되고 조사가 되고자 한다."고 대답했다. 이 말을 들은 왕상시는 "금가루가 귀하긴 하나 눈 속에 들어가면 눈병이 난다."고 했다. 즉 "부처와 조사가 되는 것은 귀한 일이지만 그러나 부처와 조사가 되려는 그 마음이 아직 남아 있다면 완전한 깨달음에는 이를 수 없다."는 뜻이다. 여기서 왕상시의 높은 안목을 볼 수 있다. 그래서 임제도 이렇게 칭찬하고 있다. "지금껏 나는 자네를 단순한 속인으로 잘못 알고 있었네. 내 실수를 용서하게."

王常侍가 一日訪師라 同師於僧堂前看하고 乃問호대 這一堂僧은 還
看經麼아 師云호대 不看經이라 侍云호대 還學禪麼아 師云호대 不學
禪이라 侍云호대 經又不看하고 禪又不學하니 畢竟作箇什麼이닛고 師
云호대 總敎伊 成佛作祖去라 侍云호대 金屑雖貴나 落眼成翳니 又
作麼生이닛고 師云호대 將爲爾是箇俗漢이라

[주(註)]

○ 왕상시(王常侍): 첫 머리(1-1)에 나오는 하북부의 지방 장관. 임제의
   후원자.

○ 환간~마(還看~麼): ~을 보는가?

○ 작개십마(作箇什麼): 작십마(作什麼). 무엇을 ~도모하고 있는가?

○ 총교이성불작조거(總敎伊成佛作祖去): 모두 부처를 이루고 조사가 되
   고자 한다. '이(伊)'는 수행자들. '거(去)'는 어조사.

○ 장위이시개속한(將爲爾是箇俗漢): '장위(將爲, 將謂)'는 육조(六朝) 이래
   의 속어. 그대[爾]를 이[是箇] 속인[俗漢]으로 잘못 생각했다[將爲]. '시
   (是)'는 주어와 술어를 연결하는 이음말. '개(箇)'는 뜻이 없는 접미사.
   예) 차개(此箇), 묘개(妙箇), 진개(眞箇).

【 26 】

스승이 행산(杏山)에게 물었다. "어떤 것이 노지백우(露地白牛)인가?"

행산은 '음매' 하고 소 울음소리를 냈다.

스승: "자네는 벙어리인가?"

행산: "스님이라면 어떻게 하시렵니까?"

스승: "이 짐승아."

[해설]

선승 행산(杏山))과의 문답이다. 첫 번째의 대결에서는 무승부. 그러나 두 번째의 대결에서 행산은 그만 임제의 올가미(자네는 벙어리인가)에 걸려들고야 말았다. 그래서 임제를 보고 "스님이라면 어찌 하시렵니까?"라고 물었다. 이렇게 하여 행산은 임제에게 백기를 들었다. '이 축생(짐승)'이라는 임제의 한 마디에 행산은 더 이상 손을 쓸 수가 없게 되었다.

[원문]

師問杏山호대 如何是露地白牛오 山云호대 吽吽하니 師云호대 啞那아 山云호대 長老作麼生고 師云호대 這畜生이여

○ 행산(杏山): 행산감홍(杏山鑒洪), 동산양개(洞山良价)와 동문이다.

○ 여하시(如何是): 어떤 것이 ~인가? ~란 무엇인가?

○ 노지백우(露地白牛): 야생 흰 소. ①번뇌 망상에 물들지 않은 본성(本性), ②'법신(法身)'을 뜻하기도 한다.

○ 우우(吽吽): 음매. 소가 우는 소리.

○ 아나(啞那): 벙어리인가?

○ 저축생(這畜生): 이 짐승.

【 27 】

[번역]

스승이 낙보에게 말했다.

"예부터 지금까지 한 사람은 봉을 휘두르고 또 한 사람은 할을 행했는데 어느 쪽이 진짜인가?"

낙보: "모두 진짜가 아닙니다."

스승: "진짜라면 어떻게 하겠는가?"

낙보가 즉시 할을 하자 스승이 그를 봉으로 때렸다.

[해설]

낙보와 임제의 한판 대결이다. 봉과 할을 부정해 놓고 낙보는 도리어 할을 사용했고 임제 역시 봉을 썼다. 여기서 우린 전광석화처럼 번뜩이는 두 거장의 선지(禪智)를 느낄 수 있다.

[원문]

師問樂普云호대 從上來 一人行棒하고 一人行喝하니 阿那箇親고 普

云호대 總不親이니다 師云호대 親處作麼生고 普便喝하니 師乃打라

[주(註)]

○ 종상래(從上來): 예부터 지금까지.

○ 아나개친(阿那箇親): 어느 쪽[阿那箇]이 진짜[親]인가?

【 28 】

[번역]

스승은 승이 오는 걸 보고는 두 손바닥을 펴 보였다.

승이 아무 말이 없자 스승은 말했다. "알겠는가?"

승: "모르겠습니다."

스승: "우둔한 녀석은 어찌할 수가 없구나. 자네에게 두 푼(짚신
값)을 주겠노라."

[해설]

임제는 할로 유명한 선승이다. 그러므로 상대가 누구든 일단 할
로 제압하고 보는 것이 임제의 전략이다. 그러나 여기서만은 예외
다. 상대가 워낙 우둔하기 때문에 할을 사용할 수가 없었던 것이
다. 그래서 짚신 값을 주고 "좀 더 행각수행을 하고 오라."고 말하

고 있다. 여기서 우리는 못난 제자를 생각하는 스승의 간절한 마음을 읽을 수 있다.

[원문]

師見僧來에 展開兩手하니 僧無語라 師云호대 會麼아 云호대 不會니다 師云호대 渾崙擘不開니 與汝兩文錢하리라

[주(註)]

○ 혼륜벽불개(渾崙擘不開): 우둔한 녀석(혼륜)은 어떻게 할 수가 없다(벽불개).
○ 양문전(兩文錢): 두 푼의 돈. 짚신 값.

【 29 】

[번역]

대각(大覺)이 참례하러 왔다. 스승이 불자를 세우자 대각이 절을 하려고 좌복을 폈다. 스승이 불자를 던지자 대각이 좌복을 접은 다음 승당으로 들어갔다. 이를 본 수행자들이 말했다.

"이 스님은 스승과 절친한 사이가 아니겠는가. 그래서 절도 하지 않고 봉으로 얻어맞지도 않았다." 스승은 이 말을 듣고 대각을 불러냈다. 대각이 대중 속에서 나오자 스승이 말했다.

"대중들이 말하길, 자네가 장로(長老, 웃어른)를 참례하지 않았

다고 한다."

이 말을 듣고 대각은 "안녕하십니까?" 인사를 하고는 대중 속으로 되돌아갔다.

[해설]

대각이란 선승이 임제를 찾아왔다. 그는 황벽의 문하에서 임제와 동문수학을 한 사람이었다. 두 사람의 칼(지혜의 검, 般若劍) 솜씨는 막상막하. 상대가 공격하면 이쪽에선 방어하고 이쪽에서 공격하면 상대는 즉시 방어의 자세로 돌아가고 있다. 이런 걸 일러 '노랫가락과 장단이 서로 잘 맞는다[唱拍相隨]'라고 한다.

[원문]

大覺到參에 師擧起拂子하니 大覺敷坐具라 師擲下拂子하니 大覺收坐具하고 入僧堂이라 衆僧云호대 這僧莫是和尙親故아 不禮拜又不喫棒이라 師聞하고 令喚覺하니 覺出이라 師云호대 大衆道 汝未參長老라 覺云不審이라하고 便自歸衆이라

[주(註)]

○ 대각(大覺): 임제와 동문수학했던 선승. 나머지는 자세하지 않다.
○ 좌구(坐具): 절을 하거나 앉을 때 바닥에 까는 장방형의 보자기.
○ 막시~친고(莫是~親故): 친하기 때문[親故]이 아닐까?
○ 불심(不審): 인사말. '안녕하십니까?'

【 30 】

조주(趙州)가 행각을 할 때 스승을 찾아왔다. 그때 마침 스승이 발을 씻고 있었다.

조주: "어떤 것이 조사서래의인가?"

스승: "지금 내가 발을 씻고 있는 중이라네."

조주가 가까이 와서 엿듣는 시늉을 했다.

스승: "다시 두 번째 바가지의 발 씻은 물을 버리려 하네."

이 말을 듣고 조주가 즉시 내려가 버렸다.

[해설]

그 유명한 선승 조주와의 한판 대결이다. 조주의 선제공격에 임제는 여유 있는 방어를 하고 있다. 그러자 조주는 돌연 기만전술(가까이 다가가서 엿듣는 시늉)을 폈다. 그러나 임제는 이미 조주의 기만전술을 간파, 유유히 우회전술로 맞서고 있다. 사태가 이 지경에 이른 것을 알아차린 조주는 삼십육계 줄행랑을 쳤다.

[원문]

趙州行脚時參師라 遇師洗脚次에 州便問호대 如何是祖師西來意오 師云호대 恰値老僧洗脚이니다 州近前 作聽勢하니 師云호대 更要第二杓惡水潑在니다 州便下去라

○ 조주(趙州): 조주종심(趙州從諗, 778~897). '무(無)자' 공안으로 유명한 선승.

○ 흡치(恰値): 마침 ~하고 있는 중이다.

○ 갱요(更要): 갱욕(更欲). 다시~하려고 하다.

○ 제2표(第二杓): 두 번째 바가지.

○ 오수(惡水): 구정물.

○ 발(潑): 버리다. 뿌리다.

○ 재(在): 앞의 뜻을 강조하기 위해서 쓴 어미.

【 31 】

[번역]

정상좌(定上座)가 스승을 찾아와서 물었다.

"불법의 핵심[佛法大意]은 무엇입니까?"

스승은 승상에서 내려와 정상좌의 멱살을 잡고 뺨을 한 대 갈긴 다음 밀쳐 버렸다. 정상좌는 멍청하니 서 있었다. 그때 곁에 있던 승(시자)이 말했다.

"정상좌, 어찌 큰스님에게 절을 올리지 않는가?"

정상좌는 얼떨결에 절을 하다가 홀연히 크게 깨달았다.

[해설]

정상좌가 깨달음을 얻는 극적인 순간이다. 정상좌가 "불법의 핵심은 무엇입니까?"라고 물었는데 임제는 왜 승상(선상)에서 내려와 정상좌의 멱살을 잡고 한 방 먹인 다음 밀어 버렸는가? 갑자기 얻어맞은 정상좌가 멍하니 서 있는데 옆의 승은 왜 정상좌에게 "어서 임제 스님에게 큰절을 하라."고 재촉하는가? 정상좌는 얼떨결에 임제에게 절하다가 문뜩 깨달았는데 도대체 무엇을 깨달았다는 것인가?

참으로 귀중하고 중요한 공안이다. 벗이여, 그대도 여기서 한 소식(깨달음을 체험하는 것)을 해야 하지 않겠는가. 인간으로 태어난 몫을 해야 하지 않겠는가.

[원문]

有定上座到參問호대 如何是佛法大意닛고 師下繩床하야 擒住與一掌하고 便托開하니 定佇立이라 傍僧云호대 定上座 何不禮拜오 定方禮拜타가 忽然大悟라

[주(註)]

○ 정상좌(定上座): 임제의 법을 이은 선승. 나머지는 자세하지 않다.
○ 승상(繩床): 선상(禪床). 의자.
○ 금주(擒住): 붙잡다.
○ 여일장(與一掌): 손바닥으로 한 대 갈기다.
○ 탁개(托開): 밀어 버리다.
○ 정립(佇立): 멍하니 서 있다.
○ 방예배(方禮拜): 막 절을 하다가.
○ 홀연(忽然): 갑자기.

【 32 】

[번역]

마곡(麻谷)이 스승을 찾아와서 절을 하기 위하여 좌복을 펴면서 물었다.

"12면 관음보살의 얼굴 가운데 어느 얼굴이 진짜 얼굴입니까?"

스승이 선상에서 내려와 한 손으로 마곡의 좌복을 접고 또 한 손으론 마곡을 움켜잡고는 말했다.

"12면 관음보살이 (지금) 어디로 갔는가?"

마곡이 재빨리 몸을 돌려 스승의 선상에 앉으려 하자 스승이 주장자로 마곡을 때렸다. 마곡이 스승의 주장자를 잡았다. 그런 다음 두 사람은 서로 주장자를 맞잡고는 방장실로 들어갔다.

[해설]

마곡과의 불꽃 튀는 한판 대결이다. 마곡의 선제공격이 심상치 않자 임제는 좌우 두 방면으로 동시에 방어를 하고 있다. 그 순간 마곡은 공격의 방향을 돌려 임제 장군의 장막을 향해 돌진해 오고 있다. 임제의 주장자가 날아가자 마곡이 주장자를 잡아 버렸다. 그래서 임제도 어쩔 수 없이 휴전협정을 제안하지 않을 수 없었다.

[원문]

麻谷到參하야 敷坐具間호대 十二面觀音이 阿那面正고 師下繩床

하야 一手收坐具하고 一手搊麻谷云호대 十二面觀音이 向什麼處去
也오 麻谷轉身하야 擬坐繩床하니 師拈拄杖打라 麻谷接却하고 相
捉入方丈이라

[주(註)]

○ 마곡(麻谷): 포주 마곡산(浦州麻谷山)에서 온 승. 마조의 제자인 마곡
보철(麻谷寶徹)은 아닌 것 같다[入矢義高, 柳田聖山, 秋月龍珉].
○ 12면관음(十二面觀音): 열두 개의 얼굴이 있는 관음상. 11면관음(十一
面觀音)의 변형.
○ 아나면정(阿那面正): 어떤 얼굴[阿那面]이 본래 얼굴[正]인가?
○ 추(搊): 붙잡다.
○ 전신(轉身): 몸을 휙 돌리다.
○ 의좌(擬坐): ~에 앉으려 하다[欲座].
○ 접각(接却): (주장자를) 붙잡다. '각(却)'은 동사 뒤에 붙는 어조사.
○ 상착(相捉): 서로 (주장자를) 잡다.

【 33 】

[번역]

스승이 승에게 물었다.

"어느 때의 일할(一喝)은 금강왕보검(金剛王寶劍)과 같고, 어느
때의 일할은 땅에 웅크리고 앉아 있는 금빛사자[金毛獅子] 같고,
어느 때의 일할은 상대방을 탐색하는 도구와 같고, 또 어느 때의

일할은 일할의 작용마저 없다. 자네는 이를 어떻게 생각하는가?"

승이 머뭇거리자 스승이 즉시 할을 했다.

[해설]

임제의 할은 아무 곳에서나 마구잡이로 내뱉는 조폭들의 고함 소리가 아니다. 임제는 편의상 자신의 할을 다음의 넷으로 나누고 있다.

첫째, '지혜의 검[金剛王寶劍]' 대신 사용하는 경우.

둘째, 상대를 사로잡기 위한 '사자의 포복자세[踞地金毛獅子]'로 사용하는 경우.

셋째, 상대의 경지를 '탐색하기 위한 도구[探竿影草]'로 사용하는 경우.

넷째, '활구 자체[不作一喝用]'로 사용하는 경우.

임제는 이렇게 자신의 할을 네 가지로 나눈 다음 "자넨 어떻게 이해하고 있는가?"라고 어떤 승에게 물었다. 그러나 승이 안목이 없었기 때문에 머뭇거렸다. 그 순간 임제의 할이 터졌다. 그러나 임제의 물음이 채 끝나기도 전에 이 승이 만일 먼저 할을 했더라면 어찌 되었겠는가? 임제의 봉이 날아갔을 것이고 이로써 이 공안은 깔끔하게 마무리되었을 것이다.

[원문]

師問僧호대 有時一喝은 如金剛王寶劍이요 有時一喝은 如踞地金毛獅子요 有時一喝은 如探竿影草요 有時一喝은 不作一喝用이니

汝作麼生會오 僧擬議에 師便喝이라

[주(註)]

○ 금강왕보검(金剛王寶劍): 다이아몬드[金剛寶]와 같이 예리한 지혜의
  검. '왕(王)'은 강조어. 그러나 여기에서는 '지혜'를 이 다이아몬드의
  검에 비유한 것이다.
○ 거지금모사자(踞地金毛獅子): (먹이를 잡기 위하여) 땅에 움츠리고 앉아
  있는 금빛 사자.
○ 탐간영초(探竿影草): 탐간과 영초. 어부가 물고기를 잡을 때 쓰는 도
  구들. 그러나 여기에서는 '선사가 수행자의 내공을 탐색하는 수단과
  방법'을 말함.

【 34 】

[번역]

스승이 한 여승에게 물었다.

"잘 왔는가? 잘못 왔는가?"

여승이 할을 하자 스승이 봉을 잡고는 말했다.

"자, 다시 한 번 더 말해 보라."

여승이 또 할을 하자 스승이 그녀를 때렸다.

[해설]

어떤 비구니스님과의 문답이다. 임제의 선제공격에 비구니는 맞

불 지르기 작전으로 나왔고, 두 번째의 거센 공격에도 물러서지 않고 그대로 맞받아쳤다. 이를 본 임제는 단숨에 이 비구니를 일도양단 내 버렸다.

[원문]

師問一尼호대 善來아 惡來아. 尼便喝하니 師拈棒云호대 更道更道하라 尼又喝에 師便打라

[주(註)]

○ 선래(善來): 잘 오다. 제자가 되려고 오는 사람에게 부처는 "잘 왔다. 비구여[善來比丘]"라고 했는데 이렇게 말하면 그는 즉시 제자가 되었다고 한다[『증일아함경(增一阿含經)』권15].
○ 악래(惡來): 잘못 오다. 앞의 '선래(善來)'에 대한 대칭으로 임제는 이 말을 쓰고 있다.
○ 니(尼): 비구니(比丘~). 여승.
○ 갱도(更道): 다시 한 번 더 말해 보라.

【 35 】

[번역]

　용아(龍牙)가 스승에게 물었다.
　"어떤 것이 조사서래의입니까?"
　스승: "나에게 선판(禪板)을 건네주게."

용아가 스승에게 선판을 건네주자 스승은 선판을 받은 다음 용아를 한 방 먹였다.

용아: "자, 때리려거든 마음대로 때리십시오. 그러나 여하튼 여기 조사서래의는 없습니다."

용아는 그 후 취미(翠微)에게 가서 물었다.

"어떤 것이 조사서래의입니까?"

취미: "나에게 포단(蒲團)을 건네주게."

용아가 취미에게 포단을 건네주자 취미가 포단을 받은 다음 용아를 때렸다.

용아: "자 때리려거든 마음대로 때리십시오. 그러나 여하튼 여기 조사서래의는 없습니다."

용아는 그 후 용아원에 머물렀는데 어떤 승이 입실(入室)해서 청익(請益)하던 차에 이렇게 말했다.

"스님은 행각하실 때 두 분 존숙(尊宿, 큰스님)을 찾아간 인연이 있는데 그분들을 인정하십니까?"

용아: "그분들의 경지는 인정하지만 여하튼 조사서래의는 없었다."

[해설]

용아가 임제를 찾아가서 패배 작전을 구사하여 임제의 살림살이(경지)를 모두 알아 버렸다. 그런 다음 또 취미를 찾아가서 역시 패배 작전을 구사하여 취미의 살림살이마저 모두 알아 버렸다. 용아는 도대체 누구이기에 임제의 활구로도 취미의 활구로도 제압할 수 없었단 말인가.

"임제와 취미의 경지는 인정하지만 그러나 거기 선의 핵심[祖師
西來意]은 없었다."고 말한 용아는 도대체 어떤 선승인가?

저녁구름 돌아가 서산마루에 합하기 직전
먼 산은 끝없어 그 푸른빛만 층층이네.

(堪對暮雲歸未合 遠山無限碧層層)

[원문]

龍牙問호대 如何是祖師西來意닛고 師云호대 與我過禪板來하라 牙
便過禪板與師하니 師接得便打라 牙云호대 打卽任打어니와 要且 無
祖師意니다 牙後到翠微問호대 如何是祖師西來意오 微云호대 與我
過蒲團來하라 牙便過蒲團與翠微하니 翠微接得便打라 牙云호대 打
卽任打어니와 要且 無祖師意니다 牙住院後에 有僧入室請益云호대
和尚行脚時에 參二尊宿因緣하니 還肯他也無닛가 牙云호대 肯卽深
肯이나 要且 無祖師意라

[주(註)]

○ 용아(龍牙): 용아거둔(龍牙居遁, 835~923). 동산양개(洞山良价)의 법을
  이었다.
○ 여~과~래(與~過~來): ~을 건네주다. '래(來)'는 명령의 뜻.
○ 선판(禪板): 의판(倚板), 좌선할 때 피곤한 몸을 기대는 등받이 판.
○ 접득(接得): 건네받다. ~을 받다.
○ 타즉임타(打卽任打): 때리려거든 마음대로 때려라.

○ 요차(要且): 여하튼. 결국은.

○ 취미(翠微): 취미무학(翠微無學). 단하천연(丹霞天然)의 법을 이었다.

○ 포단(蒲團): 좌선용의 둥근 좌복.

○ 유승(有僧): 어떤 승.

○ 입실청익(入室請益): 개인지도(청익)를 받으러 방장실로 들어오다[入室].

○ 참(參): 참문(參問). 찾아뵙고 도를 묻다.

○ 인연(因緣): 인연 이야기. 이야기.

○ 환~야무(還~也無): ~했는가. '야무(也無)'는 글귀의 끝에 붙어서 의문(~인가)을 나타낸다. 비슷한 말에는 이부(以不, 已不). 야미(也未) 등이 있다.

【 36 】

[번역]

경산(徑山)에는 500명의 수행자들이 있었는데 참청(參請)하는 사람이 드물었다. 황벽은 스승으로 하여금 경산에 가보라 하고는 이렇게 말했다.

"자넨 거기(경산) 가서 어떻게 할 참인가?"

스승: "제가 거기 가게 되면 저 자신만의 방법이 있습니다."

스승이 경산에 도착해서 여장도 풀지 않고 곧바로 법당에 올라가 경산 화상을 뵈었다. 경산 화상이 막 고개를 들려 하자 스승이 즉시 할을 했다. 경산 화상이 무슨 말인가를 하려고 입을 여는데 스승은 소매를 펄럭이며 가 버렸다. 이를 보고는 어떤 승이 경산 화상에게 물었다.

"아까 찾아온 그 승에게 무슨 말을 했기에 그가 스님에게 할을 했습니까?"

경산 화상이 말했다.

"그 승은 황벽 문하에서 왔다. 그 승이 할을 내지른 뜻을 알고 싶은가? 그럼 그에게 가서 직접 물어보라."

경산 화상의 이 말을 듣고 경산에 있던 500명의 수행자들은 그 절반이 흩어져 버렸다.

[해설]

그 당시 경산(徑山)은 우두선(牛頭禪)의 중심지였다. 우두선은 4조 도신(四祖道信)의 법을 이은 우두법륭(牛頭法融, 594~657)으로부터 시작된다. 이 우두선은 모든 것을 철저히 부정하는 반야공관(般若空觀)의 입장을 취하고 있으므로 더 수행을 하고 도를 물어야 할 필요가 없었다. 그래서 이 우두선의 수행자들은 공무(空無)의 입장[本來無事 心境本寂]만을 고수했기 때문에 역동적인 이 삶에의 회귀가 없었던 것이다. 이를 안 황벽은 임제를 시켜 경산의 고승(우두머리)을 찾아가서 진검승부를 한 번 겨뤄 보라고 했다. 임제가 경산의 고승을 찾아가 할을 휘둘렀지만 적멸만을 고수하고 있던 경산의 고승은 임제의 공격을 막아낼 수가 없었다. 이를 본 경산의 수행자 500명은 그 절반 이상이 떠나 버렸다. 사실 이 사건이 있은 지 얼마 후에 우두선의 전통은 완전히 사라져 버렸다고 한다. 그 뒤 송대(宋代)가 되자 이 경산은 5산선문(五山禪

門)의 하나가 되어 임제선의 중심지가 되어 버렸다. 저 대혜종고(大慧宗杲)가 간화선(看話禪)을 제창한 것도 바로 이 경산에서였다.

[원문]

徑山有五百衆이나 少人參請이라 黃檗令師到徑山하고 乃謂師曰 汝到彼 作麼生고 師云호대 某甲到彼에 自有方便이니다 師到徑山하야 裝腰上法堂見徑山하니 徑山方擧頭라 師便喝하니 徑山擬開口에 師拂袖便行이라 尋有僧問徑山호대 這僧適來有什麼言句컨대 便喝和尙이닛고 徑山云호대 這僧從黃檗會裏來라 爾要知麼아 且問取他하라 徑山五百衆은 太半分散이라

[주(註)]

○ 경산(徑山): 절강성 항주부(杭州府)에 있는 산(山). 그러나 여기에서는 그 당시 경산의 500명 수행자들을 지도하고 있던 방장격 고승을 말한다. 그 구체적인 이름은 알 수가 없고 다만 '경산(徑山)'이라는 이름으로 호칭되었던 것 같다.

○ 소인(少人): ~하는 사람[人]이 드물다[少].

○ 참청(參請): 조참모청(朝參慕請). 아침에는 좌선 수행[參究]을 하고 저녁에는 선사의 법문을 듣는 것[請益].

○ 작마생(作麼生): 어떻게 할 것인가?

○ 모갑도피(某甲到彼): 제가[某甲] 그곳[彼, 徑山寺]에 이르면.

○ 방편(方便): 여기에서는 '어떤 일을 처리할 수 있는 자신만의 방법'.

○ 장요(裝腰): 여장(旅裝)을 풀지 않다.

○ 방거두(方擧頭): 머리(고개)를 들려고 하다.

○ 의개구(擬開口): 무슨 말인가 하려고 하다.

○ 불수변행(拂袖便行): 소매를 펄럭이며 즉시[便] 가 버리다.

○ 심(尋): 곧. 즉시.

○ 적래(適來): 조금 전에. 아까.

○ 회리(會裏): 회하(會下). 문하(門下).

○ 요지마(要知麼): 욕지마(欲知麼). 그의 정체를 알고자 하는가?

○ 문취(問取): 묻다. '취(取)'는 조사.

【 37 】

[번역]

　보화(普化)는 어느 날 시장바닥에 나가 사람들에게 "옷 한 벌만 해 달라."고 했다. 사람들은 다투어 보화에게 옷을 해 줬으나 보화는 "필요 없다."고 거절했다. 이 소문을 들은 스승이 원주에게 "관(棺) 한 개를 사오라."고 했다. 저녁이 되어 보화가 돌아오자 스승이 말했다.

　"내 그대를 위해서 옷 한 벌 만들어 놨다."

　보화는 스승이 마련해 준 관을 짊어지고 시장을 돌면서 외쳤다.

　"임제 스님이 나를 위해서 옷 한 벌을 만들어 줬다. 나는 내일 동문(東門)에 가서 죽을 것이다."

　사람들은 그의 죽음을 보려고 다투어 그를 따라갔다. 보화는 동문에 이른 다음 사람들을 보면서 말했다.

　"나는 오늘 죽지 않겠다. 내일 남문에 가서 죽을 것이다."

이런 식으로 3일 동안 죽음을 미루자 사람들은 모두들 보화의 말을 더 이상 믿지 않았다. 넷째 날이 되자 보화의 죽음을 보려고 그를 따라가는 사람은 아무도 없었다. 보화는 홀로 관을 짊어지고 성 밖으로 나가 스스로 관 속에 들어갔다. 때마침 그 옆을 지나가는 사람에게 관 뚜껑에 못을 쳐 달라고 부탁했다. 그와 동시에 이 소문이 사방으로 퍼졌다. 사람들은 앞을 다퉈가서 관 뚜껑을 뜯어봤다. 그러나 보화의 육신은 이미 관 밖으로 빠져나가 버린 뒤였고 공중에서 그가 흔들던 요령소리만 멀리 사라져 가고 있었다.

[해설]

보화의 입적에 관한 기록이다. 보화는 살아서 기이한 행적을 많이 펼치더니 죽으면서까지 이렇게 기이한 행적을 남기고 있다. 이런 경우를 일러 '나고 죽음에서 자유롭다'(生死解脫)고 하는 것이다.

수행편[行錄, 45~2]에서 앙산이 보화를 가리켜 "이 사람은 머리는 있지만 꼬리가 없으며 시작은 있지만 끝이 없다."(此人 有頭無尾 有始無終)고 예언했는데 바로 이 경우를 말한 것이다.

보화는 임제 주위에서 광승(狂僧)처럼 기행(奇行)을 펼쳤기 때문에 "머리와 시작이 있었다."(有頭有始) 그러나 그 스스로가 관 속에 들어가 그의 육신이 관 속에서 흔적도 없이 사라져 버렸기 때문에 결과적으로 "꼬리도 없고 끝도 없었던 것이다."(無尾無終)

보화의 이 가풍은 장백(張伯)→장금(張金)→장범(張範)→장옹

(張雄)→장참(張參)으로 이어갔는데 송(宋)의 이종(理宗) 순우(淳祐) 9년(1249) 심지각심(心地覺心)에 의해서 일본으로 전해져 허무승(虛無僧)의 시발이 되었다. 허무승이란 누구인가? 장발에 깊은 삿갓을 쓰고 피리를 불며 정처 없이 떠도는 산인(散人, 非僧非俗)을 말한다. 그러나 후대가 되자 정치적 망명자와 유랑자들이 여기 합세하여 폐단이 많았다. 그래서 명치(明治) 4년(1871) 10월 중앙정부로부터 '허무승 행각 금지령'이 내려졌다. 그러나 일본에서는 지금까지도 그 맥이 끊어지지 않고 이어져 내려오고 있다고 한다.

[원문]

普化一日 於街市中에 就人乞直裰이라 人皆與之나 普化俱不要라 師令院主買棺一具하고 普化歸來에 師云호대 我與汝 做得箇直裰了也라 普化便自擔去 繞街市叫云호대 臨濟與我 做直裰了也라 我往東門遷化去하리라 市人競隨看之라 普化云호대 我今日未니 來日往南門遷化去라 如是三日에 人皆不信이라 至第四日에 無人隨看하니 獨出城外하야 自入棺內하고 倩路行人釘之니 即時傳布라 市人競往開棺하니 乃見全身脫去하고 秪聞空中 鈴響隱隱而去라

[주(註)]

○ 보화(普化): 기이한 행적이 많았던 광승(狂僧).
○ 직철(直裰): 자락이 긴 승려의 옷[法衣]으로서 바지와 저고리가 하나로 되어 있다. 주로 중국계 스님들이 입는다.

○ 여지(與之): 그것(승복)을 주다.

○ 주득개직철료(做得箇直裰了): 승복(직철)을 만들어 놨다.

○ 천화(遷化): 입적(入寂)하다. 죽다.

○ 천(倩): ~을 부탁하다.

○ 정(釘): 못. 못을 박다.

○ 전포(傳布): 소문이 퍼지다.

○ 전신탈거(全身脫去): 전신이 이미 관 밖으로 빠져나가 버리다.

○ 은은(隱隱): 요령소리가 멀리 사라져 가다.

수행록[行錄]

【 38-1 】

[번역]

스승이 황벽 문하에서 오직 수행에만 전념하고 있었다. 이 모습을 본 수좌가 감탄하면서 이렇게 혼잣말을 했다. '비록 후배이긴 하나 일반수행자들과는 다른 데가 있구나.' 수좌가 임제에게 물었다.

"상좌는 여기 있은 지 얼마나 되는가?"

스승: "삼 년 되었습니다."

수좌: 방장스님을 찾아가 "도를 물은 일이 있는가?"

스승: "물은 일이 없습니다. 무엇을 물어야 할지 모르기 때문입니다."

수좌: "방장스님에게 가서 '어떤 것이 불법의 핵심이냐'고 자넨 물을 줄도 모른단 말인가?"

스승이 방장스님에게 가서 이렇게 물었으나 그 물음이 채 끝나기도 전에 황벽(방장스님)에게 얻어맞았다. 스승이 방장실에서 내려오자 수좌가 말했다.

"물은 일은 어떻게 되었는가?"

스승: "제 물음이 채 끝나기도 전에 방장스님께서 저를 때렸습니다. 저는 무슨 영문인지 모르겠습니다."

수좌: "그럼 다시 가서 물어보게."

스승이 또 가서 물었으나 황벽이 또 때렸다. 이런 식으로 세 번을 물었으나 세 번 얻어맞기만 했다.

스승이 돌아와서 수좌에게 말했다. "수좌스님께서 자비를 베푸시어 저로 하여금 방장스님에게 불법의 핵심을 묻도록 했으나 세 번 묻고는 세 번 얻어맞기만 했습니다. 제가 도에 인연이 없어 방장스님의 깊은 뜻을 깨우치지 못한 걸 한탄할 뿐입니다. 전 지금 이곳을 떠나려 합니다."

수좌: "그대가 만일 이곳을 떠나려면 반드시 방장스님에게 하직 인사는 하고 가게."

스승은 수좌에게 절하고는 물러갔다.

[해설]

임제가 황벽을 찾아가 '불법의 핵심'을 세 번 물었다가 세 번이나 얻어맞는 장면이다. 벗이여, 누가 이토록 처절했단 말인가. 세 번이나 얻어맞으면서 '불법의 핵심'을 묻다니⋯⋯. 그러나 이렇게 철저하지 않으면 결코 이 문을 열 수가 없다. 이 문을 여는 것은 권력으로도 안 되고 돈으로도 안 되고 잔머리를 굴려서도 안 되나니 오직 그 절실한 마음 하나만 있으면 되는 것이다. 그러므로 벗이여, 이 모든 것을 잃더라도 이 절실한 가슴만은 절대로 잃어버리지 말아야 한다.

[원문]

師初在黃蘗會下에 行業純一이라 首座乃歎曰호대 雖是後生이나 與
衆有異라하고 遂問호대 上座在此 多少時오 師云호대 三年이니다 首
座云호대 曾參問也無아 師云호대 不曾參問이니 不知問箇什麼니다
首座云호대 汝何不去問堂頭和尚호대 如何是佛法的的大意닛고 師
便去問이나 聲未絶에 黃蘗便打라 師下來하니 首座云호대 問話作麼
生고 師云호대 某甲問聲未絶에 和尚便打니 某甲不會니다 首座云호
대 但更去問하라 師又去問하니 黃蘗又打라 如是三度發問에 三度
被打라 師來白首座云호대 幸蒙慈悲하야 令某甲問訊和尚이나 三度
發問에 三度被打니 自恨障緣 不領深旨라 今且辭去니다 首座云호대
汝若去時에는 須辭和尚去하라 師禮拜退라

[주(註)]

○ 행록(行錄): 선사의 수행록.

○ 행업순일(行業純一): 오직 수행에만 전념하다.

○ 후생(後生): 후배.

○ 수문(遂問): 그래서 묻다.

○ 수좌(首座): 선원에서 수행자들을 이끄는 선승.

○ 상좌(上座): 여기에서는 '승에 대한 일반적인 호칭'임.

○ 재차다소시(在此多少時): 여기 머문 지 얼마나 되는가.

○ 증참문야무(曾參問也無): 일찍이 참문한 적이 있는가.

○ 참문(參問): 선사를 찾아가 도를 묻는 것.

○ 문개십마(問箇什麼): 무엇을 묻다.

○ 당두 화상(堂頭和尚): 방장스님. 여기에서는 '황벽 선사'.

○ 불법적적대의(佛法的的大意): 불교의 정수.

○ 문화작마생(問話作麼生): 어떻게 물었는가.

○ 삼도(三度): (연거푸) 세 번.

○ 백(白): ~을 말하다.

○ 문신(問訊): ~을 묻다. 질문하다.

○ 자한장연(自恨障緣): 도(道)에 인연이 없는 걸 스스로 한탄하다.

○ 수사~거(須辭~去): 반드시[須]~에게 하직 인사[辭]를 하고 가라[去].

【 38-2 】

[번역]

수좌는 스승보다 먼저 황벽에게 가서 말했다.

"스님에게 질문을 했던 후배는 아주 모범적인 수행자입니다. 만일 하직 인사를 하러오거든 그를 부드럽게 대해 주십시오. 이후에 그가 한 그루의 큰 나무로 성장하면 많은 사람들에게 그늘이 되어 줄 것입니다."

스승이 황벽에게 가서 하직 인사를 하자 황벽은 말했다.

"다른 곳으로 가지 말고 그대는 고안탄두(高安灘頭)의 대우(大愚)를 찾아가거라. 반드시 그대를 위해서 요긴한 말을 해 줄 것이다."

스승이 대우에게 이르자 대우는 물었다.

"어디서 왔는가."

스승: 황벽 스님 문하에서 왔습니다.

대우: "황벽이 무슨 말을 하던가."

스승: "제가 '불법의 핵심'에 대해서 세 번 물었으나 세 번 얻어맞기만 했습니다. 제가 뭣을 잘못했는지 모르겠습니다."

대우: "황벽이 이토록 자네를 위해서 노파심이 간절했거늘 자넨 여기 와서 '뭣을 잘못했는지 모르겠다'고 말하고 있는가."

스승은 대우의 이 말에서 크게 깨닫고는 이렇게 말했다.

"황벽 스님의 불법은 복잡한 줄 알았는데 참으로 간단하군요."

대우는 스승을 움켜잡고는 말했다.

"이 오줌싸개 녀석, 아까는 뭣을 잘못했는지 모르겠다고 하더니 지금은 말하길 황벽 스님의 불법은 참으로 간단하다고 지껄이고 있는가. 자넨 도대체 무슨 이치를 깨달았는가. 어서 빨리 일러 보라."

스승은 대우의 옆구리를 세 번 쥐어박았다.

대우는 스승을 밀어내며 말했다.

"자넨 황벽을 스승으로 하라. 나와는 아무 관계가 없다."

[해설]

임제가 대우를 찾아가 깨달음을 얻는 극적인 장면이다. 황벽이 임제를 때린 것은 그 '때림'을 통해서 불법의 핵심을 모두 드러내 보인 것이다.

이 사실을 간파한 임제는 이렇게 말했다. "아주 복잡한 줄 알았는데 황벽 스님의 불법은 의외로 간단명료하군." 대우의 재차 검증에 임제는 대우의 옆구리를 세 번 쥐어박는 것으로 화답했다. 대우는 임제에게 '어서 황벽에게 되돌아가라'고 했고 임제는 대우를 하직했다.

[원문]

首座先到和尚處云호대 問話底後生은 甚是如法이니 若來辭時에는 方便接他하소서 向後穿鑿成一株大樹하면 與天下人 作陰涼去在니다 師去辭하니 黃檗云호대 不得往別處去하고 汝向高安灘頭 大愚處去하라 必爲汝說하리라 師到大愚하니 大愚問호대 什麼處來오 師云호대 黃檗處來니다 大愚云호대 黃檗有何言句오 師云호대 某甲三度 問佛法的的大意에 三度被打니 不知某甲有過無過니다 大愚云호대 黃檗與麼老婆 爲汝得徹困이거니 更來這裏하야 問有過無過아 師於言下大悟云호대 元來黃檗佛法無多子니다 大愚搊住云호대 這尿床鬼子가 適來道호대 有過無過거니 如今却道호대 黃檗佛法無多子라하는가 爾見箇 什麼道理오 速道速道하라 師於大愚脅下 築三拳하니 大愚托開云호대 汝師黃檗하라 非干我事라하니라

[주(註)]

○ 여법(如法): (다른 사람의) 모범이 되다.
○ 천착(穿鑿): 여기에서는 '성장하다, 대성(大成)하다'.
○ 음량(陰涼): 그늘.
○ 거재(去在): '去'-어조사, '在'-구말(句末)의 '在'는 당대의 속어로 '강하게 단정하는 뜻'을 나타낸다. 그러므로 '있다[在, 有]'는 뜻이 아니다.

○ 고안(高安): 지명(地名), 홍주서주부(洪州瑞州府)에 있다.

○ 탄두(灘頭): 물살이 센 곳.

○ 대우(大愚): 황벽. 임제와 동시대의 선승. 나머지는 자세하지 않다.

○ 여마노파(與麽老婆): 이렇게 노파심이 간절하다.

○ 철곤(徹困): 정성을 다하여 보살펴 주다.

○ 저리(這裏): 여기. 이곳.

○ 원래(元來): 장위~원래[將謂~元來]의 준말. 지금까지 생각했던 것과 전연 달랐을 때의 놀라움을 표현하는 말이다. 즉 '~라고 생각했는데 사실은 그게 아니고[將謂]~이었다[元來]'의 뜻임.

○ 무다자(無多子): 간단명료하다.

○ 추주(搊住): 움켜잡다.

○ 요상귀자(尿床鬼子): 오줌싸개 녀석. '鬼子'는 어린아이를 부르는 애칭임. 애송이.

○ 적래(適來): 아까. 조금 전에.

○ 축삼권(築三拳): 주먹으로 세 번 내지르다.

○ 탁개(托開): 밀어내다.

○ 여사황벽(汝師黃檗): 너는 황벽을 스승으로 하라. '네 스승은 황벽이다[汝師是黃檗]'는 뜻이 아님. 여기서의 '師'는 명사(스승)가 아니라 동사(스승으로 모시다)다[柳田聖山].

【 38-3 】

[번역]

　스승이 대우를 하직하고 다시 황벽에게 돌아왔다. 황벽은 스승이 오는 걸 보고는 물었다.

"이 녀석이 공연히 왔다갔다만 하니 어느 날에야 깨닫겠는가."

스승: "스님의 노파심이 간절할 뿐입니다."

스승은 황벽에게 인사를 하고는 황벽을 모시고 서 있었다.

황벽: "어디 갔다 왔는가."

스승: "지난번 '대우 스님을 찾아가라'고 하신 자비로운 가르침을 받들어 대우 스님을 뵙고 오는 길입니다."

황벽: "대우가 무슨 말을 하던가."

스승이 지난번에 대우와 문답한 이야기를 하자 황벽이 말했다.

"어떻게 해서든 대우 이놈을 붙잡아서 세게 한 방 먹여야겠다."

스승은 "뭐 그렇게까지 벼를 필요가 있습니까. 지금 당장 한 방 먹이시지요."라고 말한 다음 즉시 황벽을 한 방 먹였다.

황벽: "이 미친놈이 또 여기 와서 범의 수염을 잡는구나."

스승이 할을 하자 황벽이 말했다.

"시자야 이 미친놈을 끌고 가서 선당(禪堂, 禪房)의 제자리에 앉혀라."

[해설]

황벽은 임제가 돌아온 걸 보고는 그가 이미 한 소식(깨달음의 체험)했다는 것을 직감적으로 알았다. 그래서 몇 마디 말을 시켜 봤는데 과연 임제는 이전의 그 애송이가 아니었다. 황벽은 깨달음의 인가(印可, 인정)로 시자에게 이렇게 불호령을 내렸다. "시자야, 이 미친놈을 당장 선당(禪堂)으로 끌고 가거라."

임제로 하여금 황벽에게 찾아가 '불법의 핵심'을 물어보라고 지시한 수좌는 누구인가. 그는 목주도명(睦州道明)이라는 선승으로서 운문(雲門)을 깨닫게 한 당대의 대선지식이다. 그는 또한 효성이 지극하여 짚신을 팔아 노모(老母)를 봉양하기도 했다. 그러나 그 자신은 큰 법석(法席)을 열지 않고 조용히 살다가 촛불이 꺼지듯 그렇게 갔다.

[원문]

師辭大愚하고 却回黃蘗이라 黃蘗見來便問호대 這漢來來去去하니 有什麼了期리요 師云호대 秖爲老婆心切이니다 便人事了侍立하니 黃蘗問호대 什麼處去來오 師云호대 昨奉慈旨하야 令參大愚去來니다 黃蘗云 大愚有何言句오 師遂擧前話라 黃蘗云호대 作麼生 得這漢來 待痛與一頓하리라 師云호대 說什麼待來닛고 即今便喫하소서하고 隨後便掌이라 黃蘗云호대 這風顛漢이 却來這裏 捋虎鬚로다 師便喝하니 黃蘗云호대 侍者야 引這風顛漢하야 參堂去하라하니라

[주(註)]

○ 각회(却回): 되돌아오다.
○ 래래거거(來來去去): 공연히 왔다갔다 하다.
○ 유십마요기(有什麼了期): 언제 깨달을 날[了期]이 있겠는가.
○ 작(昨): 지난번의, 지난날의.
○ 자지(慈旨): 자비로운 가르침.
○ 영참대우거래(令參大愚去來): 대우를 찾아가라고 하다.
○ 수거전화(遂擧前話): 그래서[遂] 전번에 있었던 일[前話]을 거론했다.
○ 작마생득저한래(作麼生得這漢來): 어떻게 해서든[作麼生] 이놈[這漢]을

붙잡아서[得~來]. '來'는 '得'에 연결된 조동사임.

○ 대통여일돈(待痛與一頓): 세게[痛] 한 방[一頓] 먹여야겠다[待~與]. '待'
는 ~해야겠다[欲, 要]는 의미.

○ 설십마대래(說什麼待來): 뭐 그렇게 기다린다고 말할 필요가 있는가.
'來'는 어조사.

○ 수후(隨後): 곧바로.

○ 변장(便掌): 즉시 손바닥으로 때리다.

○ 풍전한(風顚漢): 미치광이.

○ 인~거(引~去): 끌고 가다. 데리고 가다.

○ 참당(參堂): 선당(禪~)에 들어가서 자기 자리에 앉다(앉히다).

【 38-4 】

[번역]

그 후에 위산이 이 이야기를 거론하여 앙산에게 물었다.

"임제는 그 당시 대우의 힘을 얻었는가? 황벽의 힘을 얻었는가?"

앙산: "범의 머리를 올라탔을 뿐만 아니라 범의 꼬리도 붙잡을
줄 알았습니다."

[해설]

그 후 위산은 그의 제자 앙산에게 '임제의 깨달음'에 대해서 이
렇게 물었다. "임제가 깨달은 것은 황벽의 힘인가? 대우의 힘인
가?"

이에 대하여 앙산은 이렇게 자신의 견해를 말했다. "임제는 범의 머리(황벽)를 잡아탔을 뿐만 아니라 범의 꼬리(대우)도 잡을 줄 알았습니다." 즉, 황벽의 힘과 대우의 힘이 동시에 작용하여 임제를 깨닫게 했다는 것이다.

[원문]

後潙山 擧此話 問仰山호대 臨濟當時에 得大愚力가 得黃檗力가 仰山云호대 非但騎虎頭요 亦解把虎尾니다

[주(註)]

○ 당시(當時): 그때.
○ 득력(得力): 신세를 지다. 도움을 받다.

【 39-1 】

[번역]

스승이 소나무를 심고 있는데 황벽이 물었다.

"이 깊은 산속에 이렇게나 많은 소나무를 심어서 뭣을 하려는 가."

스승: "첫째는 산문(山門)의 경치를 더하려는 것이요, 둘째는 뒷사람들에게 본보기를 보이고자 하는 것입니다."

이렇게 말하고는 괭이로 땅을 세 번 내리쳤다.

황벽: "그렇긴 하나 자네는 이미 나에게 30봉을 맞았다."

스승은 또 괭이로 땅을 세 번 내리친 다음 헉헉 숨 가쁜 소리를 냈다.

황벽: "나의 가르침은 자네에 이르러 세상에 크게 흥할 것이다."

[해설]

황벽과 임제의 문답이다.

황벽의 선제공격을 임제는 멋지게 막아내고 있다. 황벽의 두 번째 공격도 임제는 잘 막아내고 있다. 이를 본 황벽은 이렇게 말했다. "나의 가르침은 자네에 이르러 비로소 널리 퍼질 것이다."

[원문]

師栽松次에 黃檗問호대 深山裏 栽許多作什麼오 師云호대 一與山門作境致요 二與後人作標榜이니다 道了하고 將钁頭 打地三下라 黃檗云호대 雖然如是나 子已喫吾三十棒了也라 師又以钁頭 打地三下하고 作噓噓聲이라 黃檗云호대 吾宗到汝하야 大興於世하리라

[주(註)]

○ 재허다(栽許多): 재허다송(~松). 많은 소나무를 심다.

○ 곽두(钁頭): 괭이(밭을 일구는 도구).

○ 허허성(噓噓聲): 숨이 가쁠 때 내는 소리. '헉헉'.

【 39-2 】

[번역]

후에 위산이 이 이야기(39-1)를 거론, 앙산에게 물었다.

"황벽은 그 당시 임제 한 사람에게만 법(法)을 전했는가? 아니면 다른 사람이 또 있는가?"

앙산: "있긴 하나 연대가 워낙 멀어서 스님께 말씀드릴 수가 없습니다."

위산: "그렇긴 하나 나 또한 알고 싶으니 그대는 그저 거론하기만 하라."

앙산: "한 사람이 남쪽을 가리키면서 오월(吳越) 지방으로 법령(法令)을 시행해 가다가 큰바람[大風]을 만나면 더 크게 흥할 것입니다(이는 風穴 화상의 출현을 예언하는 말이다)."

[해설]

그 뒤 위산은 앙산에게 황벽의 선풍(禪風)에 관한 이야기를 물었다. 앙산은 예언력이 뛰어났던 선승이었는데 그는 이렇게 말했다.

'황벽의 선풍은 임제를 거쳐 제4대인 풍혈연소에게서 크게 흥(興)합니다.' 본문에서 말하고 있는 '큰바람[大風]'은 풍혈연소를 일컫는 것이다. 그러나 가장 오래된 선종사서(禪宗史書)인 『조당집(祖堂集)』에는 이 부분이 없다. '후대의 임제 계통 사람들이 추가한 것 같다(柳田聖山의 견해).

後潙山 擧此語問仰山호대 黃蘗當時에 秪囑臨濟一人가 更有人在
아 仰山云호대 有나 秪是年代深遠하야 不欲擧似和尚이니다 潙山云
호대 雖然如是나 吾亦要知니 汝但擧看하라 仰山云호대 一人指南하
야 吳越令行에 遇大風即止(讖風穴和尚也)니다

[주(註)]

○ 요지(要知): 욕지(欲~). 알고자 하다.

○ 지남(指南): 남쪽을 가리키다. '남쪽(南)'은 임제로부터 삼대 아래(임제
  下 三世)로 법을 이은 남원혜옹(南院惠顒)을 말함.

○ 령행(令行): 왕령(王~)을 행하다. 교화를 펼치다.

○ 대풍(大風): 큰바람. 여기에서는 풍혈연소(風穴延沼)을 말함.

○ 지(止): '크게 흥성한다(大興)'는 뜻의 반어적인 표현. 즉 '임제가풍이
  남원혜옹을 거쳐 풍혈연소에 이르러 크게 흥성한다'는 뜻임.

○ 참(讖): 참기(~記). 장래의 일을 예언하다.

○ 풍혈(風穴): 임제下 四世인 풍혈연소(896~973).

【 40 】

[번역]

스승이 덕산(德山)을 모시고 서 있는데 덕산이 말했다.

"오늘은 피곤하군."

스승: "이 노인네가 왜 이리 잠꼬대를 하고 있는가."

덕산이 스승을 때렸다. 그러자 스승이 덕산의 선상을 뒤엎어 버렸다. 덕산은 더 이상 응수를 하지 않았다.

[해설]

봉으로 유명한 덕산과의 한판 승부다. 임제는 험악하기로 이름난 덕산의 봉 앞에서도 전혀 기가 꺾이지 않고 오히려 덕산의 선상을 뒤엎어 버렸다. 이쯤 되면 제아무리 험악한 덕산이라 해도 퇴각을 하지 않을 수 없다.

[원문]

師侍立德山次에 山云호대 今日困이라 師云호대 這老漢 寐語作什麽오 山便打하니 師掀倒繩床에 山便休라

[주(註)]

○ 덕산(德山): 덕산선감(~宣鑑, 782~865). 봉(棒, 몽둥이질)으로 유명했던 선승.
○ 매어(寐語): 잠꼬대.
○ 흔도승상(掀倒繩床): 승상(~, 禪狀)을 뒤엎다.

【 41-1 】

[번역]

스승이 괭이로 땅을 파는 울력(공동으로 하는 노동)을 하던 차에

황벽이 오는 걸 보고는 괭이를 세운 채 서 있었다.

　황벽: "이 녀석이 피곤한가."

　스승: "괭이도 들지 않았거늘 뭣이 피곤합니까."

　황벽이 스승을 때렸다. 스승은 황벽의 주장자를 움켜잡고는 황벽을 밀어서 넘어뜨렸다. 황벽이 유나(維那)를 부르며 말했다.

　"유나야, 나 좀 일으켜 달라."

　유나가 황벽을 일으키며 말했다.

　"어찌 이 미친 녀석의 무례함을 용서할 수 있겠습니까."

　황벽이 일어나자마자 유나를 때렸다. 이를 본 스승은 괭이로 땅을 내리치며 말했다.

　"제방에서는 화장(火葬)을 하지만 그러나 나는 여기 한꺼번에 산 채로 묻어 버린다."

[해설]

　황벽을 압도하는 임제의 기백이다. 임제에게 밀려 쓰러진 황백은 유나에게 도움을 청했다. 유나의 도움으로 겨우 일어난 황벽은 갑자기 유나를 한 방 먹였다. 황벽은 왜 유나를 때렸는가. 이를 본 임제는 왜 또 이렇게 말했는가.

　"다른 곳에서는 죽여서 화장을 하지만 그러나 나는 산 채로 파묻어 버린다."

[원문]

師普請鋤地次에 見黃檗來하고 拄钁而立이라 黃檗云호대 這漢困

耶아 師云호대 钁也未擧거니 困箇什麼오 黃檗便打하니 師接住棒하
고 一送送倒라 黃檗喚維那호대 維那扶起我하라 維那近前扶云호대
和尚爭容得 這風顚漢無禮닛고 黃檗纔起하야 便打維那라 師钁地
云호대 諸方火葬이나 我這裏 一時活埋라

[주(註)]

○ 보청(普請): 선원에서 대중들이 공동으로 하는 노동일.

○ 서(鋤): 호미나 괭이.

○ 서지(鋤地): 곽지(钁~). 괭이로 땅을 파다.

○ 주곽(拄钁): 괭이를 세우다.

○ 곤야(困耶): 피곤한가.

○ 일송송도(一送送倒): 한 번 밀고 또 밀어서 넘어뜨리다.

○ 유나(維那): 선원의 기강을 바로잡는 승.

○ 쟁욕득~무례(爭容得~無禮): 어찌[爭~] 무례함을 용서하십니까[容得].

○ 재기(纔起): 일어나자마자.

○ 저리(這裏): 여기. 여기서.

○ 일시활매(一時活埋): 한 번[一時]에 산채로[活] 묻어 버린다[埋].

【 41-2 】

[번역]

그 후에 위산이 앙산에게 물었다.

"황벽이 유나를 때린 것은 무슨 뜻인가?"

앙산: "진짜 도적은 벌써 달아나 버리고 그 도적을 뒤쫓던 사람이 얻어맞았습니다."

[해설]

앞의 공안(41-1)을 놓고 위산은 앙산에게 "황벽은 왜 유나를 때렸느냐?"고 물었다. 이에 대한 앙산의 대답이 걸작이다.

"진짜 도둑(임제)은 벌써 달아나 버렸는데 도둑을 뒤쫓던 사람(유나)이 도둑으로 몰려 몰매를 맞고 있습니다."

[원문]

後潙山問仰山호대 黃檗打維那 意作麼生고 仰山云호대 正賊走却에 邏蹤人喫棒이니다

[주(註)]

○ 정적(正賊): 진짜 도둑.
○ 라종인(邏蹤人): 도둑을 뒤쫓던 사람.

【 42 】

[번역]

스승이 어느 날 승당 앞에 앉아 있다가 황벽이 오는 걸 보자 두 눈을 감아 버렸다. 이를 본 황벽은 놀라는 시늉을 하며 방장실로

되돌아갔다. 스승은 황벽을 뒤따라 방장실로 가서 자신의 무례함을 사과했다. 그때 마침 수좌가 황벽을 모시고 서 있었다.

황벽: "이 승(스승)은 후배지만 그러나 이 일[此事, 조사문하의 一大事]이 있음을 알고 있다."

수좌: "노스님께서는 철저하지 못하시군요. 뭣 때문에 이런 애송이를 인정하시는 겁니까."

이 말을 듣고 황벽은 자신의 입을 한 번 쥐어박았다.

수좌: "자기의 실수를 알았으면 됐습니다."

[해설]

황벽이 얼떨결에 그만 임제를 칭찬했고 수좌는 황벽의 허점을 간파, "안목이 밝지 못하다."고 황벽을 나무랐다. 그 순간 황벽은 자신의 실수를 알아차리고 자기의 입을 한 번 쥐어박았다. 이를 본 수좌는 "비록 늦게나마 실수를 알았으면 됐다."고 황벽을 풀어놔 줘버렸다.

[원문]

師一日在僧堂前坐에 見黃檗來하고 便閉却目하니 黃檗乃作怖勢하고 便歸方丈이라 師隨至方丈禮謝라 首座在黃檗處侍立이니 黃檗云호대 此僧雖是後生이나 却知有此事라 首座云호대 老和尚脚跟不點地하야 却證據箇後生이라 黃檗自於口上打一摑하니 首座云호대 知即得이라하니라

○ 차사(此事): 일대사(一大事). 깨닫는 일.

○ 각근부점지(脚跟不點地): 발바닥이 땅에 닿지 않다. 철저하지 못하다.

○ 증거(證據): 인가(印可)하다. 깨달음을 인정하다.

○ 구상타일국(口上打一摑): 입을 한 번 쥐어박다.

○ 지즉득(知即得): (잘못임을) 알았으면 그것으로 됐다.

【 43-1 】

[번역]

스승이 승당에서 졸고 있는데 황벽이 내려와서 보고는 주장자로 판두(板頭)를 한 번 쳤다. 스승은 고개를 들어 황벽인 걸 보고는 그대로 졸았다. 황벽은 또 판두를 한 번 치고는 승당의 위 칸으로 올라가서 수좌가 좌선하고 있는 걸 보고는 말했다.

"아래 칸의 후배는 좌선을 하고 있는데 자넨 여기서 왜 이렇게 망상을 피우고 있는가?"

수좌: "이 노인네가 도대체 무슨 짓을 하고 있는가."

황벽은 판두를 한 번 친 다음 나가 버렸다.

[해설]

황벽은 좌선 중인 임제와 수좌를 각각 점검했다. 임제는 아예 황벽이 쳐 놓은 그물에 걸려들지 않았고, 수좌는 황벽의 그물을

찢고 튀어나와 버렸다. 그래서 황벽은 부득불 퇴각을 하지 않을
수 없었다.

[원문]

師在堂中睡하니 黃檗下來見하고 以拄杖 打板頭一下라 師舉頭하고
見是黃檗却睡라 黃檗又打板頭一下하고 却往上間하야 見首座坐禪
하고 乃云호대 下間後生은 却坐禪이요 汝這裏妄想作什麼오 首座云
호대 這老漢作什麼오 黃檗打板頭一下하고 便出去라

[주(註)]

○ 판두(板頭): ①승당(僧堂)에 걸려 있는 나무판. 시간을 알리는 일종의
　타구(打具). ②선당(禪堂)에서 좌선을 할 때 앉는 각자의 자리. 『전등
　록(傳燈錄)』에는 '타판두(打板頭)'가 '타석(打席)'으로 되어 있다. 여기
　에서는 ②의 뜻을 따라야 문맥의 흐름에 무리가 없다.
○ 상간(上間): 선당의 위 칸.
○ 하간(下間): 선당의 아래 칸.

【 43-2 】

[번역]

　그 후에 위산이 앙산에게 물었다.
　"황벽이 승당에 들어간 뜻은 무엇인가."
　앙산: "우열을 가릴 수가 없습니다."

후에 이 문제(황벽이 임제와 수좌를 점검한 일)를 놓고 위산이 앙산에게 물었다. 앙산은 이렇게 말했다.

"임제와 수좌의 경지는 막상막하. 우열을 가리기가 힘듭니다."

[원문]

後 潙山問仰山호대 黃蘗入僧堂 意作麼生고 仰山云호대 兩彩一賽
니다

[주(註)]

○ 양채일새(兩彩一賽): 주사위 놀이에서 던진 주사위가 똑같은 두 개의 눈금이 나온 것. '우열을 가릴 수 없다'는 뜻.

【 44-1 】

[번역]

어느 날 울력을 하러 가던 중 스승은 황벽의 뒤를 따라갔다. 황벽은 고개를 돌려 스승이 빈손인 걸 보고는 물었다.

"괭이는 어디 있는가?"

스승: "누가 가지고 가 버렸습니다."

황벽: "가까이 오게. 자네와 더불어 이 일[箇事, 깨닫는 일]을 이야기해 보겠네."

스승이 황벽 가까이 다가가자 황벽은 괭이자루를 세우며 말했다.

"이것은 그 누구도 들어 세울 수 없다."

스승은 손을 뻗어 황벽의 괭이를 빼앗아 세우고는 말했다.

"스님의 괭이가 뭣 때문에 제 손에 있습니까?"

황벽은 "오늘 울력을 아주 잘한 사람이 있군."이라 말하고는 되돌아갔다.

[해설]

보청(普請, 공동노동)을 하러 가면서 황벽과 임제 사이에 오고 간 선문답이다. 황벽은 기가 막힌 변장술을 구사했지만 그러나 임제는 황벽의 그 변장술을 역이용해 버렸다. 그러자 황벽은 주문과도 같은 다음의 말을 남기고 되돌아가 버렸다.

"오늘 정말 일(보청)을 아주 잘한 사람이 있군."

[원문]

一日普請次에 師在後行이라 黃檗回頭하고 見師空手乃問호대 钁頭在什麼處오 師云호대 有一人將去了也니다 黃檗云호대 近前來하라 共汝商量箇事하리라 師便近前하니 黃檗竪起钁頭云호대 祇這箇天下人拈掇不起로다 師就手掣得하고 竪起云호대 爲什麼 却在某甲手裏닛고 黃檗云호대 今日大有人普請이라 하고 便歸院이라

[주(註)]

○ 개사(箇事): 차사(此~). 깨닫는 일.

○ 염철불기(拈掇不起): 들어서 세우지 못하다.

○ 취수제득(就手製得): 손을 뻗어 빼앗다.

○ 대유인보청(大有人普請): 일(보청)을 아주 잘한 사람이 있다(유인). '大'
  는 '有(~이 있다)'의 강조어.

【 44-2 】

[번역]

그 후에 위산이 앙산에게 물었다.

"괭이가 황벽의 손에 있었는데 뭣 때문에 임제에게 빼앗겼는
가?"

앙산: "적(賊)은 소인이나 그 지혜만은 군자를 능가했습니다."

[해설]

황벽이 임제에게 괭이를 빼앗긴 것(44-1)에 대해서 위산은 앙산
에게 물었다. 앙산의 대답은 마치 청명검(淸明劍, 명검)과도 같다.

"도둑(임제)은 소인이지만 그 지혜는 군자(황벽)를 능가했습니
다."

[원문]

後潙山問仰山호대 钁頭在黃檗手裏커니 爲什麼하야 却被臨濟奪
却고 仰山云호대 賊是小人이나 智過君子니다

○ 위십마(爲什麼): 뭣 때문에.

○ 각피~탈각(却被~奪却): ~에게 빼앗겼는가.

【 45-1 】

[번역]

스승은 황벽의 편지를 가지고 위산에게 갔다. 그때 마침 앙산이 지객(知客)을 맡고 있었다. 앙산이 위산의 편지를 받고는 물었다.

"이것은 황벽 스님의 것이다. 편지를 가져온 사람(임제)의 것은 어떤 것인가."

스승이 한 대 갈기자 앙산은 날아온 손바닥을 밀어서 제지하며 말했다.

"노형(老兄)께서 이 일을 알고 있다면 이것으로 됐습니다."

두 사람은 함께 가서 위산을 뵈었다.

위산: "황벽 사형 문하에는 수행자들이 얼마나 되는가?"

스승: "700명 정도입니다."

위산: "그 가운데 누가 통솔자인가?"

스승: "아까 제가 이미 편지를 전달했습니다."

스승이 위산에게 물었다.

"스님의 회상에는 수행자들이 얼마나 됩니까?"

위산: "천오백 명 정도라네."

스승: "너무 많습니다."

위산: "황벽 사형의 문하에도 또한 적지는 않네."

[해설]

황벽과 위산은 백장문하에서 동문수학한 사형 사제지간이다. 그래서 황벽은 임제를 시켜 위산에게 편지를 전달했다. 이때 위산의 제자인 앙산은 지객(知客, 객승을 맞이하는 직책)을 맡고 있었는데 임제가 오는 것을 보고 선제공격을 시도했다. 과연 임제는 앙산의 공격을 가볍게 막아냈다. 두 사람은 위산에게 갔고 위산과 임제 사이에 화기애애한 말들(사실은 서로의 경지를 탐색하는 선문답)이 오갔다.

[원문]

師爲黃檗 馳書去潙山이라 時仰山 作知客에 接得書하고 便問호대 這箇是黃檗底라 那箇是專使底오 師便掌하니 仰山約住云호대 老兄知是般事면 便休라하니라 同去見潙山하니 潙山便問호대 黃檗師兄多少衆고 師云호대 七百衆이니다 潙山云호대 什麼人爲導首오 師云호대 適來已達書了也니다 師却問潙山호대 和尚此間多少衆이닛고 潙山云호대 一千五百衆이라 師云호대 太多生이니다 潙山云호대 黃檗師兄亦不少로다

[주(註)]

○ 위황벽치서거(爲黃檗馳書去): 황벽의 편지를 가지고 ~에게 가다.

　　　　　　　　　　　　　　　　　　　　　　　임제록

○ 지객(知客): 선원에서 객승(客僧)을 맞는 직책.

○ 접득서(接得書): 편지를 받다.

○ 저개시황벽저(這箇是~底): 이것(저개)은 황벽의 것이다. '底'는 '~의' 뜻.

○ 나개시전사저(那箇是專使底): 어떤 것(나개)이 편지를 가져온 사람의 것(전사저)인가.

○ 약주(約住): (날아온 손바닥을) 밀어서 저지하다.

○ 지시반사편휴(知是般事便休): 이일을 알았다면(지시반사) 이것을 충분하다(편휴).

○ 다소중(多少衆): 대중이 얼마나 되는가.

○ 도수(導首): 지도자.

○ 각문(却問): 후에 ~을 묻다.

○ 태다생(太多生): 너무 많다. '生'은 어조사.

【 45-2 】

[번역]

스승이 위산을 하직하니 앙산이 전송하러 나가면서 말했다.

"자네는 이후 북쪽으로 가게. 머물 만한 곳이 있을 것이네."

스승: "나같이 박복한 사람에게 어찌 이런 일이 있겠는가."

앙산: "그냥 가 보게. 이후에 한 사람이 있어 노형을 도와줄 것이네. 이 사람은 머리는 있지만 꼬리가 없고 시작은 있지만 끝은 없을 것이네."

스승은 그 후 북쪽의 진주(鎭州)에 이르렀는데 과연 보화(普化)

가 이미 그곳에 와 있었다. 스승이 세상에 나와 교화를 펴자 보화
는 스승을 도왔다. 스승이 진주에 머문 지 오래지 않아 보화의 육
신은 흔적도 없이 매미가 허물을 벗듯 사라져 버렸다.

[해설]

임제가 위산을 하직하고 돌아오는 길에 앙산이 배웅을 하면서
이렇게 말했다.

"북쪽으로 가면 노형(老兄, 임제)을 보필할 사람이 기다리고 있
을 것이요."

그 후 임제는 북쪽(河北省) 진주(鎭州)로 올라갔다. 호타강변에
이르자 보화라는 광승(狂僧)이 이미 그곳에서 교화를 펴고 있었
다. 앙산의 말대로 보화는 임제를 도와 역으로 순으로 황벽의 선
풍을 크게 드날린 다음 어느 날 홀연히 자취도 없이 사라져 버렸
다. 공중에 요령소리만 남기고……

[원문]

師辭潙山에 仰山送出云호대 汝向後北去하라 有箇住處라 師云호대
豈有與麼事리요 仰山云호대 但去하라 已後有一人 佐輔老兄在하리
라 此人秪是有頭無尾요 有始無終이라 師後倒鎭州하니 普化已在
彼中이라 師出世에 普化佐贊於師라 師住未久에 普化全身脫去라

[주(註)]

○ 송출(送出): 전송하러 나가다.

○ 향후(向後): 이후.

○ 유개(有箇): ~이 있다. '箇'는 접미어.

○ 기유여마사(豈有與麼事): (나 같이 박복한 사람에게) 어찌 이런 일이 있겠는가.

○ 좌보재(佐輔在): 도와주다. '在'는 강한 단정(斷定)을 나타내는 어조사.

○ 좌찬(佐贊): 협력하다.

○ 전신탈거(全身脫去): (매미가 허물을 벗듯) 육신이 흔적 없이 사라져 버리다.

【 46 】

[번역]

스승은 하안거 중간에 황벽산에 올라가서 황벽 스님이 경전을 읽고 있는 걸 보고는 이렇게 혼잣말을 했다.

"나는 황벽 스님이 도인인 줄 알았는데 원래부터 경전의 글자나 파고 있는 노장이었군."

며칠 머문 다음 하직 인사를 하자 황벽이 말했다.

"자네는 하안거의 규칙을 어기고 여기 오더니 하안거 수행을 끝내지도 않고 간단 말인가."

스승: "저는 그저 스님에게 하직 인사를 하러 왔을 뿐입니다."

이 말을 들은 황벽은 스승을 때려서 내쫓아 버렸다. 스승은 몇십리를 가다가 이 얻어맞은 일이 의심스러워 다시 황벽에게 되돌아가 하안거 수행을 마저 끝냈다.

[해설]

이 부분은 '파하(破夏)의 인연(因緣)'이라 해서 예부터 임제선(臨濟禪)의 가장 중요한 공안의 하나로 자주 거론되고 있다. 하안거(夏安居)란 인도에서 우기(雨期)가 시작되는 4월 15일부터 우기가 끝나는 7월 15일까지 3개월간을 말한다. 이 기간 동안 수행자들은 한곳에 머물며 좌선수행을 하는데 중국과 우리나라 일본 등에서도 이 전통을 그대로 이어받고 있다. 여기서의 하안거 중간[半夏]이란 6월 1일경을 말한다. 임제는 하안거 중간에 황벽 스님을 뵈러 황벽산을 올라왔다. 마침 황벽은 경전을 보고 있었는데 임제는 대뜸 이렇게 혼잣말을 했다.

"저는 스님이 깨달은 도인인 줄 알았는데 고작 글자나 파고 있는 학승이었군요."

"왜 하안거를 끝내지 않고 왔느냐?"는 황벽의 물음에 "스님께 하직 인사를 하러 왔다."고 임제는 말했다. 이 말 속에는 "자신은 이미 깨달았기 때문에 더 이상 경전을 볼 필요도 없고 수행을 할 필요도 없으므로 황벽 스님께 하직 인사를 하고 떠나겠다."는 뜻이 숨어 있다. 그러자 황벽은 임제를 주장자로 때려서 내쫓아 버렸다. 임제는 황벽산을 내려가다가 이 일[此事, 황벽이 경전을 본 일과 황벽에게 얻어맞은 일]이 의심스러워 다시 돌아와 하안거를 마저 끝냈다. 그렇다면 황벽은 왜 임제를 때려 쫓아 버렸는가. 임제에게는 아직 '경전은 낡은 휴지 조각에 불과하다'는 치우친 생각과 '깨달음의 냄새'가 남아 있었기 때문이다. 이런 생각이 남아 있는 한 그것은 완전한 깨달음(아뇩다라 삼먁삼보리)이 아니다. 그래서 황벽은 임제를 때려 쫓아 버린 것이다. 임제는 황벽산을 내려 가다가 이를 알아차리고 다시 돌아왔다. 그러나 만일 그 당시 임제가 황벽산을 그대로 내려가 버렸더라면 어찌 되었겠는가. 지금껏 살아 굽이치고 있는 임제의 선풍은 없었을 것이며 임제 선풍을 통한 그 숱한 명안종사(明眼宗師)들의 배출은 불가능했을 것이다. 그래서 임제선의 거장이며 학성(學聖)이었던 무착도충(無着道忠, 1653~1744)은 이렇게 말했던 것이다.

"임제의 선풍이 말세에도 크게 빛을 발하고 있는 것은 실로 이 일에 대한 의문[此一疑, 황벽에게 얻어맞고 내쫓긴 것에 대한 의문] 때문이다."(臨濟一宗光大於末世 實繫此一疑矣, 『臨濟錄疏瀹』卷5)

[원문]

師因半夏上黃檗하야 見和尙看經이라 師云호대 我將謂是箇人이거니 元來是揞黑豆老和尙이라 住數日에 乃辭去하니 黃檗云호대 汝破夏 來하고 不終夏去라 師云호대 某甲暫來禮拜和尙이니다 黃檗遂打하야 趁令去라 師行數里에 疑此事하고 却回終夏라

[주(註)]

○ 반하(半夏): 여름 하안거(夏安居)의 중간 45일 되는 날(6월 1일).
○ 장위~원래(將謂~元來): 장위~원래(將爲~元來). (지금까진)~라고 생각했는데 사실은 그게 아니었다.
○ 개인(箇人): 도를 깨친 사람.
○ 암흑두(揞黑豆): 검은콩(黑豆)을 집어 먹다. 문자 언어(검은 콩)를 씹다(읽다).

○ 파하(破夏): 하안거 동안에 두문불출 규율을 어기다.

○ 수타진령거(遂打趁令去): 즉시[遂] 때려서 쫓아 버리다[趁令去].

【 47-1 】

[번역]

스승이 어느 날 황벽에게 하직 인사를 하자 황벽이 물었다.

"어디로 가려는가?"

스승: "하남 지방이나 하북 지방으로 갈 겁니다."

황벽이 한 대 갈기자 스승은 황벽의 손바닥을 밀어서 제지했다. 황벽은 껄껄 웃고는 시자를 불러 이렇게 말했다.

"백장 스님의 선판(禪版)과 궤안(机案)을 가져오너라."

스승은 말했다.

"이런 것은 더 이상 필요치 않으니 시자야 불을 가져오너라."

황벽: "그렇긴 하나 자넨 이걸 전법의 증거로서 가져가게. 이후에 이걸 전법의 증거로 하여 천하 사람들의 언어를 제압할 수 있을 것이네."

[해설]

임제가 황벽을 하직할 때의 상황을 기록하고 있다. 임제는 이제 일가를 이룬 거장이 되었다. 황벽은 마지막으로 임제를 한 번 더 점검했는데 과연 임제의 기백은 스승인 자신을 능가했다. 이를 본 황벽은 크게 웃으며 백장에게서 물려받은 선판(禪板)과 궤안(机案, 蒲團)을 전법의 표시로 임제에게 물려줬다. 그러나 임제는 이 선판과 궤안(포단)을 불태워 버리려 했다. 왜냐하면 그런 전법의 증거물이 더 이상 필요치 않았기 때문이다. 그러나 황벽은 다음과 같이 말하면서 이를 만류했다.

"사람들을 제도하기 위해서는 이런 전법의 증거물도 필요한 법이다."

[원문]

師一日辭黃檗하니 檗問호대 什麼處去오 師云호대 不是河南이면 便歸河北이니다 黃檗便打하니 師約住與一掌이라 黃檗大笑하고 乃喚侍者하야 將百丈先師 禪板机案來하라하니 師云호대 侍者야 將火來하라 黃檗云호대 雖然如是나 汝但將去하라 已後坐却 天下人舌頭去在라 하니라

[주(註)]

○ 장~래(將~來): ~을 가지고 오라.
○ 선판(禪板): 좌선하다가 피곤하면 등을 기대고 쉬는 판.
○ 궤안(机案): 경상(經床). 이 경상 대신 '포단(蒲團, 좌선용의 둥근 좌복)'을 전했다고도 함.
○ 좌각(坐却): 좌각(挫~). 제압하다.
○ 설두(舌頭): 말. 언어.
○ 거재(去在): '去'는 종결어미. '在'는 글귀 끝에 붙어 강한 단정(斷定)을 나타낸다.

【 47-2 】

[번역]

그 후에 위산이 앙산에게 물었다. "임제는 황벽을 배반한 것이 아닌가?"

앙산: "그렇지 않습니다."

위산: "자네는 어떻게 생각하는가?"

앙산: "은혜를 알아야만 비로소 은혜를 갚을 수 있습니다."

위산: "옛사람들 가운데 이와 비슷한 예가 있는가?"

앙산: "있습니다만 워낙 연대가 멀어서 스님에게 말씀드릴 수가 없습니다."

위산: "그렇긴 하나 나 또한 알고 싶으니 자네는 그저 거론만 하게."

앙산: "저 능엄회상(楞嚴會上)에서 아난이 부처님을 찬탄하기를 '이 깊은 마음으로 저 티끌같이 많은 세계의 중생들을 받들어 모시리니/ 이것이 바로 불은(佛恩)을 갚는 길입니다.'라고 했으니 이것이 어찌 보은(報恩)의 일이 아니겠습니까."

위산: "그렇고 말고. 그 견해가 스승과 같으면 스승의 덕을 반감 (半減)시킬 것이다. 그러나 그 견해가 스승을 능가하면 비로소 스승의 법을 전수받을 수 있다."

[해설]

앞의 문답(47-1)을 놓고 위산이 앙산에게 "임제는 스승인 황벽의 기대를 저버리지 않았느냐?"고 묻자 앙산은 "그렇지 않다."고 하면서 다음과 같은 말을 남겼다. "스승의 은혜를 알게 되면 그때 비로소 스승의 은혜를 갚을 수 있는 것입니다."(知恩方解報恩) 임제가 스승인 황벽의 은혜를 안 곳은 황벽에게 얻어맞고 대우를 찾아가 깨닫는 바로 그 순간이었다. 그 순간 임제는 황벽의 몽둥이가 얼마나 고마운 활구였는지를 뼈저리게 느꼈다. 왜냐하면 자신의 먼눈을 뜨게 해 주었기 때문이다. 그럼 임제가 스승인 황벽의 은혜를 갚은 곳은 어디인가. 황벽이 전법의 증거로 넘겨 준 선판과 궤안(포단)을 불태워 버리려는 바로 그 행위다. 그 어떤 권위에도 의지하지 않고 철저하게 독립적인 모습을 보인 것. 이것이 바로 진정한 수행자의 모습 아니겠는가. 이는 말하자면 저돌적인 방법으로 스승의 은혜를 갚은 것이다. 그러나 "좀 더 우회적이며 보편적인 방법은 어떤 것이냐?"고 묻는 위산에게 앙산은 『능엄경』(楞嚴經)에 나오는 아난존자의 다음과 같은 찬불게(讚佛偈)를 인용하고 있다. '이 깊은 마음으로 무수한 국토(영역)의 중생들을 받들어 모시리니/ 이것이야말로 불은(佛恩)을 갚는 길입니다.'

깊은 마음[深心]이란 '자비심과 지혜의 간파력[悲智]'을 말한다. 이 깊은 마음으로 갖가지 다른 영역에서 제각기 다른 삶을 살아가고 있는 존재(중생)들을 섬기는 것, 이것이 바로 불은을 갚는 길이다. '존재들을 섬긴다[奉塵刹]'는 것은 중생제도를 한다는 뜻이다. 제도(구제)한다는 것은 앞에서 나를 따르라고 강압적으로 끌고 가는 것이 아니라 뒤에서 겸손하게 봉사의 마음으로 섬긴다는 뜻이다. 깨달은 수행자는 타는 불길과 같으면서 동시에 이처럼 겸

손해야 한다. 앙산에게서 『능엄경』의 찬불게'를 들은 위산은 다음과 같은 의미심장한 말을 남겼다.

"그 견해가 스승을 능가하지 않으면 스승의 법을 이을(제자가 될) 자격이 없다."

[원문]

後潙山問仰山호대 臨濟莫辜負 他黃蘗也無아 仰山云호대 不然이니다 潙山云호대 子又作麼生고 仰山云호대 知恩方解報恩이니다 潙山云호대 從上古人이 還有相似底也無아 仰山云호대 有나 秖是年代深遠하야 不欲擧似和尙이니다 潙山云호대 雖然如是나 吾亦要知니 子但擧看하라 仰山云호대 秖如楞嚴會上에 阿難讚佛云 將此深心奉塵刹이니 是則名爲報佛恩이라 하니 豈不是 報恩之事닛고 潙山云호대 如是如是라 見與師齊하면 減師半德이요 見過於師하야사 方堪傳授니라

[주(註)]

○ 막~야무(莫~也無): ~한 것은 아닌가.
○ 고부(辜負): 배반하다. 은혜를 저버리다.
○ 종상고인(從上古人): 옛사람들 가운데.
○ 환유~야무(還有~也無): ~이 있었는가.
○ 상사저(相似底): 이 같은 사람.
○ 지시(秖是): 다만. 그러나.
○ 요지(要知): 욕지(欲~). 알고자 하다.
○ 능엄회상(楞嚴會上): 『능엄경』을 설할 때와 장소.

○ 아난(阿難): 아난존자. 20년 이상 부처님(석가모니)의 수행 비서였고, 부처님의 사촌동생이었다.
○ 견여사제(見與師齊): 그 견해가 스승과 동등하다.
○ 방감전수(方堪傳授): 비로소 (스승의 가르침을) 전수받을 자격이 있다.

【 48 】

[번역]

스승은 달마 대사의 탑에 이르렀다. 탑을 지키는 스님이 말했다. "장로(長老)는 부처님에게 먼저 절하겠습니까, 조사(달마 대사)에게 먼저 절하겠습니까?"

스승: "부처님과 조사에게 모두 절하지 않겠습니다."

탑주: "불조(佛祖)와 장로는 도대체 무슨 원수를 졌단 말입니까?"

이 말을 듣고 스승은 소매를 펄럭이며 나가 버렸다.

[해설]

임제의 기상이 돋보이는 장면이다. 달마 대사의 탑에 이르러 탑에도 절하지 않고 부처님에게도 절하지 않고 임제는 그대로 되돌아갔다. 그렇다면 임제는 왜 달마 대사의 탑을 찾아갔는가. 아예 애초부터 달마 대사의 탑을 찾아갈 필요가 없었지 않은가. 벗이여, 아주 귀중한 대목이니 눈여겨보기 바란다.

師到達磨塔頭라 塔主云호대 長老先禮佛가 先禮祖아 師云호대 佛
祖俱不禮니다 塔主云호대 佛祖與長老 是什麼冤家오 師便拂袖而
出이라

[주(註)]

○ 달마탑두(達磨塔頭): 하남성 웅이산 오판(河南省 雄耳山 吳坂)에 있는
   달마의 탑.
○ 탑주(塔主): 탑을 지키는 스님.
○ 시십마원가(是什麼冤家): 무슨 원수[冤家]라도 졌는가.
○ 편(便): 즉시.
○ 불수이출(拂袖而出): 소매를 날리며 가 버리다.

【 49 】

[번역]

　스승은 행각할 때 용광(龍光스님의 처소)에 이르렀다. 용광이 법
당에 오르자 스승은 대중 가운데에서 나와 물었다.
　"칼을 뽑지 않고 어떻게 하면 승리를 거둘 수 있습니까?"
　용광이 자세를 가다듬고 앉았다.
　스승: "큰스님께서 어찌 가르침[方便]이 없으십니까?"
　용광은 두 눈을 똑바로 뜨고 '얏'하고 기합 소리를 냈다. 스승은
손으로 용광을 가리키며 말했다.

"이 노인네가 오늘 낭패를 봤군."

[해설]

용광을 찾아가 진검승부를 겨루는 장면이다.

"검을 뽑지 않고 어떻게 이길 수 있느냐?"는 임제의 물음에 용광은 그대로 앉아 있었다. "큰스님께서 어찌 친절한 가르침[方便]이 없느냐?"는 임제의 두 번째 공격에 용광은 그만 걸려들고 말았다. 임제는 용광의 반격을 단숨에 제압한 다음 이런 말을 남기고 가 버렸다.

"이 노인네가 오늘 참패를 했군."

[원문]

師行脚時에 到龍光이라 光上堂하니 師出問호대 不展鋒鋩하고 如何 得勝이닛고 光據坐라 師云호대 大善知識이 豈無方便이닛고 光瞪目 云호대 嗄라하니 師以手指云호대 這老漢이 今日敗闕也라 하니라

[주(註)]

○ 용광(龍光): 임제 당시의 선승. 나머지는 자세하지 않다.
○ 불전봉망(不展鋒鋩): 칼을 뽑지 않다.
○ 거좌(據坐): 앉은 자세를 바르게 가다듬다.
○ 징목(瞪目): 두 눈을 똑바로 뜨고 바라보다.
○ 사(嗄): 얏! 검으로 물건을 벨 때 내는 기합 소리.
○ 패궐(敗闕): 낭패를 보다. 패배하다.

【 50-1 】

[번역]

스승이 삼봉(三峯)에 이르자 삼봉의 평(平) 화상이 물었다.

"어디서 오는 길인가?"

스승: "황벽에게서 오는 길입니다."

평 화상: "황벽이 무슨 말을 하던가?"

스승: "황금 소[金牛]가 어젯밤 용광로를 지나갔으니/ 지금에 이르도록 그 자취조차 찾아볼 수 없습니다."

평 화상: "가을바람이 옥(玉)피리를 부니/ 과연 그 누가 이 소리를 듣겠는가?"

스승: "저 일만 겹 관문을 뚫고 지나가/ 푸른 하늘에도 더 이상 머물지 않습니다."

평 화상: "자네의 이 물음[一問, 말]은 너무 거만하구나."

스승: "용(龍)이 황금빛 봉황[金鳳子]을 낳았으니/ 저 허공의 푸른빛마저 깨 버립니다."

평 화상: "자, 이리 앉아 차 한 잔 들게."

[해설]

임제가 삼봉산(三峯山)의 평 화상(平和尙)을 찾아가 문답한 내용이다. 황벽의 가르침을 묻는 평 화상에게 임제는 "황벽의 가르침은 언어의 흔적조차 없다."고 말했다. 그러자 평 화상은 "자신이 아니면 누가 황벽의 가르침을 알 수 있겠느냐."고 말했다. 그러나 임제는 "자신은 황벽의 가르침에도 더 이상 머물지 않는다(곧바로 만 겹의 관문을 뚫었으니/ 저 푸른 하늘에도 머물지 않습니다)."고 했다. "자네 말이 너무 거만하다."고 평 화상이 나무라자 임제는 "스승, 황벽에게서 나온 자기 자신(용이 낳은 황금빛 봉황)은 스승의 경지 (푸른 허공)마저 꿰뚫고 넘어가 버렸다."고 말했다. 평 화상은 임제의 손을 잡으며 이렇게 말했다.

"자, 이리 앉아 차 한 잔 들게."

[원문]

到三峯에 平和尙問호대 什麼處來오 師云호대 黃蘗來니다 平云호대 黃蘗有何言句오 師云호대 金牛昨夜遭塗炭하니 直至如今不見蹤이니다 平云호대 金風吹玉管하니 那箇是知音고 師云호대 直透萬重關하야 不住淸霄內니다 平云호대 子這一問 太高生이라 師云호대 龍生金鳳子니 衝破碧琉璃니다 平云호대 且坐喫茶하라

[주(註)]

○ 삼봉(三峯): 삼봉의 평 화상(平和尙). 나머지는 자세하지 않다.
○ 금우(金牛): 황금의 소. 여기에서는 '황벽'을 가리킴.
○ 도탄(塗炭): 용광로.
○ 금풍(金風): 가을바람.
○ 옥관(玉管): 옥적(~笛). 옥피리.
○ 나개(那箇): 누가.
○ 지음(知音): 소리를 들을 줄 알다. 지음인(~人).
○ 만중관(萬重關): 수비가 삼엄한 관문.

○ 청소(淸霄): 푸른 하늘.

○ 태고생(太高生): 너무 높다. 거만하다. '生'은 어조사.

○ 금봉자(金鳳子): 황금빛깔의 봉황새끼. 여기에서는 '임제'를 가리킴.

○ 충파(衝破): 부딪쳐 깨버리다.

○ 벽류리(碧琉璃): 허공이나 바다의 푸른 빛깔.

○ 차좌끽다(且坐喫茶): 자, 앉아서 차 마시게. 참고) • 끽다거(喫茶去去):
입 닥치고 차나 마셔라.

【 50-2 】

[번역]

평 화상이 또 물었다. "최근에 어디를 떠나왔는가?"

스승: "용광(龍光스님 계신 곳)입니다."

평 화상: "용광은 요즈음 어떻게 지내던가?"

스승은 즉시 나가 버렸다.

[해설]

삼봉산 평 화상과의 두 번째 문답이다. 평 화상의 물음은 은근
하고 임제의 대답에는 패기가 있다. 참 싱겁기 짝이 없다. 그러나
승부가 없고 흔적이 전혀 없는 한판 승부다.

[원문]

又問호대 近離甚處오 師云호대 龍光이니다 平云호대 龍光近日如何

임제록

오 師便出去라

○ 근일여하(近日如何): 요즈음 어떻게 지내는가.

【 51 】

[번역]

스승은 대자(大慈의 처소)에 이르렀다. 대자는 방장실에 앉아 있었다.

스승: "방장실에서 단정히 앉아 있을 때의 심경은 어떻습니까?"

대자: "저 겨울 소나무의 색깔은 천년이 되어도 특별하지만(변함없지만)/ 그 겨울이 지나면 야노(野老)들이 꽃을 잡는 온 누리 봄[萬國春]이네."

스승: "예와 지금에 길이 대원경지(大圓鏡智)의 본체를 초월했지만/ 그러나 삼산(三山, 三神山)은 아직도 첩첩관문에 막혀 있네."

대자가 할을 하자 스승 또한 할을 했다.

대자: "어쩌자는 것인가?"

스승은 소매를 펄럭이며 나가 버렸다.

[해설]

대자 화상과의 멋진 한판 대결이다. 임제가 "스님의 경지는 어떻

수행록[行錄]   335

냐?"고 묻자 대자 화상은 이렇게 말했다.

"저 푸른 소나무[寒松]는 천년이 되어도 불변하지만

그러나 야노(野老, 시골 노인장)는 봄이 오면 꽃을 잡고 노닌다."

여기서의 푸른 소나무[寒松]는 법신불변(法身不變)의 절대 경지를, 그리고 봄·꽃[春·花]은 무사태평한 상대경계를 말한다. 대자 화상은 이처럼 '저 불변의 절대경지에서 무사태평한 상대경지를 만끽하고 있다.'는 것이다. 그러나 임제는 이렇게 한 방 먹였다.

"이 깨달음의 경지는 어디까지나 여래선(如來禪, 상대적인 차원의 선)이므로 살아 있는 조사선(조사관문)을 뚫기엔 역부족이다."

그 순간 대자 화상의 비호같은 검과 임제의 검이 부딪쳐 불꽃을 튀겼다. 그러나 대자 화상은 여기서 그만 임제에게 무릎을 꿇고 말았던 것이다.

대자 화상은 백장(百丈)의 법을 이었으므로 임제에게는 사숙(師叔)뻘 되는 셈이다. 스승(황벽)과 항렬이 같은 이런 어르신을 상대로 애송이가 지금 한판을 벌이고 있다. 한판 대결로 어르신을 제압하고 있다. 위아래[上下]의 위계질서가 엄격했던 고대 중국사회에서 이런 예는 조사선(祖師禪)에서나 가능한 일이다.

[원문]

到大慈하니 慈在方丈內坐라 師問호대 端居丈室時如何오 慈云호대 寒松一色千年別이요 野老拈花萬國春이로다 師云호대 今古永超圓智體나 三山鎖斷萬重關이라 慈便喝하니 師亦喝이라 慈云호대 作麼오 師拂袖便出이라

○ 대자(大慈): 항주 대자산 환중선사(杭州 大慈山 寰中~, 780~862). 백장
  회해의 법을 이었다.

○ 야노(野老): 시골 노인네.

○ 한송일색(寒松一色): 법신불변의 절대경계.

○ 만국춘(萬國春): 온 누리의 봄. 무사태평의 상대경계.

○ 원지체(圓智體): 거울처럼 밝고 완벽한 지혜[大圓鏡智]의 본체. 여기에
  서는 '如來禪의 세계'를 말함.

○ 삼산(三山): 신선이 산다는 세 개의 산. 봉래산(蓬萊~), 방장산(方丈~),
  영주산(瀛州~). 그러나 여기에서는 '祖師禪의 세계'를 말함.

○ 작마(作麼): 작마(~摩). 작몰(作沒), 어쩌자는 건가.

【 52 】

[번역]

　스승이 양주 화엄원에 이르니 화엄 화상은 주장자에 기대어 조
는 시늉을 했다.

　스승: "노스님께서 이렇게 졸아서야 되겠습니까!"

　화엄 화상: "작가선객(作家禪客)은 완연히 다르구나."

　스승: "시자야 차를 끓여서 스님에게 드려라."

　화엄 화상은 유나를 불러서 이렇게 말했다. "이 상좌를 세 번째
자리에 배정하라."

　양주 화엄 화상은 임제가 오는 걸 보고는 주장자에 기대어 조
는 시늉을 했다. 이는 말하자면 고양이가 쥐를 잡기 위해서 일부
러 조는 시늉을 하고 있는 것과도 같다. 아니나 다를까. 임제의 공
격이 시작되었다.

　"노스님께서 이렇게 졸아서야 되겠습니까!"

　그러나 화엄 화상은 임제가 이런 식으로 나올 것을 이미 예측
하고 있었다. 그래서 이렇게 말의 그물을 쳤다.

　"작가 선객은 정말 다르구나."

　그런데 어찌 된 일인가. 그물에 걸려야 할 임제가 오히려 화엄
화상을 그물 속으로 몰아넣고 있다.

　"그런 잠꼬대를 하시다니 아직도 잠이 덜 깬 모양인데 차나 한
잔 드시고 어서 잠을 깨라."고 반격하고 있다. 그래서 화엄 화상은
임제를 선원의 세 번째 자리[第三位]에 앉혔다.

[원문]

到襄州華嚴하니 嚴倚拄杖하고 作睡勢라 師云호대 老和尚瞌睡作
麼오 嚴云호대 作家禪客은 宛爾不同이라 師云호대 侍者야 點茶來하
야 與和尚喫하라 嚴乃喚維那하야 第三位安排 這上座라 하니라

[주(註)]

○ 양주화엄(襄州華嚴): 호북성 양양현 녹문산 화엄원(湖北省 襄陽縣 鹿門
　　山 華嚴院).

○ 엄(嚴): 화엄 화상. 당시 화엄원에 있던 승. 법명(法名)이 누군지는 자세하지 않다.

○ 개수작마(瞌睡作麼): 졸아서야 되겠습니까.

○ 완이부동(宛爾不同): 완연히 다르다.

○ 점다(點茶): 차를 끓이다.

○ 제3위(第三位): 선원에서 세 번째 자리. 수행자들을 지도하는 중요한 자리다.

○ 안배(安排): 자리를 배정하다.

【 53 】

[번역]

스승이 취봉(翠峰)에게 이르자 취봉이 물었다.

"어디서 오는 길인가?"

스승: "황벽에게서 오는 길입니다."

취봉: "황벽은 무슨 말로 사람들을 가르치는가?"

스승: "황벽 스님에게는 말[言句]이 없습니다."

취봉: "왜 가르치는 말이 없단 말인가?"

스승: "설령 가르치는 말이 있다 하더라도 스님에게 말씀을 드릴 수가 없습니다."

취봉: "그래도 한 번 말이나 해 보게."

스승: "화살 하나가 이미 서천(西天, 인도)을 지나가 버렸습니다."

　임제가 취봉을 찾아가 한판 겨루고 있다. 황벽의 가르침을 묻는
취봉에게 임제는 "황벽에게는 가르침이 없다."고 했다. 이 말을 들
은 취봉은 "어째서 가르침이 없느냐"고 반문하고 있다. 그러나 취
봉은 모르고 있다. '가르침이 없는 바로 그 소식[活句]을 황벽이 가
르치고 있다'는 사실을 전혀 모르고 있다. 그래서 이런 식의 반문
을 하고 있는 것이다. 이로써 임제는 취봉의 전부를 알아 버렸다.
그런 다음 "설령 가르침이 있다고 하더라도 그것을 말로 설명할
수가 없다."고 퉁명스럽게 내뱉고 있다. 임제의 이 말 속에는 '들을
귀가 없는 사람에게 말해줘 봐야 아무 소용이 없다'는 뜻이 숨어
있다. 그러나 이를 모르고 취봉은 "그렇다 하더라도 어디 한번 말
해 보라."고 물고 늘어지고 있다. 상황이 어떻게 변해 가는지도 모
르고 취봉은 썩은 새끼줄(死句)을 죽어라고 물고 늘어지고 있다.
그런 취봉에게 임제는 이렇게 한 방 먹이고 있다.

　"너무 빗나가 버렸습니다(화살 하나가 이미 서천을 지나가 버렸습니
다)."

[원문]

到翠峯에 峯問호대 甚處來오 師云호대 黃檗來니다 峯云호대 黃檗有
何言句하야 指示於人고 師云호대 黃檗無言句니다 峯云호대 爲什麼
無오 師云호대 設有라도 亦無擧處니다 峯云호대 但擧看하라 師云호대
一箭過西天이니다

○ 취봉(翠峯): 임제 당시의 선승인 듯. 자세한 것은 알 수 없다.

○ 설유(設有): 설사 가르침이 있다 하더라도.

○ 역무거처(亦無擧處): 그것을 설명할 수가 없다.

○ 일전과서천(一箭過西天): 화살 하나가 인도[西天竺]를 지나가 버렸다. 전과신라(箭過新羅)와 같은 말. ①혼적이 없다(沒蹤跡). ②너무 늦어 버렸다(빗나가 버렸다). 여기에서는 ②의 뜻으로 봐야 한다.

【 54 】

[번역]

스승은 상전(象田)을 찾아가 이렇게 물었다.

"범부도 아니요, 성인도 아닌 이 경지를 스님께서 속히 일러 보십시오."

상전: "노승은 다만 이렇다."

스승은 할을 한 다음 이렇게 말했다.

"이 많은 독자(禿子)들이 도대체 여기서 무슨 밥그릇[椀, 가르침]을 찾고 있단 말인가."

[해설]

상전과의 문답이다. 임제가 성(聖)과 속(俗)을 초월한 경지를 묻자 상전은 이렇게 응수했다.

"자네가 보다시피 난 이미 그런 경지에서 노닐고 있다."

그러나 상전의 이 말은 자신의 체험에서 나온 활구(活句)가 아니라 이치적으로 생각을 해서 내뱉은 사구(死句)다. 그래서 임제는 할을 내지르며 이렇게 호통치듯 말했다.

"도대체 이런 곳에서 뭣을 배우겠다고 이렇게 많은 중들이 모여들었단 말인가."

[원문]

到象田하야 師問호대 不凡不聖을 請師速道하소서 田云호대 老僧秖與麼로다 師便喝云호대 許多禿子가 在這裏 覓什麼椀고

[주(註)]

○ 상전(象田): 임제 당시의 승. 자세한 것은 알 수 없음.
○ 불범불성(不凡不聖): 범부도 아니요, 성인도 아닌 경지.
○ 지여마(秖與麼): 다만 이렇다.
○ 독자(禿子): 머리를 깎은 사람. 여기에서는 '승(僧)'에 대한 낮은 호칭.
○ 저리(這裏): 여기.
○ 재~멱십마완(在~覓什麼椀): 무슨 밥그릇[椀, 밥]을 찾고 있는가. '무슨 가르침을 구하고 있는가'.

【 55 】

[번역]

스승이 명화(明化)에게 이르자 명화가 물었다.

"왜 이렇게 바삐 나다니는가?"

스승: "그저 행각을 할 뿐입니다."

명화: "그래서 어쩌자는 건가?"

스승: "이 노인네가 말귀도 못 알아듣는군."

[해설]

명화와의 문답이다. 명화는 대뜸 임제에게 "쥐불알처럼 왔다갔다만 해서 어쩔 셈인가?"라고 선수를 쳤다. 임제는 "그저 행각 수행을 할 뿐"이라고 말했다. 명화는 임제의 이 반격을 막아내지 못하고 그만 나가 떨어졌다. "행각만 해서 어쩔 셈인가"라는 명화의 말 속에는 '행각은 깨닫기 위한 수단'이라는 뜻이 숨어 있다. 그러나 임제는 행각 수행 자체를 '~을 위한 수단'이 아니라 목적으로 파악했던 것이다. 이 삶은 '~을 이루기 위한 수단'이 아니라 이 삶의 순간순간이 바로 목적인 것이다. '지금 여기'가 바로 목적인 것이다. 임제는 '삶 자체가 목적인 곳(활구)'에 서 있고 명화는 '삶은 ~을 위한 수단인 곳(사구)'에 서 있다. 그래서 임제는 이렇게 말했던 것이다.

"이 노인네가 노망이 나서 말귀도 못 알아듣는군."

[원문]

到明化하니 化問호대 來來去去作什麼오 師云호대 秖圖踏破草鞋니다 化云호대 畢竟作麼生고 師云호대 老漢이 話頭也不識이로다

○ 명화(明化): 임제 당시의 선승. 나머진 자세하지 않음.

○ 래래거거(來來去去): 왔다갔다만 하다.

○ 지도답파초혜(祇圖踏破草鞋): 그저 행각(行脚, 답파초혜)을 할 뿐이다.
'徒'는 '圖(~하려고 하다. ~하다)'와 同音通用되는 경우가 있다[入矢義高].

○ 화두야불식(話頭也不識): 말귀(화두)도 못 알아듣다. '화두'는 말의 핵
심을 뜻함. 후대에는 공안(公案, 선문답)을 가리키는 말이 됐다.

【 56-1 】

[번역]

스승은 봉림(鳳林)을 찾아가다가 길에서 한 노파를 만났다.

노파: "어디 가시는가?"

스승: "봉림 화상에게 갑니다."

노파: "봉림 화상은 마침 출타 중입니다."

스승: "어디 가셨습니까?"

노파는 그대로 가 버렸다. 스승이 노파를 부르자 노파는 고개
를 돌렸다. 스승은 노파를 한 방 먹였다.

[해설]

봉림을 찾아가는 도중에 난데없는 복병이 나타났다. 한 노파가
나타나 임제를 공격했다. 느닷없는 공격에 임제는 한 방 먹었고
승리감에 취한 노파에게 임제는 뒤늦게 분풀이를 하고 있다.

往鳳林에 路逢一婆하니 婆問 甚處去오 師云호대 鳳林去니다 婆云
호대 恰值鳳林不在라 師云호대 甚處去오 婆便行이라 師乃喚婆하니
婆回頭에 師便打라

[주(註)]

○ 왕봉림(往鳳林): 봉림 화상을 찾아가는 길에.
○ 흡치~부재(恰值~不在): 마침 ~가 출타 중이다.

【 56-2 】

[번역]

스승이 봉림(鳳林)에게 이르자 봉림이 말했다.
"물어볼 게 있는데 물어도 되겠는가?"
스승: "멀쩡한 살에 왜 긁어 부스럼을 내려하는가?"
봉림: "바다에 비친 달은 맑아 그림자 없거니.
노니는 고기가 제 스스로 미(迷)했구나."
스승: "바다에 비친 달은 이미 그림자 없거니,
노니는 고기가 어찌 미(迷)했단 말인가?"
봉림: "바람 부는 걸 보고 큰 물결이 이는 줄 알았는데,
고작 물놀이 하는 작은 배가 떠가는군."
스승: "외로운 달이 홀로 비치는 강산은 고요한데,

스스로 웃는 한 소리에 천지가 놀라네."
봉림: "세 치 혓바닥으로 천지를 놀라게 하는 것은 그렇다 치고,
지금 이 상황에 알맞은 한 마디를 일러 보라."
스승: "길에서 검객을 만나면 검을 뽑을 것이요,
시인이 아니면 시를 읊지 않네."

봉림은 더 이상 화답을 하지 않고 그만둬 버렸다.
스승은 다시 한 수의 게송을 읊었다.

대도(大道)는 평등과 차별을 초월했으니
서쪽으로 가든 동쪽으로 가든 거기 내맡기네.
이 자리는 저 석화(石火)도 미칠 수 없고
번갯불의 빛도 통할 수 없네.

[해설]

봉림과의 멋진 한판 승부다. "물어볼 게 있는데 물어봐도 되겠
느냐?"고 봉림이 선수를 치자 임제는 이렇게 맞받아쳤다.
"멀쩡한 살에 왜 상처를 내려 하는가?"
그러나 '바다에 비친 달[海月, 봉림 자신]'은 그림자가 없는데 노니
는 물고기[遊魚, 임제]가 스스로 미(迷)했다고 봉림은 임제를 다시
공격했다. 그러자 임제는 이렇게 응수했다.
"바다에 비친달(봉림)이 그림자가 없는데 노니는 물고기(임제)가
왜 미(迷)했단 말인가?" 봉림은 속으로 이 친구가 제법이라는 생

각을 하며 이렇게 말했다.

"바람 부는 걸 보고 큰 파도가 이는 줄 알았는데(임제가 굉장한 선승인 줄 알았는데) 고작 물놀이 하는 작은 배가 떠가는군(그저 안목이 약간 열린 선객이로군)."

여기서 다시 한 번 임제의 공격이 시작된다.

"달 밝은 밤 자신의 웃음소리에 천지가 놀란다."고 임제는 엄포를 놓고 있다. 그러나 봉림은 임제를 인정하지 않고 이렇게 재차 검증을 시도하고 있다.

"혓바닥을 그렇게 멋대로 놀리지 말고 자신의 체험에서 우러나온 한마디를 일러 보라."

다시 한 번 임제의 반격이 시작된다.

"검객을 만나지 않으면 검을 뽑지 않고 시인이 아니면 시를 읊지 않는다."고 말하고 있다. 여기서 임제는 자신을 검의 고수와 시인으로 자처하고 있다. 봉림은 검객도 아니요, 시도 모르기 때문에 자신이 상대할 인물이 못 된다고 봉림을 깎아내리고 있다. 봉림은 이쯤에서 더 이상 응수를 하지 않고 그만둬 버렸다.

그러나 임제는 아직 화력(火力)이 남아 있었으므로 게송 한 수를 더 읊었다.

[원문]

到鳳林하니 林問호대 有事相借問得麼아 師云호대 何得剜肉作瘡이닛고 林云호대 海月澄無影이나 遊魚獨自迷라 師云호대 海月既無影커니 遊魚何得迷리요 鳳林云호대 觀風知浪起에 翫水野帆飄라 師云

호대 孤輪獨照江山靜하니 自笑一聲天地驚이라 林云호대 任將三寸輝天地나 一句臨機試道看하라 師云호대 路逢劍客須呈劍이요 不是詩人莫獻詩라 鳳林便休라 師乃有頌호대 大道絶同이니 任向西東이라 石火莫及이요 電光罔通이라

[주(註)]

○ 유사상차문득마(有事相借問得麼): 질문할 일이 있는데 물어도 되겠는가. '상차문(相借問)'-상대에게 질문하다.

○ 완육작창(剜肉作瘡): 멀쩡한 살을 긁어 상처를 내다.

○ 완수(翫水): 물놀이(하다).

○ 야범(野帆): 야선(~船), 시골의 작은 배.

○ 삼촌(三寸): 세치 혀.

○ 임(任): ~하도록 내맡기다.

○ 대도절동(大道絶同): 절대진리[大道]는 동(同, 평등)과 별(別, 차별)을 초월했다.

○ 망통(罔通): 불통(不通), 통할 수 없다.

【 56-3 】

[번역]

위산이 앙산에게 물었다.

"석화도 미칠 수 없고 번갯불도 통할 수 없다 하니 지금까지의 뭇 성인네들이 어떻게 사람들을 이끌었는가?"

앙산: "스님의 생각은 어떠신지요?"

위산: "이 모든 언어[言說]는 본질적이지 않다."

앙산: "그렇지 않습니다."

위산: "자네는 어떻게 생각하는가?"

앙산: "원칙적으로는 바늘 한 자루도 용납할 수 없지만/ 그러나 사적(私的)으로는 수레와 말이 오고 갑니다.

[해설]

앞의 문답(56-2)을 놓고 위산이 앙산에게 물었다. "전광석화로 도 미칠 수 없다면 윗대의 성인들은 사람들에게 이 대도(大道)를 어떤 식으로 가르쳤는가?"

그러자 앙산은 "스님 생각은 어떠시냐?"고 위산에게 반문했다. 앙산을 사로잡기 위하여 함정을 파놓고 있다가 오히려 기습 공격 을 당한 위산은 이렇게 말했다.

"이 모든 문자 언어는 본질적인 것이 아니다. 그러므로 문자 언 어로는 대도를 설명할 수 없다."

이 말을 들은 앙산은 "그렇지 않다"고 위산을 몰아붙였다. 위산 은 퇴각을 하면서 "자넨 어떻게 생각하느냐"고 앙산에게 물었다. 앙산은 다음과 같은 명언을 남겼다.

"대도자체[体]에서 본다면 절대로 문자 언어로는 대도를 설명할 수 없다. 그러나 대도의 활용적인 면[用]에서 본다면 이 모든 문자 언어는 대도의 제각기 다른 표현에 지나지 않는다."

앙산은 이렇듯 위산의 절대부정을 딛고 넘어가 절대 긍정의 세

계를 펼치고 있다. 이 삶으로 굽이치고 있는 대도의 세계를 열어
보이고 있다.

[원문]

潙山問仰山호대 石火莫及이요 電光罔通이라하니 從上諸聖이 將什
麼爲人고 仰山云호대 和尙意作麼生이닛고 潙山云호대 但有言說은
都無實義라 仰山云호대 不然이니다 潙山云호대 子又作麼生고 仰山
云호대 官不容針이나 私通車馬니다

[주(註)]

○ 종상제성(從上諸聖): 지금까지의 모든 성인네들.
○ 장십마위인(將什麼爲人): 어떤 방법으로 사람을 인도했는가.
○ 단유언설 도무실의(但有言說 都無實義): 모든[但有] 언어는 본질적이지
   않다.
○ 관불용침 사통거마(官不容針 私通車馬): 관가(官家, 관공서)에선 바늘
   한 자루도 용납할 수 없지만 그러나 사적(私的)으로는 수레가 가고
   말이 간다. '원리 원칙으로는 바늘 한 자루도 용납할 수 없지만 그러
   나 인정상으로는 말 수레 소 수레가 오고 간다.'는 뜻. 다시 말하자면
   '언어는 비본질적이지만 이 비본질적인 언어를 통해서 본질은 그 자
   신을 드러낼 수밖에 없다'는 뜻.

【 57-1 】

[번역]

스승이 금우(金牛)에게 이르자 금우는 스승이 오는 걸 보고는 주장자를 옆으로 잡고 문에 걸터앉았다. 스승은 손으로 주장자를 세 번 친 다음 승당으로 가서 첫 번째 자리(금우의 자리)에 앉았다. 금우가 내려와서 보고는 말했다.

"나그네와 주인이 서로 만남에 각각 갖춰야 할 예의범절이 있거늘, 상좌는 어디서 왔기에 이렇게 무례한가?"

스승: "노스님께서 지금 무슨 말을 하시는 겁니까?"

금우가 무슨 말인가를 하려고 하자 스승은 즉시 금우를 한 방 먹였다. 금우가 쓰러지는 시늉을 하자 스승은 금우에게 또 한 방 먹였다.

금우: "오늘은 영 재수가 없군."

[해설]

임제와 금우의 한판 승부다. 여기서 임제는 시종일관 주인[主]의 입장(주연)을 취했고, 금우는 시종일관 객(客)의 입장(조연)을 취하고 있다. 겉으로 봐선 금우가 임제에게 형편없이 밀리는 것 같지만 그러나 좀 더 깊이 본다면 사정은 다르다. 임제는 공격하는 자의 연출을 담당했고 금우는 퇴각하는 자의 연기를 하고 있다. 그래서 두 거장의 공격과 퇴각은 박자가 척척 들어맞는 한바탕의 놀이가 된 것이다.

到金牛하니 牛見師來에 橫按拄杖하고 當門踞坐라 師以手敲拄杖
三下하고 却歸 堂中第一位坐라 牛下來 見乃問호대 夫賓主相見에
各具威儀거니 上座從何而來컨대 太無禮生고 師云호대 老和尙道什
麽오 牛擬開口하니 師便打라 牛作倒勢하니 師又打라 牛云호대 今日
不著便이로다

[주(註)]

○ 금우(金牛): 진주 금우원(鎭州 金牛院)의 금우 화상.

○ 당중제일위(堂中第一位): 선당의 첫 번째 자리. 수좌(首座, 수행자들을
　지도하는 선승)의 자리.

○ 태무례생(太無禮生): 아주 예의범절이 없다. '生'은 어조사.

○ 불착편(不著便): 상태가 좋지 않다. 운수가 나쁘다. 재수가 없다.

【 57-2 】

[번역]

위산이 앙산에게 물었다.

"이 두 어르신네에게 승부가 있는가?"

앙산: "이겼다면 둘 다 이겼고, 졌다면 둘이 모두 졌습니다."

[해설]

앞의 문답(57-1)을 놓고 앙산은 위산에게 "이 두 사람 가운데

누가 이기고 누가 졌느냐?"고 물었다. 앙산은 "이겼다면 둘 다 이겼고, 졌다면 둘이 모두 졌다."고 말했다. 왜냐하면 금우와 임제는 각각 공격하는 자[主]와 후퇴하는 자[客]의 연기를 담당했을 뿐이기 때문이다. 그래서 옛사람은 이렇게 말했던 것이다.

'임제는 기백이 있는데 기백을 더했고[有意氣時添意氣, 공격으로 일관했고] 금우는 풍류가 아닌 곳에서 풍류를 즐겼다[不風流處也風流, 퇴각하는 자의 연기를 하고 있다].'

[원문]

潙山問仰山호대 此二尊宿 還有勝負也無아 仰山云호대 勝即總勝이요 負即總負니다

[주(註)]

○ 환유~야무(還有~也無): ~이 있는가.

【 58 】

[번역]

입적하실 때 스승은 자리를 정돈하고 앉아서 말했다.

"내가 입적한 뒤에 부디 나의 정법안장(正法眼藏)을 소멸시키지 말라."

삼성(三聖)이 대중 가운데서 나와 말했다.

"어찌 감히 스님의 정법안장을 소멸시킨단 말입니까?"

스승: "내가 입적한 뒤에 어떤 사람이 자네에게 나의 정법안장을 묻는다면 어떻게 말할 참인가?"

삼성은 즉시 할을 했다.

스승: "나의 정법안장이 이 눈먼 당나귀에게서 소멸할 줄을 누가 알겠는가?"

이 말을 마친 다음 스승은 단정히 앉아서 입적했다.

[해설]

삼성에게 법을 전해 주고 입적하는 임제의 모습이다. 임제가 자신의 정법안장을 묻자 삼성은 할(喝)을 했고 임제는 이렇게 말하면서 입적했다.

"이 머저리 같은 놈이 내 정법안장을 소멸시켜 버렸다."

겉으로 봐선 삼성이 임제의 정법안장을 소멸시켜 버린 것 같지만 그러나 삼성은 임제의 정법안장을 제대로 전해 받았다. 왜냐하면 살아 있는 정법안장은 '정법안장'이라는 이 관념마저 소멸시켜 버려야만 하기 때문이다. 그래서 임제의 이 정법안장의 불길은 지금까지도 꺼지지 않고 불타고 있는 것이다.

[원문]

師臨遷化時에 據坐云호대 吾滅後에 不得滅却 吾正法眼藏하라 三聖出云호대 爭敢滅却 和尚正法眼藏이닛고 師云호대 已後有人問爾하면 向他道什麼오 三聖便喝하니 師云호대 誰知吾正法眼藏이 向這

瞎驢邊滅却이리요 言訖하고 端然示寂이라

[주(註)]

○ 천화(遷化): 입적(入寂)하다. 임종을 맞다.

○ 거좌(據坐): 단정히 앉다. 정좌(正坐)하다.

○ 정법안장(正法眼藏): 불법(佛法)에 대한 올바른 안목.

○ 삼성(三聖): 삼성혜연(~慧然). 『임제록』을 편찬한 걸로 알려진 임제의
   제자. 나머진 미상.

○ 쟁감멸각(爭敢滅却): 어찌 감히 ~을 소멸시키겠습니까.

○ 도십마(道什麼): 뭐라고 말하겠는가.

○ 향저할려변(向這瞎驢邊): 이 눈먼 당나귀(머저리 같은 놈)한테서.

○ 시적(示寂): 입적(入~)을 보이다. 돌아가시다.

탑기(塔記)

【 59-1 】

[번역]

임제혜조선사탑기(臨濟慧照禪師塔記)

스승의 이름은 의현(義玄)이며, 조주 남화인(曹州 南華人)이요, 속성(俗姓)은 형씨(邢氏)다. 어려서는 영리했고 나이가 들어서는 효행(孝行)으로 소문이 났다. 삭발하고 승이 돼서는 경전학당에서 율장(律藏, 계율경전)을 진지하게 공부했고 경전과 논서(論書)들을 넓고 깊게 연구했다.

그러나 어느 날 문득 탄식하며 이렇게 말했다.

"이런 경전 공부는 임시처방전이요, 교외별전(教外別傳)의 가르침은 아니다."

스승은 선승의 옷으로 갈아입고 구도행각 길에 올랐다. 제일 먼저 황벽을 찾아갔고, 그 다음 대우를 뵈었는데, 그 극적인 만남과 그들 사이에 오간 말들은 모두 언행록(言行錄, 어록)에 수록되어 있다. 황벽에게 인가를 받고 하북성 진주부(鎭州府)로 가서 이 성의 동남쪽 호타강가에 작은 절[小院]을 짓고 여기 머물렀으므로 이곳의 지명을 따서 그의 이름을 임제(臨濟, 나루터 부근)라 부르게 됐다. 그때 마침 보화가 먼저 거기 와 있으면서 미치광이 짓을 하며 사람들 속에 섞여 살았는데, 그가 성인인지 범부인지는 아무도 알 수가 없었다. 스승이 거기 이르자 그는 스승의 교화를 돕다가 스승의 교화가 한창일 때 육신마저 남기지 않고 흔적도 없이 사라져 버렸다. 그래서 '보화가 임제를 돕다가 흔적도 없이 사라져 버린다'는 앙산 소석가(小釋迦)의 예언이 적중하게 된 것이다.

[해설]

간략한 임제의 일대기다. 임제는 처음에 경전 공부를 하다가 선문(禪門)으로 들어와 황벽과 대우를 만나 깨달음을 얻었다. 그런 다음 황하의 북쪽(하북 지방)으로 올라가 호타강가의 임제원에 머물며 교화를 폈는데 이때 광승 보화의 활약이 돋보였다고 한다.

[원문]

師諱義玄이니 曹州南華人也라 俗姓邢氏니 幼而穎異하고 長以孝聞이라 及落髮受具하야 居於講肆하야 精究毘尼하고 博賾經論이라 俄而歎曰호대 此濟世之醫方也니 非敎外別傳之旨라 하고 即更衣游方이라 首參黃檗하고 次謁大愚하니 其機緣語句는 載于行錄이라 既受黃檗印可하고 尋抵河北鎮州城하야 東南隅臨滹沱河側에 小院住持하니 其臨濟 因地得名이라 時普化先在彼하야 佯狂混衆하니 聖凡莫測이라 師至即佐之하고 師正旺化에 普化全身脫去하니 乃符 仰山小釋迦之懸記也라

[주(註)]

○ 탑기(塔記): 탑의 비석에 기록된 (임제의) 간략한 전기.

○ 휘(諱): 높은 이의 이름, 죽은 이의 이름.

○ 조주남화(曹州南華): 산동성 연주부 단현(山東省 兗州府 單縣) 부근.

○ 영리(穎異): 남보다 뛰어나다.

○ 효문(孝聞): 효행(孝行)으로 소문나다.

○ 낙발수구(落髮受具): 머리 깎고 비구계(比丘戒, 具足戒)를 받다.

○ 강사(講肆): 경전 강의를 하는 곳.

○ 정구(精究): 세밀하게 연구하다.

○ 비니(毘尼): 비나야(vinaya), 율장(律藏, 계율에 관한 문헌).

○ 박이(博賾): 넓고 깊게 연구하다. 임제는 특히 『화엄경』과 유식(唯識, 불교심층심리학)에 정통했다.

○ 아(俄): 문득, 갑자기.

○ 의방(醫方): 의술처방.

○ 교외별전지지(敎外別傳之旨): 경전 외에 별도로 전해오는 가르침.

○ 경의유방(更衣游方): 선승의 옷으로 바꿔 입고 스승을 찾아 행각을 하다.

○ 수참(首參): 맨 먼저 ~를 찾아가다.

○ 차알(次謁): 다음으로 ~를 뵙다.

○ 인가(印可): 깨달음의 인정을 받다.

○ 심저(尋抵): ~로 찾아가다.

○ 호타하측(滹沱河側): 호타강 주변.

○ 양광혼중(佯狂混衆): 미치광이 짓을 하며 사람들 속에 숨어 살다.

○ 정왕화(正旺化): 중생교화가 왕성해지자.

○ 전신탈거(全身脫去): 육신마저 남기지 않고 흔적도 없이 사라지다.

○ 부(符): ~에 부합되다.

○ 앙산소석가(仰山小釋迦): 앙산혜적(~慧寂), 앙산을 '소석가'라고도 부

른다.

○ 현기(懸記): 예언.

【 59-2 】

[번역]

　그때 마침 전쟁이 발발하여 스승은 임제원을 버리고 떠났다. 그래서 장군 묵군화(黙君和)가 성안의 자기 집을 절로 하사하여 역시 '임제원'이란 현액을 걸고 스승을 맞아들여 여기 머물게 했다. 그 후 스승은 옷자락을 날리며 남쪽으로 내려가서 하북부에 이르니 하북부의 주(主)인 왕상시가 스승의 예로써 맞아들였다. 여기 머물기 오래지 않아 대명부(大名府, 河北省) 홍화사(興化寺)로 와서 동당(東堂)에 머물렀다. 스승은 전혀 병세가 없으셨는데 어느 날 문득 옷깃을 바로하고 앉아서 제자인 삼성(三聖)과 문답을 끝낸 후 조용히 숨을 거두었다. 때는 당(唐)의 함통(咸通) 8년 정해(丁亥, 867) 정월 10일이었다. 제자들은 대명부 서북쪽에 탑을 세우고 여기에 스승의 전신(全身)을 안치했다. 황제께서는 스승에게 혜조(慧照)선사라는 시호를 내렸으며 탑에는 '징령(澄靈)'이라는 명칭이 주어졌다. 그래서 나 연소(延沼)는 머리 숙여 합장하고 스승의 생애에 대한 그 대강을 여기 기록하는 바이다.

　진주 보수사(鎭州 保壽寺)에 머무는 사법제자 연소(延沼)는 삼가 쓰다.

[해설]

때마침 당말(唐末)이라 정세는 극히 불안했으며 임제가 머물던 하북 지방은 전란(戰亂)이 끊이지 않았다. 이런 와중에서 임제원은 전란으로 불에 타 버렸고 임제는 남쪽으로 내려갔다. 대명부 흥화사의 동당(東堂)에 머물기 얼마 후 삼성에게 법을 전하고 입적했다. 이렇게 하여 불꽃처럼 살다간 한 사람의 생애가 막을 내렸다.

[원문]

適丁兵革하야 師即棄去라 太尉 默君和가 於城中捨宅爲寺하야 亦以臨濟爲額하고 迎師居焉이라 後拂衣南邁하야 至河府하니 府主王常侍가 延以師禮라 住未幾에 即來 大名府興化寺하야 居于東堂이라 師無疾커니 忽一日 攝衣據坐하고 與三聖問答畢하고 寂然而逝라 時唐咸通八年丁亥 孟陬月十日也라 門人은 以師全身을 建塔于大名府 西北隅라 勅諡慧照禪師며 塔號澄靈이라 合掌稽首하고 記師大略이라
住鎭州保壽 嗣法小師 延沼는 謹書하노라
鎭州臨濟慧照禪師語錄終

[주(註)]

○ 적정(適丁): 때마침 ~을 만나다.

○ 병혁(兵革): 전쟁이 일어나다.

○ 태위묵군화(太尉默君和): 장군 묵군화. 묵군화에 대해선 자세하지 않다.

○ 임제위액(臨濟爲額): '임제원'이라는 현액을 걸다.

○ 불의남매(拂衣南邁): 옷자락을 날리며 남쪽으로 가다.

○ 하부(河府): 하북부(~北~).

○ 연이사례(延以師禮): 스승의 예로써 맞아들이다.

○ 섭의(攝衣): 옷을 단정히 고쳐 입다.

○ 적연이서(寂然而逝): 조용히 입멸을 드시다.

○ 함통팔년정해(咸通八年丁亥): A.D. 867년.

○ 맹추월십일(孟陬月十日): 정월 10일.

○ 칙시(勅諡): 황제에게서 ~라는 이름[諡號]을 하사받다.

○ 합장계수(合掌稽首): 합장하고 머리숙이다.

○ 연소(延沼): 풍혈연소(風穴~). 그러나 이 사람은 임제가 입멸한 30년 뒤에 태어났다. 그러므로 여기서의 연소(延沼)는 아마도 임제의 법을 이은 진주보수소(鎭州保壽沼) 화상일 것이다(柳田聖山, 秋月龍眼, 張伯偉의 견해).

『임제록』에서 인용하고 있는 경전과 어록, 언구(言句) 목록

『장자(莊子)』를 비롯하여 임제가 인용하고 있는 경전과 선어록 등은 무려 50여 종이나 된다. 이 가운데『유마힐경(유마경)』과 황벽의『전심법요(傳心法要)』를 가장 많이 인용하고 있다. 언어를 부정하기 위해서 임제는 이렇듯 갖가지 경전과 어록을 총동원하고 있는 셈이다. 경전과 어록의 언구들을 임제가 어떤 식으로 인용했는가를 살펴보기 위해서 여기 '『임제록』에서 인용한 경전과 어록의 언구(言句)들' 가운데 중요한 것들을 가려 뽑았다.

임제가 언제 이렇게 많은 경론들을 탐구했는가 하는 의문이 들 것이다. 그러나 다음의 문장을 보면 이 의문점은 풀리게 된다.

'삭발하고 승(僧)이 된 후에 나는 경전 학당에서 율장(律藏)을 진지하게 연구했으며 동시에 갖가지 경전과 논서[論藏]들의 깊은 이치를 탐구했다'[及落髮受具 居於講肆 精究毗尼 博賾 經論,『臨濟錄』(塔記)].

〈3〉 (참고: 괄호 안의 숫자는 본서의 '임제록 단락 표시'임. 이하 동일)

-무위진인(無位眞人): 『장자』「大宗師篇」.

〈9-1〉

-구화구(漚和句): 『조론(肇論)』.

〈10-3〉

-진정견해(眞正見解): 달마대사, 『오성론(悟性論)』.

-자유(自由): 『능가사자기(楞伽師資記)』.

〈10-4〉

-여우두리생(驢牛肚裏生): 『법화경(法華經)』「비유품」.

-무사인(無事人): 황벽, 『전심법요(傳心法要)』.

〈10-5〉

-화택(火宅): 『법화경』「비유품」.

-삼종신(三種身): 『육조단경(六祖壇經)』「機緣品」.

〈10-6〉

-제불지본원(諸佛之本源): 『육조단경』「頓漸品」.

-정생지격 상변체수(情生智隔 想變体殊): 이통현, 『신화엄경론서(新華嚴經論序)』.

〈10-7〉

-심법(心法): 황벽, 『완릉록(宛陵錄)』.

-본시일정명 분위육화합(本是一精明 分爲六和合): 『수능엄경(首楞嚴經)』권6.

-객작아(客作兒): 『법화경』「信解品」.

-수연소구업(隨緣消舊業): 『전심법요』.

〈10-8〉

-반조(返照): 규봉종밀, 『원각경약초(圓覺經略鈔)』권6.

-연야달다(演若達多): 『수능엄경』권4.

-탄열철환(呑熱鐵丸): 『중아함경(中阿含經)』권12.

〈11-1〉

-무사시귀인(無事是貴人): 승조, 『보장론(寶藏論)』.

-천지현수(天地懸殊): 승찬, 『신심명(信心銘)』.

〈11-2〉

-심지법(心地法): 『심지관경(心地觀經)』권6「觀心品」.

-현지(玄旨): 『신심명』.

〈12-1〉

-착의끽반 곤래즉와 우인소아 지내지언(著衣喫飯 困來卽臥 愚人笑
我 智乃知焉): 남악나찬(南嶽懶瓚), 「낙도가(樂道歌)」.

-수처작주 입처개진(隨處作主 立處皆眞): 승조, 『조론(肇論)』권上 /
『불진공론(不眞空論)』.

-5무간업(五無間業): 『능가경(楞伽經)』권3.

〈12-2〉

-아왕끽유(鵝王喫乳): 『정법염처경(正法念處經)』권64.

-생사해리부침(生死海裏浮沈): 寶誌 화상, 『대승찬(大乘贊)』.

〈12-4〉

-만법일여(萬法一如): 『신심명』.

〈12-7〉

-일체(一切): 『화엄경』「입법계품」.

-미륵누각(彌勒樓閣):『화엄경』권79「입법계품」.

-화장세계(華藏世界):『화엄경』권8「화장세계품」.

〈12-8〉

-비밀(秘密):『육조단경』.

〈12-10〉

-이일념심의~피풍래표(你一念心疑~ 被風來飄):『대지도론(大智度論)』권10.

-동용서몰~변용중몰(東涌西沒~邊湧中沒):『대반야바라밀다경(大般波羅蜜多經)』권322.

-이수여지 이지여수(履水如地 履地如水):『법화경』권8「本事品」.

〈12-11〉

-호위주반(互爲主伴):『화엄경 합론』권3.

〈13-1〉

-교적(教跡):『능가경』권2.

-성명문구(聲名文句):『화엄현담(華嚴玄談)』권7.

〈13-2〉

-응물현형 여수중월(應物現形 如水中月):『금광명경(金光明經)』권2「四天王品」.

〈13-3〉

-삼안국토(三眼國土):『화엄경』권65「입법계품」.

〈13-4〉

-신의의립 토거체론(身依義立 土據体論):『대승법원의림장(大乘法苑義林章)』「慈恩大師窺基」.

-공권(空拳): 『대반야바라밀경』 권599.

-황엽(黃葉): 북본(北本) 『대반열반경(大般涅槃經)』 권20 「嬰兒行品」.

-질려능자(蒺藜菱刺): 『본초강목(本草綱目)』 권16.

-고골상멱십마물(故骨上覓什麼物→狗向故骨吸汁): 『대보적경(大寶積經)』 권57.

〈13-5〉

-이약주심간정~개시조작(你若住心看精~皆是造作): 하택신회(荷澤神會), 『신회어록(神會語錄)』.

〈13-6〉

-십이년중(十二年中): 『유마경』 권7 「觀衆生品」.

-사자일후(師子一吼): 『유마경』 「佛國品」 오분율(五分律) 권3.

〈13-7〉

-여춘세우(如春細雨): 『증일아함경(增一阿含經)』 권18.

-지검(智劍): 『유마경』 권9 「菩薩行品」.

-평상심시도(平常心是道): 마조도일, 『마조록(馬祖錄)』

〈13-8〉

-심심불이(心心不異): 황벽희운, 『전심법요(傳心法要)』.

-심불이고 즉성여상불별(心不異故 則性與相不別): 황벽희운, 『완릉록(宛陵錄)』→ 心性不異 卽性卽心.

〈13-9〉

-명자역공(名字亦空): 『유마경』 권5 「門疾品」.

〈13-10〉

-여래거신상~무상내진형(如來擧身相~無相乃眞形): 부대사(傅大士),
『돈황본 금강경송(燉煌本 金剛經頌)』.

〈13-11〉

-지여아수라~입우사공중장(只如阿修羅~入藕絲孔中藏):『법원주림
(法苑珠林)』권8.

-업통의통(業通依通):『보장론(寶藏論)』「離微體淨品」.

〈13-12〉

-건곤도복(乾坤倒覆): 승조,『조론(肇論)』.

-삼계유심 만법유식(三界唯心 萬法唯識):『성유식론(成唯識論)』제
7.

-몽환공화(夢幻空花):『신심명』.

〈13-13〉

-입삼도지옥 여유원관(入三塗地獄 如遊園觀→於生死中 如園觀想):
『유마경』「菩薩行品」.

〈13-18〉

-두상안두(頭上安頭→頭上加頭): 황벽희운,『완릉록』.

〈13-20〉

-의생화신(意生化身):『능가경(楞伽經)』권3.

-사의~구족(思衣~具足):『무량수경(無量壽經)』권上.

-보리무주처 시고무득자(菩提無住處 是苦無得者):『유마경』「觀衆
生品」/『완릉록』.

〈13-21〉

-심수만경전~무희역무우(心隨萬境轉~無喜亦無憂):『보림전(寶林

傳)』권5.

〈13-25〉

-무명 낭주(無明 郎主):『대반열반경(大般涅槃經)』後分.

-담담흑암심갱 실가포외(湛湛黑暗深阬 實可怖畏→當知邪僻空心, 甚可怖畏) :『마하지관(摩訶止觀)』권4「天台智顗」.

-비여잠천어 고파이자약(譬如潛泉魚 鼓波而自躍→譬彼潛淵魚 鼓波而自表): 세친(世親),『대승성업론(大乘成業論)』.

〈13-26〉

-의심즉차(擬心卽差): 규봉종밀,『선원제전집도서(禪源諸詮集都序)』권上.

-동념즉괴(動念卽乖): 황벽희운,『전심법요』.

〈13-27〉

-환화공화~일시방각(幻化(夢幻)空花~一時放却):『신심명』.

〈13-30〉

-상봉불상식 공어부지명(相逢不相識 共語不知名): 남전 화상(南泉和尚),『남전어요(南泉語要)』(『古尊宿語錄』권12).

〈13-32〉

-외구유상불~비합역비리(外求有相佛~非合亦非離):『보림전(寶林傳)』권1.

〈13-34〉

-장두멱두(將頭覓頭):『능엄경(楞嚴經)』권4.

〈13-35〉

-입도불통리 부신화신시 장자팔십일 기수불생이(入道不通理 復身

還信施 長者八十一 其樹不生耳→汝年八十一 此樹亦無耳):『보림전(寶林傳)』권3.

〈13-37〉

-불상재세간 이불렴세간법(佛常在世間 而不染世間法):『여래장엄지혜광명입일체불경계경(如來莊嚴智慧光明入一切佛境界經)』권下.

〈13-38〉

-심생종종법생 심멸종종법멸(心生種種法生 心滅種種法滅): 마명, 『대승기신론(大乘起信論)』권上 / 황벽희운,『전심법요』.

〈13-40〉

-채화상등유(彩畫像等喻):『능가경(楞伽經)』권1.

〈13-41〉

-상사(相似):『대지도론(大智度論)』권60.

〈13-44〉

-여대해부정사시(如大海不停死屍→譬如大海不宿死屍):『화엄경』권77「法界品」.

-전즉미륜법계 수즉사발불립(展則彌綸法界 收則絲髮不立):『현우경(賢愚經)』권4 /『화엄경』권77「法界品」.

-안불견 이불문(眼不見 耳不聞): 일발가(一鉢歌).『景德傳燈錄』권5.

〈16-2〉

-모탄거해 개납수미(毛吞巨海 芥納須彌):『유마경』권6「부사의품(不思議品)」.

〈56-3〉

-단유언설 도무실의(但有言說 都無實義):『능엄경』권3.

참고문헌

『대정신수대장경(大正新修大藏經)』제47권 원본.

무착도충(無着道忠) 교정(校訂), 『임제선사어록(臨濟禪師語錄)』, 동 경(東京): 춘추사(春秋社), 1971.

아사히나 소겐(朝比奈宗源) 역주, 『임제록(臨濟錄)』, 동경(東京): 암 파서점(岩波書店), 1971.

아키즈키 료민(秋月龍珉) 역주, 『임제록』, 동경(東京): 축마서방(筑摩 書房), 선어록(禪語錄) 10, 1972.

이리야 요시타카(入矢義高) 역주, 『임제록』, 동경(東京): 암파서점(岩 波書店), 1989.

장보웨이(張伯偉) 석역(釋譯), 『임제록』, 대북(台北): 불광문화사업유 한공사(佛光文化事業有限公司), 1998.

서옹(西翁) 연의(演義), 『임제록』, 서울: 백운암 임제선원, 1990(불기 2534년), 재간본.

야나기다 세이잔(柳田聖山) 역주, 『임제록』, 동경(東京): 대장출판 (大藏出版), 불전강좌(佛典講座) 30, 2008.

정성본(鄭性本) 역주, 『임제어록』, 서울: 한국선문화연구원(韓國禪文 化研究院), 2014.

찾아보기

ㄱ

가가지(可可地) 182
간시궐(乾屎橛) 40, 42
감변(勘辨) 240
객간객(客看客) 178~180
객간주(客看主) 176, 178~180
거사(舉似) 240, 268
검인상사(劍刃上事) 50
견처(見處) 71, 96, 118
견해(見解) 6
경지(境智) 146, 160
고봉독숙(孤峯獨宿) 213
공명(空名) 129, 146, 190, 205
공상(空相) 152
구립진중(久立珍重) 37, 54, 55, 237
구적파가(勾賊破家) 242
구화(漚和) 60
근기(根器) 188
금강왕보검(金剛王寶劍) 282
금시학자(今時學者) 99
기권어로(機權語路) 159
기연(機緣) 162

ㄴ

나개(那箇) 39, 57, 333
나한(羅漢) 154

ㄷ

나한벽지(羅漢辟支) 83
낙보(樂普, 인명) 265
남전(南泉, 인명) 258
냉금금지(冷噤噤地) 138
노숙(老宿) 256
노주(露柱) 259
노포(路布) 228
논겁(論劫) 56
능엄회상(楞嚴會上) 328

ㄷ

단유(但有) 53, 123, 146
달마(達磨, 인명) 203, 204, 206, 329
대우(大愚, 인명) 296, 299
덕산(德山, 인명) 267, 268, 307
도안(道眼) 112, 162
독루생(禿屢生) 224
두상안두(頭上安頭) 168

ㅁ

마불구타(魔佛俱打) 101
만법일여(萬法一如) 105
면문(面門) 41
명구(名句) 92, 217
명두(明頭) 141, 254
명안도류(明眼道流) 100, 101

무다자(無多子) 299
무명수(無明樹) 173
무사(無事) 92, 196, 206, 211, 213, 219, 220
무사인(無事人) 73
무사시귀인(無事是貴人) 364
무상살귀(無常殺鬼) 76
무생법계(無生法界) 109, 111
무생의(無生衣) 197
무수무증(無修無證) 101, 103
무위진인(無位眞人) 41
무의도인(無依道人) 111
무차별국토(無差別國土) 131
무차별의(無差別衣) 129
문자승상(文字勝相) 73
물혐저법(勿嫌底法) 120, 175

ㅂ

반두(飯頭) 240
방가(傍家) 85, 92, 123
방장(方丈) 42
백장(百丈, 인명) 244, 318, 324, 325, 336
법계(法界) 103, 150, 189, 214
법성신(法性身) 74, 77, 132
법성토(法性土) 74, 77, 132
법신(法身) 75, 77, 129, 149, 173, 272
법신불(法身佛) 75, 76, 131
보리(菩提) 80

보리수(菩提樹) 172
보리의[菩提依(衣)] 143
보살(菩薩) 154, 227, 264
보살의[菩薩依(衣)] 144
보신불(報身佛) 76, 131
보청(普請) 309
보화(普化, 인명) 245, 291
본시일정명(本是一精明) 363
봉(棒) 160, 267, 268
부재정(不才淨) 209
불마(佛魔) 100, 102
불사문(佛事門) 210
불심(不審) 39, 275
불자(佛子) 46, 47, 242, 274
불조(佛祖) 75, 90, 168
비니(毘尼) 163, 358
비로자나법계(毘盧遮那法界) 111
빈주구(賓主句) 45, 46

ㅅ

사대색신(四大色身) 172
사료간(四料簡) 14, 63, 66
사빈주(四賓主) 15, 178
사상(四相) 116
사종무상경(四種無相境) 116
삼계유심(三界唯心) 153, 154
3구(三句) 58, 205
삼대아승지겁(三大阿僧祇劫) 148
삼성(三聖, 인명) 355

삼승십이분교(三乘十二分教) 33~35
삼승오성(三乘五性) 225, 227, 234
삼신(三身) 129, 130, 132
삼신의(三身依) 144
삼십이상 팔십종호(三十二相 八十種好) 149
삼안국토(三眼國土) 129
삼업(三業) 139
3요(三要) 59, 61
삼장교(三藏敎) 138
삼종근기(三種根器) 185
삼종신(三種身) 74, 77, 363
삼종의(三種依) 76
3현(三玄) 62
3현문(三玄門) 62
상당(上堂) 29
상량(商量) 27
상변체수(想變體殊) 80
상상근기(上上根器) 185
상타고인(上他古人) 82
색성향미촉법(色聲香味觸法) 150
생주이멸(生住異滅) 115
선용후조(先用後照) 88
선조후용(先照後用) 87
선지식(善知識) 83, 114, 157, 158, 160, 178, 179
선타(仙陀) 26
성불작조(成佛作祖) 270
세출세제법(世出世諸法) 146

소소영령(昭昭靈靈) 219
소시아(小廝兒) 251
수시(垂示) 298
수좌(首座) 46, 295, 352
수처작주(隨處作主) 6, 97
승경저인(乘境底人) 125
승당(僧堂) 251, 313
승상[繩床(狀)] 278
시중(示衆) 64
식부정고지(拭不淨故紙) 146
신불급(信不及) 37, 106
심법(心法) 82, 93
심법무형(心法無形) 81, 92
심심불리(心心不異) 143
심외무법(心外無法) 132
심지법(心地法) 94
십지(十地) 213

ㅇ
아귀(餓鬼) 93, 173, 189
아난(阿難, 인명) 329
아수라(阿修羅) 230
암두(暗頭) 254
앙산(仰山, 인명) 20, 244
야호정매(野狐精魅) 86, 141
업(業) 133
여마(與麼) 54, 135, 188
여법(如法) 128, 298
역력지(歷歷地) 143

연야달다(演若達多, 인명) 85

열반(涅槃) 17, 124~126

열반의[涅槃依(衣)] 17, 143, 195, 197

염노(閻老) 86

5무간업(五無間業) 99, 219, 220

오성(五性) 227

왕상시(王常侍, 인명) 29, 270

요상귀자[尿狀(床)鬼子] 299

용아(龍牙, 인명) 285

용처(用處) 192

원각노연(圓覺老演, 인명) 26

원돈보살(圓頓菩薩) 107

위산(潙山, 인명) 20, 241

위위수수지(萎萎隨隨地) 128

유나(維那) 309

유마힐(維摩詰, 인명) 55

육도만행(六度萬行) 208, 210

육도사생(六道四生) 173

육도신광(六道神光) 71

육통(六通) 151

육화합(六和合) 80

윤회삼계(輪廻三界) 73

응심입정(凝心入定) 133

의변(依變) 131

의심즉차(擬心卽差) 186, 188, 368

의통(衣通) 196, 198

의통(依通) 150, 152

의통국토(依通國土) 132

의현(義玄, 인명) 12, 356

인가(印可) 358

인경구불탈(人境俱不奪) 64

인경구탈(人境俱奪) 64

인혹(人惑) 205

일구어(一句語) 60

일념불생(一念不生) 171

일전어(一轉語) 240

일척안(一隻眼) 250, 251

입실청익(入室請益) 286

입처개진(立處皆眞) 98

ㅈ

작마생(作魔生) 135, 242, 288

장엄문(莊嚴門) 210

저개(這箇) 31, 162, 261

저리(這裏) 299, 309, 342

전륜성왕(轉輪聖王) 149

전신탈거(全身脫去) 292, 321, 358

전좌(典座) 262

절류기(截流機) 60

정법안장(正法眼藏) 355

정상좌(定上座, 인명) 278

정생지격(情生智隔) 79

제법공상(諸法空相) 172, 222

조불(祖佛) 72, 75

조사서래의(祖師西來意) 276, 283, 284

조용동시(照用同時) 87, 88

조주(趙州, 인명) 276, 277

존숙(尊宿) 138, 242

종풍(宗風) 32, 192

좌단(坐斷) 82

좌선관행(坐禪觀行) 135

좌주(座主) 34, 263

주간객(主看客) 176, 178~180

주간주(主看主) 178~180

지행신통(地行神通) 152

직철(直綴) 291

진도(眞道) 203

진불무형(眞佛無形) 152, 154, 201

진정견해(眞正見解) 70, 90, 228, 230

진중(珍重) 55, 237

진형(眞形) 149

ㅊ

청정경(淸淨境) 126

총림(叢林) 157

출신(出身) 55

치구심(馳求心) 72

ㅌ

탁개(托開) 42, 254, 278, 299

탈경불탈인(奪境不奪人) 64

탈인불탈경(奪人不奪境) 64

탈인탈경(奪人奪境) 26

탐간영초(探竿影草) 282

태고생(太高生) 334

태다생(太多生) 319

태무례생(太無禮生) 352

태추생(太麤生) 247

ㅍ

파주(把住) 41, 254

파파지(波波地) 85, 157, 202

포단(蒲團) 286

표현명구(表顯名句) 218

표현지설(表顯之說) 113, 163

풍전한(風顚漢) 240, 302

ㅎ

한기경(閑機境) 82

한진경(閑塵境) 123

할(喝) 31

할로독노(瞎老禿奴) 162

할루생(瞎屢生) 86, 138, 224, 228

해탈(解脫) 17, 80, 120

해탈의[解脫依(衣)] 17, 144

행각(行脚) 344

화신불(化身佛) 76, 131

화탁(話度) 233

환화(幻化) 149

활발발지(活鱍鱍地) 113

황벽(黃檗, 인명) 32

회광반조(回光返照) 206, 207

흑만만지(黑漫漫地) 233

흑몰준지(黑沒焌地) 182

흥화(興化, 인명) 23, 26

역주·해설 석지현釋智賢
—

1969년 중앙일보 신춘문예 시 당선. 1973년 동국대학교 불교학과 졸업. 이후
인도, 네팔, 티베트, 미국, 이스라엘 등지를 수년간 방랑했다. 편·저·역서로는
『禪詩』,『바가바드 기따』,『우파니샤드』,『반야심경』,『숫타니파타』,『법구경』,
『불교를 찾아서』,『선으로 가는 길』,『벽암록』(전5권),『왕초보 불교 박사 되다』,
『제일로 아파하는 마음에-관음경 강의』,『행복한 마음 휴식』,『선시감상사전』
(전2권),『종용록』(전5권) 등 다수가 있다.

임제록(臨濟錄)

초판 1쇄 인쇄 | 2019년 10월 20일
초판 1쇄 발행 | 2019년 10월 30일

역주·해설 | 석지현

펴낸이 | 윤재승
펴낸곳 | 민족사

주간 | 사기순
기획편집팀 | 사기순, 최윤영
영업관리팀 | 김세정

출판등록 | 1980년 5월 9일 제1-149호
주소 | 서울 종로구 삼봉로 81 두산위브파빌리온 1131호
전화 | 02)732-2403, 2404 팩스 | 02)739-7565
홈페이지 | www.minjoksa.org
페이스북 | www.facebook.com/minjoksa
이메일 | minjoksabook@naver.com

ⓒ 석지현 2019

ISBN 979-11-89269-41-8 03220